## Commentaires de lecteurs du Premier volume : Illuminati (sur Amazon)

« J'ai passé de nombreuses heures de recherches sur ce sujet, et Makow reste une de mes meilleures source d'information à ce jour. La clarté et l'exactitude de ses écrits sont remarquables. Il est grand temps que nous découvrions la vérité sur le monde, la manière dont il est géré, et dans quelle direction il se dirige. Cela signifie de devoir faire face à une dure réalité, mais la « vérité nous rendra libre ». Ken (Hong Kong)

« Livre très instructif! Henry Makow fournit un aperçu édifiant des forces et pouvoirs qui font des ravages dans notre monde d'aujourd'hui. Il révèle/documente les « puissances » occultes et ésotériques qui pendant des décennies, camouflées au sein de sociétés secrètes, ont travaillé à la désintégration de notre société Chrétienne. » Alfred (San Diego)

« Henry Makow a rassemblé toute une collection de faits évocateurs concernant ceux qui gouvernent le monde. La lecture de ce livre va changer votre vision et perspective sur la politique et le mensonge du vote. Beaucoup trouveront son travail offensant ; je le considère comme génial. » G. Evans, (Asie du Sud).

« Ce livre évite toutes les conneries et dit les choses telles qu'elles sont. Je suis sûr qu'il y a une campagne de dénigrement du livre et de l'auteur. Si vous voulez vraiment savoir ce qui se passe réellement, achetez ce livre. » Jack (Huntington Beach)

« Comme l'auteur est juif, il peut se permettre de dire certaines vérités pour lesquelles d'autres seraient immanquablement traités d'antisémites. Cet ouvrage contient quelques vérités horribles, mais il vaut mieux être au courant des agissements de la Synagogue de Satan que de périr par manque de connaissance. » E.P. (Las Vegas)

«Un des aspects rafraîchissant et agréable du livre « Illuminati » est dans le style concis et acéré d'Henry, et aussi dans l'abondante documentation que le Dr. Makow fournit dans le texte. C'est tellement bourré de faits percutants… » John Conner

# illuminati 2

## Mensonge et Séduction

HENRY MAKOW Ph.D.

**Traduit de l'anglais par David Massada**

SILAS GREEN

ILLUMINATI 2

Mensonge et Séduction

Traduit de l'anglais par David Massada

Pour plus d'informations :


Silas Green
PO Box 26041
676 Portage Ave.
Winnipeg MB. Canada
R3G 0M0


hmakow@gmail.com

www.henrymakow.com
www.cruelhoax.ca
www.henrymakow.wordpress.com


ISBN 978-0-9918211-1-2

Printed in the USA

# Table des matières

7 **Ouverture**

9 **Mensonge et Séduction — Introduction**

**Livre Premier —** *Francs-maçons et autres compères*

27 Les Illuminati ont fondé les États-Unis pour faire progresser le Nouvel Ordre Mondial

30 Les Francs-maçons mettent en scène le théâtre politique

33 La Franc-maçonnerie est basée sur la Kabbale

36 La Boulé – Le «Skull and Bones» pour les noirs

39 Les Boy-Scouts – Un modèle de la subversion Franc-maçonne?

42 Le Pape est-il Catholique?

46 L'Imposteur "Chrétien" Illuminati

49 Bill Gates : un Sataniste déguisé en brebis?

52 Michael Jackson était-il un esclave sexuel Illuminati?

55 Kevin Annett arrache le masque du Pouvoir

58 Lorsque les juges pédophiles craignent d'être révélés au grand jour

61 Un transfuge déclare que les Illuminati sacrifient des enfants

66 Bohemian Grove : les Illuminati se rencontrent pour des rituels sataniques

69 Un adepte australien dévoile le contrôle mondial satanique

72 Les libéraux sont les complices involontaires du Communisme et du Satanisme

77 Je ne suis pas emballé par Poutine

80 Les fous du MI-5 et du MI-6 sèment le chaos pour le compte des Illuminati

84 Un proche des Rockefeller annonça en 1969: Voyager deviendra difficile

**Livre Deux —** *Ingénierie Sociale et Subversion Culturelle*

89 La Guerre Psychologique contre la Société

94 Les Banquiers sont à l'origine de la Contre-Culture

97 La CIA se trouvait derrière la culture de la drogue

101 Les Juifs libéraux, le sexe et le Nouvel Ordre Satanique

103 Le Porno - Regarder des prostituées maltraitées et droguées

107 Le message Satanique du Rock

110 Baiser les mamans pour la fête des mères – Vu sur NBC «Saturday Night Live»

113 La descente dans la dépravation des médias américains

115 Nos dirigeants sont accros au sexe

118 La Pédophilie est-elle la prochaine frontière à franchir?

120 Le «*Times of London*» vante les mérites de l'inceste entre frère et sœur

123 La chute morale de Charlotte Roche (et la nôtre)

126    Les Droits de l'Homme - Une forme élaborée de discrimination

128    La vérité sur «la Diversité»

133    Le Canada prostitue ses filles à Big Pharma

136    Le film «Avatar», les Illuminati et la filière Raëlienne

## Livre Trois — *Le Judaïsme, le Sionisme et le Communisme*

140    Lucifer est-il le Dieu du Judaïsme ?

145    Les Juifs sont définis par une idéologie occulte,
et non par la notion de Nation/Race

148    Les Juifs ont toujours exercé un grand pouvoir

152    Les Marranes - Les Crypto-Juifs originels

155    Un croyant de l'Ancien Testament ostracisé par les Juifs

157    «Le Judaïsme découvert à partir de ses propres textes»
de Michael Hoffman

161    Les Juifs doivent faire face au «côté obscur» du Judaïsme

165    Une Victime d'inceste dénonce les Illuminati Satanistes

168    Robert Edmundson a «témoigné contre les Juifs»

171    Henry Klein – Un Martyr Antisioniste

176    Hitler fut une aubaine pour Israël

179    Le Sionisme c'est de ne jamais dire que vous êtes désolé

182    Les Sionistes approuvent l'Antisémitisme

185    Le Nouvel Ordre Mondial : Une façade pour la tyrannie Juive kabbaliste

188    L'expérience Illuminati de l'URSS - fut une «catastrophe sociale»

191    Les «années de vaches maigres» nous conduiront-elles au Communisme?

194    Le grand-père Juif d'Obama

197    Le lapsus d'Obama qui a révélé ses véritables intentions

## Livre Quatrième — *L'Histoire Cachée*

200    Les Catholiques dévoilèrent le complot Juif Franc-maçon en 1936

204    Pourquoi les Banquiers aiment la Gauche

207    L'Aristocratie Juive de l'Angleterre

209    L'Affaire Dreyfus fut une manipulation de Rothschild

213    Les Banquiers Illuminati provoquèrent la Première Guerre mondiale

216    La «Grippe Espagnole» fut-elle une épidémie créée par l'homme?

219    Le maitre d'Hitler était Britannique

223    Hitler et Bormann étaient des traitres

226    Martin Bormann était l'agent de Rothschild—Les preuves accablantes

230    Hitler a-t-il trahi Rudolf Hess (et l'Allemagne)?

234    Les Juifs Illuminati furent-ils responsables de l'Holocauste ?

237    L›Holocauste a-t-il été conçu par un Juif Nazi?

240    La complicité de Staline dans «l'Opération Barbarossa»

243 L'holocauste Polonais était-il également un canular?

246 Katyn : L'histoire héroïque qu'Hollywood ne racontera pas

251 Le lavage de cerveau traumatisant - Hiroshima et la Guerre Froide

254 Des agents «Soviétiques» ont conçu le FMI, la Banque Mondiale & les Nations Unies

257 L'Affaire Profumo révèle le contrôle maçonnique

260 Che! L'étreinte fatale de l'Occident et du Communisme

265 Les Talibans travaillent-ils toujours pour la CIA?

## Livre Cinquième — *Le Féminisme, l'Homosexualité et Comment Fonctionne L'Hétérosexualité*

269 Le Féminisme et «La Fabrication d'un Esclave»

273 Les hommes sont mis plus bas que terre

275 La «Journée de la Femme» – Le vieux truc de propagande Soviétique

278 Le fusil sur la tempe? La libération sexuelle et le Satanisme

281 Il est correct de dire «c'est tellement gay!»

284 Peu de gays choisissent de se marier

287 Un homosexuel en quête de connaissance de soi

290 L'hystérie autour de la violence domestique est politique

292 L'adoption homosexuelle équivaut à de la maltraitance enfantine

## Livre Six — *Dans une Veine plus Légère*

296 Un fils sensible

298 Mauvais Chien – Une fantaisie paranoïaque?

300 Notre histoire d'amour avec Dieu

# Ouverture

Je me souviens clairement de ma réaction à l'âge de 19 ans, à une représentation étudiante de la pièce de Jean-Paul Sartre «Huis-clos». Je ne pouvais pas comprendre pourquoi l'existentialisme faisait fureur à l'université.

J'avais toujours eu l'intuition d'un ordre moral intrinsèque dans l'univers qui régissait la vie humaine. Les pièces existentialistes comme «Huis-clos» promouvaient la notion subversive que la vie humaine est fondamentalement absurde et que l'homme doit inventer son propre sens relatif. Je ne savais pas que cela puisse être «subversif» à l'époque. Je n'aurais jamais imaginé que l'université soit engagée dans l'ingénierie sociale. Je ne pouvais pas concevoir que le fait de nier Dieu faisait partie d'un programme satanique à long termeayant consumé la Civilisation Occidentale comme un cancer.

«Nous devons introduire dans leur éducation tous les principes qui ont si brillamment brisé leur ordre.» (*Protocoles des Sages de Sion, 16*)

Dans les années 1960, nous avons été rendus fous par les médias. Cela n'a pas changé. Un effondrement culturel s'est déroulé sous nos yeux. J'étais tout à fait perdu et confus. Le sens de la vie et de ma propre identité m'échappait. Puis j'ai trouvé un romancier canadien dont le travail impliquait une conception universelle. J'ai consacré ma thèse de maîtrise à l'apprentissage d'où Frederick Philip Grove avait tiré sa vision de l'ordre moral inhérent et du but de la vie.

## DYSFONCTIONNEL

Néanmoins, jusqu'à l'âge de 50 ans, j'étais dysfonctionnel et souvent déprimé parce que je tirais mes repères de la musique populaire, de la télévision, du cinéma, des journaux, des magazines ainsi que des icônes culturelles.

Bien souvent, ces signes sont subtils. Je me suis déjà surpris moi-même en flagrant délit d'adopter le comportement des présentateurs télé. Souvent, leur intonation était un indice de l'attitude que j'allais adopter. Pendant longtemps, j'ai considéré CNN comme un «défenseurs des valeurs familiales. » Je pensais qu'ils étaient des énergumènes d'extrême droite. (Maintenant, j'en suis un.) Les médias libéraux me donnaient une sensation chaleureuse. Tout allait bien dans le meilleur des mondes ; nos dirigeants veillaient sur nous.

Dans ma vie personnelle, je sublimais mon zèle religieux (l'amour de Dieu) par l'amour romantique, et gaspillais mes meilleures années dans le culte populaire des belles femmes et du sexe.

J'avais développé une dépendance nécessiteuse en matière de couple et de mariage. Je mettais les femmes, le sexe et l'amour sur un piédestal. Dans le même temps, les femmes apprenaient à détourner leurs ambitions du mariage et de la famille au bénéfice de la poursuite d'une carrière. C'était la voie vers le désastre.

J'étais le sioniste libéral féministe typique. La seule chose qui m'a sauvé fut la marijuana qui a confirmé mon intuition de l'existence d'une dimension spirituelle. J'ai appliqué ces idées grâce à la pratique du raja yoga et à la relecture du Nouveau Testament.

Alors que je m'approchais de la cinquantaine, j'ai commencé d'obéir à mon instinct. J'ai recherché une femme traditionnelle et ai commencé à contester les hypothèses féministes dans ma salle de classe. En conséquence, j'ai rencontré les gardiens Illuminati locaux et découvert le complot. Il me fallut au moins trois ans pour me déprogrammer moi-même et dix ans pour me faire une idée de l'ampleur du problème.

## THÉÂTRE

Le cartel des banques centrales manipule à la fois l'histoire et la culture selon un plan à long terme. Les membres du cartel sont des satanistes, des juifs et des francs-maçons kabbalistes. Leur objectif est d'introniser l'humanité à leur culte en tant que serviteurs ou esclaves.

Leur principal instrument, c'est la guerre qu'ils arrangent à leur profit afin d'étendre leur pouvoir. Ils conçoivent une vaste expansion du crédit afin de financer la guerre, et plus tard la reconstruction. Ils se servent de la dette pour nous asservir comme les usuriers juifs qui spolièrent les agriculteurs ukrainiens du 19ème siècle au moyen de la vodka et des prêts, tout cela afin de confisquer leurs fermes.

L'histoire est le produit de cette guerre secrète contre l'humanité. Si nous rentrions chez nous et trouvions notre maison saccagée et nos possessions disparues, nous serions en mesure de concevoir les cambrioleurs. Ils ne sont pas des enfants de cœur. «C'est donc à leurs fruits que vous les reconnaîtrez.» *(Matthieu, 7:20)*

Le monde est la confirmation définitive de l'action Illuminati. Dans ce volume, j'ai rassemblé les pièces du puzzle. Je présente par avance mes excuses pour toute répétition. Chaque article était à l'origine rédigé pour être lu seul.

Les Illuminati achètent notre complicité avec notre propre argent. En monopolisant la pensée et les outils de communication, ils parviennent à nous tromper. Ils ont éliminé Dieu afin que nous ne puissions pas respecter un absolu spirituel. Ils enseignent que la vérité n'existe pas et que tout est relatif.

Nous n'avons pas à jouer leur jeu. Nous pouvons respecter Dieu en affirmant la vérité absolue, la beauté, la justice, la paix, la grâce et l'amour. Bien sûr que ces idéaux sont réels… ils sont en fait la seule réalité. Regardez un peu les conséquences de leur rejet.

Pour la faim corporelle, il y a la nourriture. Pour la soif, il y a l'eau. Certes, notre plus grande faim est à l'égard des idéaux spirituels. Et pour cela, il y a Dieu.

Le choix de l'humanité est la conversion ou la distraction. La conversion signifie que nous affirmions notre soumission à Dieu en accomplissant l'œuvre de Dieu. La distraction signifie que nous continuions à nous distraire et à mener une vie artificielle, ennuyeuse et triviale.

# Introduction

Le Diable conquiert par le mensonge et la séduction. Et ainsi l'humanité a été colonisée par un culte satanique, pas seulement physiquement mais mentalement et spirituellement. Nous avons été trompés de la manière la plus flagrante, et corrompus par l'argent et le sexe.

On considère généralement la «conspiration» comme limitée et définissable. En fait, notre monde est le produit d'une conspiration diabolique ancienne qui inverse le bien et le mal. La conspiration est basée sur une haine satanique à l'égard de Dieu et de l'homme trouvant en partie son origine dans le Talmud et la Kabbale. (Le judaïsme a

Earth Colonized by Satanic Cult

depuis longtemps tourné le dos à l'Ancien Testament, et l'a utilisé ainsi que la Torah juive comme une façade.)

Ces Juifs sataniques et leurs collaborateurs satanistes Gentils ont été rejoints par la Franc-maçonnerie au sein des Illuminati. Ils détestent l'humanité. Cette haine a été institutionnalisée par la guerre, la pauvreté et la dépression que nous prenons aujourd'hui pour acquis.

En conséquence, l'humanité est dysfonctionnelle. Depuis l'époque des soi-disant «Lumières», la Civilisation Occidentale est basée sur un déni téméraire du Créateur, soit la conception inhérente et le but qui régit la vie humaine.

Ce n'est certes pas une coïncidence si l'émergence des «Lumières» coïncide approximativement avec la création de la Banque d'Angleterre en 1694 par des banquiers Illuminati et la propagation ultérieure de la Franc-maçonnerie à travers l'Europe. La Franc-maçonnerie devint à la mode chez les aristocrates et les libres penseurs, ainsi que chez les jeunes hommes industrieux et arrivistes.

La Franc-maçonnerie a déguisé son culte de Lucifer par des platitudes spécieuses comme «la liberté, l'égalité, la fraternité», la «tolérance» à l'égard de tout ce qui s'opposait à l'ordre établi, ainsi que par une foi équivoque dans l'humanité, la «raison» et le «progrès».

Selon le «Grand Commandeur» américain Albert Pike, les membres des rangs maçonniques sont «intentionnellement induits en erreur par de fausses interprétations.» (*«Morals and Dogma»*, 1871, p.104)

Contrôlée par les banquiers Illuminati, la Franc-maçonnerie est la puissance non reconnue à l'origine du monde moderne. L'historien Bernard Fay écrit : «La Franc-maçonnerie est devenue le pouvoir social le plus efficace du monde civilisé. Mais il s'agit d'un pouvoir caché, difficile à tracer et à définir. Par conséquent la plupart des historiens ont évité de le traiter et de lui accorder le moindre crédit. (« *La Révolution et la Franc-maçonnerie, 1680-1800* », 1935, VIII)

Bernard Fay montre que les banquiers Illuminati ont utilisé leurs dupes maçonniques afin d'établir aux États-Unis une base future pour la domination du monde. George Washington, ses généraux et les signataires de la Déclaration d'Indépendance étaient tous Francs-maçons. Le maître maçon Benjamin Franklin avait réuni l'argent pour financer la guerre grâce à des banquiers de Paris. (Pp. 237-261 ; voir l'article plus loin «Les banquiers Illuminati ont fondé les États-Unis pour faire progresser le Nouvel Ordre Mondial.»)

## POSSESSION SATANIQUE

Les banquiers Illuminati ont usurpé le contrôle du crédit du gouvernement et créent de l'argent à partir de rien en contrepartie de la collecte de nos impôts. Ils pensent que ceci leur donne le droit d'être Dieu et de redéfinir la réalité pour servir leurs intérêts et leurs caprices. La «modernité» n'est rien d'autre que la dysfonction et l'aliénation causée par cette illusion solipsiste.

Les banquiers centraux ont besoin d'un gouvernement mondial totalitaire afin de protéger leur monopole du crédit. Ils ont besoin de ce mécanisme pour empêcher les pays de faire défaut sur les trilliard de dollars de «dette» ou de créer leur propre argent libre de toute dette et sans intérêt. La «civilisation» moderne est une mystification entièrement basée sur cette fraude sous-jacente.

Ainsi, les banquiers Illuminati financent et promeuvent toute sorte de comportement occulte, criminel et pervers, pour le plaisir, le profit et pour compléter le renversement de la Civilisation Occidentale (Chrétienne). D'après un intervenant lors d'une réunion secrète du B'nai B'rith en 1936 : « Tant que subsistera toujours parmi les Gentils toute conception morale de l'ordre social, et jusqu'à ce que toute la foi, le patriotisme et la dignité soit déracinés, notre règne dans le monde entier ne pourra pas advenir. » (Voir plus loin l'article «Les Catholiques dévoilèrent le complot juif maçonnique».)

L'expérience humaine est vouée à l'échec parce que les êtres humains ont été trop corrompus ou irresponsable pour s'assurer que leurs gouvernements conservent le contrôle de leur propre crédit.

## LA MATRICE MAÇONNIQUE

La Franc-maçonnerie est véritablement le judaïsme pour les Gentils, un moyen pour l'élite juive kabbalistique d'enrôler les Gentils dans leur complot. Les Illuminati sont une société secrète d'élite au sein de la Franc-maçonnerie. Les « Lumières » font référence à Lucifer, l'ange rebelle et le « porteur de lumière. »

Les banquiers ont promu les « grands hommes » du monde moderne. Leur but ultime est de redéfinir la réalité de telle manière qu'elle arrache l'humanité loin de Dieu pour mieux la mettre à leur propre service.

«Réfléchissez bien au succès que nous avons arrangé pour le Darwinisme, le Marxisme, le Nietzschéisme», glousse l'auteur des « Protocoles des Sages de Sion ». « En tout cas pour nous, les Juifs, nous devrions être capables de discerner l'importance de l'effet désintégrant que ces directives ont eu sur l'esprit des goyim. » (2-3).

La Franc-maçonnerie est la «religion» secrète du monde moderne. C'est pourquoi ses obélisques et autres symboles parsèment nos villes et sont présents sur les logos des villes et des sociétés. Le logo de la ville d'Ottawa, la capitale du Canada, est un O à trois queues --- 666, signe du diable. En face du poste de police principal sur College Street à Toronto, il y a une statue d'une policière travaillant sur une pyramide inachevée! Le logo de Time-Warner Inc. est une variation de l'œil d'Horus. (Voir http://www.oknation.net/blog/print.Php?Id=292518 )

Il y a toujours une excuse permettant de justifier la présence des signes sataniques. Le signe en «V» pour lequel Churchill est célèbre est en fait la « croix inversée » satanique. Pour les gens initié, Churchill signalait ainsi sa fidélité au Nouvel Ordre Mondial. Le but réel de la Deuxième Guerre mondiale était de détruire l'ordre ancien.

L'humanité est en effet sataniquement possédée, victime d'un canular monstrueux. Peu à peu, nous sommes tous intronisés au satanisme. Nous sommes complices de notre propre dégradation et asservissement. Nous ne le savons pas parce que les Illuminati choisissent nos dirigeants dans les rangs des dupes, des dégénérés et des traîtres.

## MON ILLUMINATION

Il y a à peu près dix ans, mon paradigme a commencé de changer lorsque j'ai réalisé que le gouvernement, les médias et l'éducation travaillaient activement au sabotage de la société. J'étais imbibé par la propagande féministe et Illuminati (par exemple la «libération sexuelle») et cela me rendait confus et dysfonctionnel. L'attaque sur le genre sexuel m'avait conduit en tant qu'homme dans une impasse. Lorsque je m'aperçus que je ne pouvais même pas remettre en question les schibboleths féministes dans un cadre universitaire, je compris que quelque chose de fondamentalement mauvais était à l'œuvre.

Jusqu'à cette découverte, je considérais le gouvernement, l'éducation et les médias comme relativement ouverts, bénins et démocratiques. J'attribuais la guerre aux conflits d'intérêts entre les classes, les nations, les races et les religions. Le Mal était désorganisé, un mode par défaut en raison de la faillibilité humaine. L'histoire était déterminée par les «grands» hommes ». J'étais impliqué dans le processus politique.

Les atrocités du 11/09 et la fausse «guerre contre le terrorisme» ont révélé que le mal est en fait délibéré, hautement organisé et centralisé dans l'hydre dirigeante du cartel bancaire central. L'histoire n'est pas accidentelle, mais le produit d'une conspiration sataniste à long terme prévue pour dégrader et asservir l'humanité. Les grands hommes sont pour la plupart des marionnettes, c'est-à-dire les hommes de paille des banquiers.

Ils veulent nous faire croire que les guerres sont causées par les nations, les races et les religions, afin de dissoudre ces identités collectives et créer une masse homogène, plus facile à contrôler.

Nous sommes censés être comme des enfants et leur laisser prendre les décisions importantes. Nous sommes constamment infantilisés. Par exemple les films hollywoodiens étaient autrefois basés sur des romans, maintenant, ils sont basés sur des bandes dessinées. Un quart des téléspectateurs de la série animée à succès du câble «Bob l'éponge», sont des adultes qui n'ont pas d'enfants.

Expulsé de l'université pour m'être interrogé sur le féminisme, j'ai repris mon cours sur Internet. Le but de mon écriture est de former un «nouveau paradigme», de découvrir des informations sur le complot Illuminati et de montrer comment il se déroule au beau milieu de nous.

### «SUPERSTITION»

Naturellement, ils doivent dénigrer la vraie religion et disqualifier la croyance en Dieu comme de la «superstition». C'est parce que Dieu nous parle à travers notre conscience, l'âme étant le principe de notre développement. Nous n'allons pas être des animaux dociles, si nous sommes à l'écoute de notre conscience.

Dieu est le nec plus ultra et la seule véritable réalité, un état d'être où les idéaux de bonté absolue, de vérité, de justice, de beauté et d'amour sont évidents. Ils ne veulent pas que nous sachions cela.

L'homme est une âme qui aspire naturellement et s'efforce d'atteindre cet état d'être. Dieu veut se connaître à travers nous. Cela nous oblige à changer en raffinant nos instincts charnels dans la fonderie de l'âme.

Quels que soit les défauts du Christianisme, il s'agissait de rendre la réalité spirituelle primordiale, de sauver notre âme en obéissant à Dieu et en faisant le bien.

Dieu n'est pas compatible avec le fait que deux pour cent de la population du monde détienne plus de 50% de la richesse totale.

Ainsi, les banquiers ont remplacé Dieu par l'argent qu'ils créent et dont ils ont le contrôle. Nous obéirons aux banquiers à la place de Dieu et trouverons le salut dans l'argent.

Les banquiers veulent arrêter notre développement. Ils veulent que nous adorions Lucifer qui symbolise leur rébellion contre Dieu, la nature, et tout ce qui est sain et bon.

## LA FAUSSE SOCIÉTÉ

Presque tout ce qui se passe dans le monde est conçu pour respecter la réalité luciférienne et nous initier au satanisme. Ils ont pris le contrôle des médias afin de remplacer la vérité par un fac-similé.

La société simule la réalité. Nos institutions n'obéissent que du bout des lèvres à leurs objectifs déclarés. Nos gouvernements représentent les banquiers et non les peuples. Nos écoles nous endoctrinent. Nos journaux nous manipulent et nous trompent. Notre industrie du divertissement nous distrait et nous dégrade. Les formes restent les mêmes ; le contenu est subtilement perverti.

Par exemple, Paul Craig Roberts, ancien secrétaire adjoint américain au Trésor, et rédacteur en chef du *Wall Street Journal* a écrit en Mars 2010 : « Les médias américains ne servent pas la vérité. Ils servent le gouvernement et les groupes d'intérêt qui permettent au gouvernement de continuer à exister. »

Les Illuminati s'appuient sur des gens de second ordre pour trahir leurs prochains et le pays. Il s'agit de la « Nomenklatura » - le terme donné à l'élite bureaucratique de l'ère Soviétique. La plupart de nos «dirigeants» entrent dans cette catégorie. Mais ils se cachent toujours derrière une couche de dupes qui aident à maintenir la fiction en vertu de leur propre innocence.

Il semble que la Franc-maçonnerie soit la Nomenklatura de l'Occident. Défiez leur pseudo «réalité» et votre carrière est terminée. Si un politicien ou un journaliste questionne la version officielle du 11/09, il est assailli par la meute dressée par les banquiers. Questionnez leurs vaccins d'ingénierie sociale que sont les formations pour la «diversité» ou le «harcèlement sexuel» et votre carrière est également en danger.

## LA TROMPERIE

Notre « mot d'ordre est la force et le pouvoir de faire-croire », disent les *Protocoles*. « Faire croire » signifie la tromperie. Ils nous contrôlent avec leurs mensonges.

Ils nous mentent à propos de tout. En 1954, le membre du Congrès américain Reece, a accusé les fondations financées par les banquiers de vouloir transformer le peuple américain par «l'ingénierie sociale». Par exemple, l'histoire est vraiment l'histoire de la conspiration des Illuminati, mais nos historiens sont bien payés pour cacher ce fait.

Le Carnegie Endowment donna à l'American Historical Association une subvention afin de proposer le fait que les Etats-Unis seraient mieux servis par une forme «collectiviste» de gouvernement. Ils ont également étudié la question : « S'il est souhaitable de modifier la vie de tout un peuple, existe-t-il un moyen plus efficace que la guerre pour arriver à cette fin? » (Tapez sur Google « L'ennemi intérieur : L'agenda caché des Fondations Rockefeller, Carnegie & Ford »)

Si vous cherchez sur Google « organisations communistes financées par George Soros », vous trouverez une liste de 100 groupes engagés dans le contrôle mental des Illuminati et le «changement social».

Un article 2009 du *Huffington Post* a expliqué comment les banquiers centraux ont pris en charge l'enseignement de l'économie. Il s'agit d'un modèle pour ce qui s'est passé dans toutes les professions et organisations, y compris le gouvernement, les médias et le système éducatif.

« La Réserve Fédérale, à travers son vaste réseau de consultants, de chercheurs invités, d'anciens membres et d'économistes, domine si complètement le domaine de l'économie que la critique réelle de la banque centrale est vraiment devenue un obstacle à toute carrière pour les membres de la profession, comme l'a prouvé une enquête du *Huffington Post*. »

« La Fed a mis un verrou sur le monde économique », explique Joshua Rosner, un analyste de Wall Street qui a correctement prévu la crise du crédit. « Il n'y a pas de place pour d'autres vues, c'est pourquoi, je suppose, les économistes n'ont rien vu venir. » (« Hors de prix : Comment la Fed a acheté la profession d'économiste », le 9 septembre 2009)

### LES ORIGINES DES ILLUMINATI

Comme je l'ai expliqué dans mon premier volume, les Illuminati ont été renouvelés en 1776 par le syndicat bancaire Rothschild et se sont officiellement emparés de la Franc-maçonnerie dans les années 1780. Les banquiers juifs appartenaient à une secte satanique secrète juive, les Frankistes-Sabbatéens, qui étaient caractérisés par leurs pratiques sexuelles «libérées», l'inceste, la pédophilie etc. Ils croyaient que le Messie ne reviendrait que lorsque le monde serait descendu dans le péché et le chaos. Ils feraient donc progresser ce processus.

Politiquement, ils étaient des caméléons, se mariant entre eux et s'infiltrant dans tous les autres groupes. Présents des deux côtés de chaque conflit, ils ont lancé des guerres et des révolutions qui ont convulsé l'humanité. Ils pouvaient professer toute idéologie et croyance religieuse. Leur seul but était la prise du pouvoir.

Les Sabbatéens ont été précédés par des manifestations Illuminati différentes qui remontent aux anciennes religions mystérieuses de l'Egypte et de Babylone. Ils baignaient dans une culture qui nécessitait de riches prêteurs juifs, des ravitailleurs de guerre, des marchands et négociants, ainsi que « les sages » kabbalistes c'est-à-dire des sorciers.

Retracer leurs activités depuis les temps anciens jusqu'à nos jours, impliquerait des années de recherches. Mais je vais vous donner l'idée de l'ampleur de leur implication.

Les banquiers juifs et les commerçants ont toujours tenu un rôle dominant dans les échanges mondiaux et le commerce. Ils faisaient de leur pays de résidence un instrument de leur domination du monde. Ils jouaient sur la concurrence des puissances étatiques en fomentant des guerres autodestructrices. Puis, lorsque c'était utile ou nécessaire, ils abandonnaient leur pays pour un véhicule plus efficace.

Depuis le XVI^ème siècle, l'Impérialisme Britannique a été le pilier de la domination mondiale juive des Illuminati. Ils ont construit l'Allemagne du XIXème siècle, puis l'ont utilisé pour mettre en scène deux guerres mondiales. Dans le même temps, ils ont transféré leur base en U.R.S.S. et aux États-Unis et profitèrent d'une guerre froide très rentable. Maintenant, ils utilisent l'impérialisme israélien pour fomenter une guerre mondiale avec l'Iran et ses bailleurs de fonds en Chine et en Russie. Ils semblent graduellement porter atteinte à l'Amérique avec pour objectif un transfert de pouvoir aux institutions gouvernementales mondialistes sous leur contrôle.

## AU MOYEN-ÂGE

Ils ont vendu l'Espagne chrétienne aux Maures au VII$^{ème}$ siècle et l'ont administré pour eux jusqu'au 13$^{ème}$ siècle. Puis, ils se sont rendus indispensables à nouveau pour les chrétiens espagnols jusqu'à ce qu'ils soient expulsés en 1492. Beaucoup sont restés en Espagne comme faux convertis ou «Marranes».

Dans sa biographie « *Philippe II* » Thomas Walsh a noté la présence d'un culte appelé les «Alumbrados» (traduisez «Illuminati») au 16ème siècle en Espagne : « Ils étaient engagés dans une importante campagne de diffamation contre le clergé et l'Église, dans la séduction de riches veuves, la compromission de jeunes filles dans des orgies nocturnes, l'assassinat, et toutes sortes d'activités subversives. »

Lorsque Vasco de Gama découvrit la route maritime vers l'Extrême-Orient en 1500, la classe marchande juive déplaça son attention vers les ports maritimes de l'Atlantique. De nombreux marranes installés dans le Pays-Bas espagnols, firent, selon Walsh, « d'Anvers le centre du commerce mondial et de la finance en moins d'une génération. »

Parallèlement à l'Espagne, les banquiers juifs et les marchands occupaient une place importante à Venise du 12ème au 17ème siècle. La richesse de Venise a été construite sur le commerce avec l'Orient, la piraterie et l'esclavage. Elle était devenue une puissance impériale à la suite du financement de la quatrième croisade, qui prit et saccagea Constantinople en 1204. Ils ont conspiré avec les Mongols pour envahir l'Europe chrétienne et ont été un facteur dans la destruction mongole de Bagdad en 1258. Ils ont joué l'Angleterre contre la France lors de la Guerre de Cent Ans de 1339-1453.

Lorsque l'Empire byzantin chrétien se fut repris, les Vénitiens équipèrent et financèrent les Turcs qui assiégèrent Constantinople avant de la capturer en 1453. L'ambassadeur français du Saint Empire romain décrit les Vénitiens comme « des commerçants de sang humain, des traîtres à la foi chrétienne, qui ont tacitement divisé le monde avec l'aide des Turcs, et qui prévoient de réduire l'Europe à une province et de la garder subjuguée par leurs armées... »

Avec la découverte de la nouvelle route maritime vers l'Orient, les Vénitiens se préparèrent à transférer leurs intérêts aux Pays-Bas et en Angleterre. Ils se lièrent d'amitié avec Henry VIII (1491-1547) et lui firent miroiter la belle Anne Boleyn. Ils l'encouragèrent à divorcer de sa femme chrétienne Catherine d'Aragon et à rompre avec l'Eglise Catholique dans ce qui devint la Réforme anglaise.

[Un intervenant au conclave secret du B'nai B'rith à Paris en 1936 a déclaré : «Nous sommes reconnaissants aux protestants pour leur fidélité à nos souhaits - bien que la plupart d'entre eux sont, dans la sincérité de leur foi, ignorant de leur loyauté envers nous. Nous leur en sommes reconnaissants pour l'aide merveilleuse qu'ils nous donnent dans notre lutte contre le bastion de la Civilisation Chrétienne, et dans nos préparatifs en vue de l'avènement de notre suprématie sur le monde entier et sur les royaumes des Gentils. »]

Les agents Vénitiens (Illuminati) tels que Thomas Cromwell, William Cecil, John Russell et Thomas Gresham fondèrent leurs fortunes familiales sur les propriétés confisquées à l'Église sous Henry VIII. Leurs héritiers ont travaillé avec les banquiers juifs basés à Amsterdam et à Anvers pour faire de l'Angleterre une grande puissance navale et fomenter la Révolution anglaise (1640 - 1660), la Glorieuse Révolution (1688) et, enfin créer la Banque d'Angleterre (1694.) (Ma source pour le résumé ci-dessus est le commentaire d'Alan Jones sur le «*Philippe II*» de Thomas Walsh ainsi que les ouvrages «Contre l'oligarchie» et «Le secret ou la liberté» de Webster Tarpley pp. 203-272.)

Ces familles sont devenus les actionnaires de la Banque d'Angleterre et le noyau des Illuminati. Nous ignorons combien d'entre eux étaient des crypto-juifs. Dans tous les cas, les Illuminati se marient avec d'autres satanistes. Ce n'est pas un hasard si Chelsey Clinton a épousé un banquier d'investissement juif, tandis que Karenna Gore a aussi épousé le petit-fils d'un autre.

Venise était une oligarchie dirigée par un «Conseil des Dix», qui se composait des familles les plus riches. Le Conseil se réunissait en secret. Ses préceptes étaient exécutés par le doge, qui était une figure de proue. Ce fut le modèle qu'ils ont choisi pour l'Angleterre et le Nouvel Ordre Mondial. La «Couronne» désigne les familles oligarchiques secrètes qui possèdent les banques centrales. La Couronne et les Illuminati sont pratiquement synonymes.

## LES TEMPS MODERNES

En 1852, le chancelier de l'Échiquier, William Gladstone a déclaré : « Le gouvernement lui-même ne devait pas détenir de pouvoir effectif en matière de finances, mais il devait laisser le pouvoir de l'argent suprême et incontesté. » (325)

Le professeur Carroll Quigley de l'Université de Georgetown inclus les familles suivantes dans le pouvoir de l'argent : « Baring, Lazard, Erlanger, Warburg, Schröder, Selingman, les Speyers, Mirabaud, Malet, et surtout Rothschild et Morgan » (Les citations proviennent de *Tragedy and Hope : A History of the World in Our Time*, 1966, 51-55)

Quigley, un initié Illuminati, a confirmé que les banquiers facturent à leurs nations respectives des milliards en intérêt pour l'utilisation de devises garanties par le propre crédit des nations. Les Gouvernements auraient pu créer leur propre monnaie et ne pas s'inquiéter d'avoir à rembourser de la dette ou des intérêts, car ils ne les devraient qu'à eux-mêmes.

[*Les Protocoles des Sages de Sion* s'émerveillent de voir à quel point les Gentils sont stupide : « Le vide qui existe dans le cerveau purement bestial des Gentils est suffisamment prouvé par le fait qu'ils ne comprennent pas qu'en nous empruntant de l'argent ils auront, un jour ou l'autre, à soustraire des ressources du pays le capital emprunté avec ses intérêts. Il aurait été plus simple de prendre, tout de suite, l'argent des leurs, auxquels ils n'auraient pas eu à payer d'intérêts. Voilà qui prouve notre génie et le fait que notre peuple a été choisi par Dieu. Nous avons si bien présenté les choses que les Gentils ont cru qu'il y avait pour eux un bénéfice à tirer en contractant des emprunts auprès de nous. » (XX)

En 1924, Reginald McKenna, le président du conseil d'administration de la Midland Bank, a dit à ses actionnaires : «Je crains que le citoyen ordinaire n'appréciera pas de s'entendre dire que les banques peuvent créer, et en fait créent de l'argent. Ceux qui contrôlent le crédit de la nation dirigent la politique des gouvernements et tiennent dans le creux de leurs mains le destin du peuple.» [25]

En créant de l'argent à partir de rien, les banquiers Illuminati se sont naturellement emparés d'une grande partie de la richesse réelle du monde. Quigley décrit la formation de leurs cartels américains : « La période 1884-1933 fut la période du capitalisme financier au cours de laquelle les banques d'investissement s'impliquant dans la banque commerciale et l'assurance d'un côté, et dans les domaines du chemin de fer et de l'industrie lourde de l'autre, furent en mesure de mobiliser d'énormes richesses et d'exercer un énorme pouvoir économique, politique et social.» (71)

En effet, leurs représentants, « l'Establishment Oriental » (c'est à dire les Morgans et maintenant les Rockefeller) contrôlaient les États-Unis par l'intermédiaire du Council on Foreign Relations.

Selon Quigley, le but ultime consiste en «rien de moins que de créer un système mondial de contrôle financier entre des mains privées, capables de dominer le système politique de chaque pays et l'économie du monde dans son ensemble. Ce système devait être contrôlé... par les banques centrales agissant de concert... » (324)

## CONTROLANT TOUS LES COTÉS

Quigley a confirmé que les banquiers ont usurpé les instincts collectifs de l'humanité par le financement des mouvements socialistes et communistes. Les banquiers aiment les grands gouvernements car le monopole ultime est l'État qu'ils contrôlent eux-mêmes.

En parlant de la révolution communiste du gouvernement des États-Unis dans les années 1930 et 1940, Quigley a écrit : «Il faut comprendre que le pouvoir que ces énergiques gauchistes exerçaient n'a jamais été leur propre pouvoir, ni le pouvoir Communiste, mais était en tout dernier ressort celui de la coterie financière internationale.» (954)

En d'autres termes, des millions d'idéalistes engagés pour la fraternité et la justice sociale furent (et sont) dupés en œuvrant à la concentration des richesses du monde et de la puissance entre les mains des super-riches. Les gauchistes opportunistes, les Communistes, les féministes et les mondialistes prospèrent, tout en faisant semblant de servir dévotement l'humanité. De même, la puissance du Sionisme, de la Franc-maçonnerie et de la Juiverie dérive du fait qu'ils sont tous des pions des banquiers Illuminati.

Le pouvoir de l'argent contrôle le débat et encourage la controverse en soutenant toutes les nuances du spectre politique et en marginalisant quiconque est en désaccord avec eux.

Quigley a écrit : « Pour Morgan, tous les partis politiques n'étaient tout simplement que des organisations à être utilisées, et l'entreprise a toujours été attentive à garder un pied dans tous les camps. Morgan lui-même, Dwight Morrow et d'autres partenaires se sont alliés avec les républicains ; Russell C. Lewffingwell était allié avec les démocrates ; Grayson Murphy était allié avec l'extrême droite ; et Thomas W. Lamont était alliée avec la gauche. » (945)

La famille Lamont était « les commanditaires et les anges financiers d'à peu près toute l'extrême gauche, y compris les organisations du Parti Communiste lui-même. » (945)

Cherchez sur Google «Fonds de sociétés américaines finançant les radicaux de gauche et l'Islam» pour mettre cette pratique à jour dans le contexte actuel.

## LE DÉNI

La conquête des Illuminati est si subtile que la plupart des gens ne sont pas capable de la reconnaitre. Ils ont été formés à se moquer de « théories du complot » et à penser qu'on veille sur leurs intérêts.

L'exposé du plan du Nouvel Ordre Mondial est disponible depuis 1905, mais les incrédules croient qu'il s'agit d'un canular (d'un «faux».) Peut-être que les gens continuant à ignorer un danger mortel, même lorsqu'il se trouve présenté en termes non équivoques, méritent leur sort. (J'évoque la provenance des *Protocoles* dans mon premier volume.)

Le premier chapitre des « *Protocoles des Sages de Sion* » contient les croyances, les objectifs et les méthodes de ce complot diabolique. Le plan complet ne tient pas sur plus de cinq pages!

« Comment peuvent-ils lutter contre une force invisible? » Gloussent les *Protocoles*. « Nous resterons invisibles jusqu'à ce que [notre conspiration] ait gagné une force telle qu'aucune ruse ne puisse plus y porter atteinte. » (I-14)

Les banquiers Illuminati ont été visibles pendant plus de 100 ans, mais les goyim irresponsables n'ont pas réussi à constituer une résistance sérieuse. Même Hitler ne représenta qu'une opposition contrôlée. (Voir le *Protocole 9* : «Aujourd'hui, si un État soulève une protestation contre nous, ça n'est seulement que de pure forme, à notre discrétion et sous notre direction...»)

La question de l'antisémitisme est un leurre utilisé pour détourner le sujet de cette menace mortelle sur l'antisémitisme. La majorité des Juifs tout comme les Francs-maçons ne savent rien de ce complot. Tous les groupes sont manipulés. Une distinction doit être faite entre les Juifs individuels, qui devraient être jugés sur une base individuelle, et leurs dirigeants corrompus. La même chose s'applique à tous les peuples.

## LES ILLUMINATI CROIENT DÉFIER DIEU

Grâce à leurs agents culturels, les banquiers Illuminati nous ont enseigné que Dieu n'existe pas.

Cependant les Illuminati croient en Dieu. Ils sont assez intelligents pour comprendre que «Dieu» représente le mode d'emploi, les lois spirituelles (morales) et naturelles gouvernant la vie humaine et le développement.

Ils connaissent la différence entre le bien et le mal, mais ils sont lucifériens. Ils bafouent intentionnellement la morale. Ils déforment la réalité en identifiant comme «bon» ce qui sert leur soif de pouvoir.

« La Force fait le Droit », disent-ils. « La fin justifie les moyens. » Ils ne se soucient « pas tellement de ce qui est bon et moral mais plutôt de ce qui est nécessaire et utile. » (I-17)

De même, ils reconnaissent les lois de la nature, mais répandent des idéologies dysfonctionnelles censées promouvoir le « bien-être » comme le libéralisme, et ce afin de saboter les goyim.

Les intellectuels goy « ne voient pas que dans la nature il n'y a pas d'égalité ; [et] qu'il ne saurait y avoir de liberté ; que la nature elle-même a établi l'inégalité des esprits, des caractères, et des capacités ... [ils] ne se sont jamais interrogés sur le fait que la foule [c'est à dire la démocratie] est une chose aveugle... » (I-25)

Le but est d'asservir la race humaine à une «règle inébranlable» (I-16] pour «amener tous les gouvernements à se soumettre à notre super-gouvernement.» À un certain point, ils seront sans pitié et «toute désobéissance cessera.» (I-24)

En fin de compte, leur objectif est de déposséder la majorité : « En politique nous devons savoir comment saisir les biens d'autrui, sans hésitation, si par cela nous pouvons obtenir la soumission et la souveraineté. » (I-23)

Cela a été leur plan depuis les « temps anciens ». Ils doivent s'en tenir à cette stratégie ou voir « le travail de plusieurs siècles réduit à néant. » (I-17)

## LA MÉTHODE

Ils ont promu la «démocratie» pour transférer le pouvoir de l'ordre ancien – l'Aristocratie héréditaire et l'Église - à «la puissance de l'or» le «despotisme du capital, qui est entièrement entre nos mains.»

«L'abstraction de la notion de liberté a permis à la foule de se persuader elle-même que le gouvernement n'était rien que le serviteur du peuple qui est le propriétaires du pays (sic), et que l'intendant pouvait être remplacé comme un gant bien usé.» Cela nous a donné «le pouvoir de nomination.»

Leur pouvoir est basé sur l'utilisation de l'argent et la propriété des médias de masse pour élire les traîtres et les collaborateurs, des gens «prêts à sacrifier le bien-être de tous dans un souci de sécurisation de leur propre bien-être.» (I-3)

«Notre triomphe a été rendu plus facile par le fait que dans nos relations avec les hommes que nous voulions, nous avons toujours travaillé sur les cordes les plus sensibles de l'esprit humain, sur l'avidité, sur la cupidité, sur le désir insatiable des biens matériels ; et chacune de ces faiblesses humaines prises seules, suffit à paralyser l'initiative, car elle soumet la volonté des hommes à la disposition de celui qui a acheté leurs activités.» (I-28).

Ceci s'applique à tous les présidents des États-Unis, à l'exception de ceux qui ont été empoisonnés ou assassinés.

Le nouvel ordre sera créé lorsque l'ancien descendra dans le chaos. Ils parrainent une cacophonie de voix afin que la vérité soit noyée sous un flot de mensonges. Ils parrainent les deux côtés de conflits inutiles de façon à «épuiser l'humanité par les dissensions» jusqu'à ce que le goyim n'ait pas d'autre recours que de «trouver refuge dans notre complète souveraineté en ce qui concerne l'argent et tout le reste.» (X-19)

## LA CORRUPTION ET LA DÉCADENCE

De même, les banquiers favorisent le malaise social et la dégradation morale. Les «antisémites» ont toujours accusé les Juifs de corrompre la société.

«Les goyim s'adonnent à la boisson ; leur jeunesse est devenue stupide et immorale grâce à nos agents spéciaux qui ont intronisé ces poisons... par des tuteurs... par nos femmes dans les lieux de dissipation...» (I-22)

Les banquiers Illuminati ont financé les intellectuels qui ont recommandé les moyens pour affaiblir la société. Dans un article perspicace : «L'École de Francfort : la conspiration pour corrompre» Timothy Mathews établit la liste de leurs recommandations, faites il y a 50 ans. Les membres de cette école étaient tous des juifs marxistes, d'autres des agents soviétiques du N.K.V.D. Combien de ces recommandations vous semblent familière?

1. La création d'infractions contre le racisme
2. Le changement continuel permettant de créer la confusion
3. L'enseignement de la sexualité et de l'homosexualité aux enfants
4. L'affaiblissement des écoles et de l'autorité des enseignants
5. L'immigration de masse afin de détruire l'identité commune
6. La promotion de la consommation excessive d'alcool
7. Vider les églises

8. Un système juridique peu fiable manifestant des préjugés à l'égard des victimes d'actes criminels
9. La dépendance à l'égard des prestations de l'État
10. Le contrôle et le nivellement par le bas des médias
11. Encourager l'éclatement de la famille

Une des idées principales de l'école de Francfort était d'exploiter l'idée de Freud de « pan sexualisme » - la recherche du plaisir, l'exploitation des différences entre les sexes, le renversement des relations traditionnelles entre les hommes et les femmes. Afin de poursuivre leurs objectifs, ils nieraient les rôles spécifiques du père et de la mère, et arracheraient aux familles leurs droits en tant que premiers éducateurs de leurs enfants.

L'École de Francfort était un instrument des Illuminati qui mettait l'accent sur l'utilisation de la « révolution culturelle » pour détruire la société de l'intérieur. Ils le considéraient comme un projet à long terme et ayant pour cible la famille, l'éducation, les médias, le sexe et la culture populaire. Nous pouvons aujourd'hui en voir les preuves partout.

## DÉSHUMANISER EN UTILISANT LE SEXE

Les Illuminati se livrent à des rituels sexuels liés à la sexualité de groupe, l'homosexualité, la domination, l'inceste et la pédophilie. Ils nous intronisent dans leur culte satanique en nous initiant à ces pratiques en utilisant la pornographie, les médias et l'enseignement public.

A l'objection que la société, en fait, s'oppose avec véhémence à l'inceste et à la pédophilie, il s'agit simplement d'une question de temps. Regardez les choses que la société avait pour habitude de censurer ou d'interdire : l'homosexualité, la pornographie, l'obscénité publique, la promiscuité, les relations sexuelles hors mariage, les naissances hors mariage, etc.

Tout au long de la période moderne, le sexe a été dépeint comme une panacée. La libération sexuelle était cool et avancée. La monogamie était prude. La pornographie a été largement diffusée. Maintenant des millions de personnes sont accros au sexe et les relations humaines sont réduites à «baisable ou pas ?»

«Le sexe est l'arme ultime pour apprivoiser et contrôler les gens.» a écrit la sociologue Erica Carle.

«Lorsque le sexe peut être établie comme une constante dans l'esprit, comme l'idée dominante... l'esprit peut être frappé d'incapacité. Les émotions détruites, l'identité personnelle, l'individualité, la vie familiale, les sentiments maternels et paternels, tous érodés. Tout le reste peut être oublié ou considéré comme sans importance, lorsque l'esprit est capturé par l'idée dominante du sexe.»

Les Illuminati sont une secte homosexuelle. Maintenant, comme les homosexuels, nous avons des relations sexuelles anonymes, et plus de familles. Des fêtes et des sites internet dédiés au sexe anonyme sont très répandus.

En 1973, les Rockefeller ordonnèrent à l'American Psychological Association de modifier la définition de l'homosexualité, la passant d'un trouble à un choix de vie normal. Si vous cherchez sur Google «Fondation Rockefeller» et l'A.P.A., vous obtiendrez environ 70 000 liens, montrant comment les banquiers achètent les «scientifiques» à la tonne.

La critique de l'homosexualité est interdite en tant que «haine» et les représentations médiatiques des gays ont un aspect léché et doux. Les écoles enseignent aux enfants que le sexe est simplement une convention sociale et qu'ils doivent faire l'expérimentation des relations sexuelle gay. MTV fait la promotion de vidéos comme «I Kissed a Girl» de Katy Perry.

[Dans une interview en 2008 avec Al Jazeera TV, le PDG de MTV Bill Roedy a admis que le réseau, qui atteint les deux milliards de personnes dans 164 pays, est dédié à favoriser « un changement de comportement. » En tant qu'ancien Ranger de l'armée US Roedy a déclaré que la musique suscite «une réaction émotionnelle parfois beaucoup plus forte que le leadership politique, ou même religieux.»]

En général, les Illuminati se livre à toutes les formes de dépravation : l'inceste, la pédophilie, le sexe de groupe, la bestialité, le lavage de cerveau les traumatismes (torture), et le sacrifice rituel humain. Beaucoup de nos soi-disant dirigeants sont choisis et contrôlés de cette façon.

Les très jeunes enfants sont utilisés par les francs-maçons des rangs élevés. Le consommateur de porno regarde littéralement un «rituel maçonnique», le tout basé sur la peur, la haine, le secret, la honte, les excréments, la drogue, la dégradation et la saleté. Il est intronisé à un culte satanique et ne le sait même pas. Je suppose que beaucoup de films «d'horreur» ont le même effet.

### NOUS SOMMES TOUS COMPLICES

Les Illuminati ont tellement envahi le tissu social que la société est complice de sa propre destruction. Svali, un transfuge des Illuminati, estime qu'il y a un million de membres des Illuminati sur le seul territoire américain, et la grande majorité d'entre eux ne sont pas juifs.

Paul Drockton, un autre dénonciateur, a déclaré que le culte des Illuminati est organisé sur la scène internationale, nationale, régionale, et au niveau local. Au niveau local, vous avez une «cellule», une «famille» ou «cercle» normalement composé de 13 personnes. Chaque cellule possède un «Père» qui est aussi le Grand-Prêtre ou «Directeur» et une «Grande Prêtresse» ou la Mère. Tout est coordonné et bien organisé.

Les Illuminati sont comme le joueur de flûte de Hamelin, et nous sommes comme les rats, hypnotisés et conduits à notre perte.

Chaque jour, nous entendons parler de gouvernements «empruntant» des milliards afin de stimuler l'économie. Quelqu'un dans la sphère publique s'est-il jamais demandé qui possède ce genre d'argent à prêter? Est-il créé à partir de rien? (Alors, nous le rembourserons de la même manière.) Pensez-vous que ce serait pertinent ?

La question n'est jamais posée parce que quiconque occupant une position d'influence détient une participation dans la fraude des Rothschild. La communauté juive et la Franc-maçonnerie détiennent la part la plus importante, mais elle englobe tous les gouvernements, la religion, les grandes sociétés, l'Église, les institutions caritatives, les ONG, les universités ou organismes d'importance. Les gens cherchent l'argent comme des fourmis de la confiture.

Selon les mots d'un intervenant lors de la réunion secrète du B'nai B'rith à Paris en 1936 : « Pourtant, il doit rester notre secret que ces Gentils qui trahissent leurs propres intérêts les plus précieux en nous rejoignant dans notre complot ne doivent jamais savoir que ces associations sont notre création et qu'elles servent notre objectif... »

« Un des nombreux triomphes de notre Franc-maçonnerie est que ces Gentils qui deviennent membres de nos Loges, ne devraient jamais soupçonner que nous les utilisons pour construire leurs propres prisons, sur les terrasses desquelles nous érigerons le trône de notre Roi de l'Univers d'Israël, et ne devraient jamais savoir que nous leur commandons de forger les chaînes de leur propre servilité à l'égard de notre futur Roi du Monde. »

Notre civilisation est dépourvue de dirigeant et se trouve engagée dans le processus de sa propre disparition. Ceci est décrit comme un «progrès» (c'en est un pour les Illuminati.)

## LE 11 SEPTEMBRE 2001 : COMPLICE DANS LA DISSIMULATION

Encore une fois, le 11 septembre 2001, plus de 3000 Américains ont été assassinés tandis que le symbole de la libre entreprise américaine a été démoli. A-t-on jamais tenu qui que ce soit responsable ou viré pour cette violation flagrante de la sécurité?

Non. Parce que l'attentat a été exécuté par les services de renseignement géré par les Illuminati, le Mossad et la CIA. Pouvez-vous imaginer le degré de collaboration nécessaire à cette trahison? Quelqu'un a-t-il remis en question la version officielle dans les médias officiels?

Quelqu'un a-t-il exigé de savoir pourquoi les 47 étages du WTC-7 ont été pré-câblés pour la démolition, le 11 septembre?

Comme les tours jumelles, il s'agissait d'une démolition contrôlée. Le propriétaire, Larry Silverstein, un Juif Illuminati, l'a admis. Il n'a pas été touché par un avion. Sommes-nous censés croire que ce bâtiment a été démoli, mais que ce ne fut pas le cas des Twin Towers?

En termes de dissimulation, l'establishment des médias est coupable d'une infraction pénale : «faisant passer l'accessoire avant les faits». La société se trouve dans un état de dénie au sujet des forces réelles qui la contrôlent, occasionnant ainsi une dissonance cognitive qui la conduit à collaborer à sa propre destruction.

Qu'est-ce qui a bien pu faire croire aux Illuminati qu'ils pourraient s'en tirer avec le 11/09? Ils ont provoqué de nombreux crimes bien plus grands. Ils ont conçu deux guerres mondiales, la guerre froide, les guerres de Corée et du Vietnam, sans parler de la guerre en Irak et en Afghanistan.

Toutes les attaques soi-disant terroristes sont exécutées par les agences de renseignement. C'est pourquoi ils savaient que Joe Stack, qui s'est écrasé avec son avion dans une station IRS à Austin, n'était pas un terroriste. Ce sont eux qui planifient les attaques terroristes *réelles*.

Les seuls «terroristes» qu'ils craignent sont les membres d'un peuple furieux et dépossédé dans un futur proche. Le «terroriste en sous-vêtements» du jour de Noël 2009 a été mis dans l'avion par un agent de renseignement. Le Département d'État a reconnu que le terroriste lui-même était un agent de renseignement. (Cherchez sur Google : «La vérité sur le vol 252» de Kurt Haskell.)

Les masses ignorent les preuves de la conspiration. Encore une fois, c'est dans les Protocoles : « Les masses sont habitués à nous écouter, nous qui payons l'obéissance et l'attention. De cette façon, nous allons créer une force aveugle puissante qui ne sera jamais en mesure de se déplacer dans n'importe quelle direction sans l'aide de nos agents... Les gens vont se soumettre à ce régime, car ils sauront que de ces dirigeants dépendront leur bénéfice, la gratification et la réception de toutes sortes d'avantages. »(X)

Il y a des centaines d'universités offrant des milliers de cours, mais le paradigme de la conspiration ne figure pas parmi eux. La vraie conscience de l'humanité est maintenue en vie par quelques érudits privés qui sont comme des moines dans l'Âge Sombre.

### METTRE FIN À LA FRAUDE

Le problème de l'humanité est systémique et ne peut être résolu alors que nos dirigeants sont des créatures du système. Notre objectif doit être de changer le système, c'est à dire nationaliser les banques centrales et renoncer à cette partie de la dette créée à partir de rien. Toute personne, homme politique ou expert qui s'y oppose fait partie du système.

Le système a pourvu à la prospérité générale en vue de consolider son pouvoir. Maintenant, il se déplace progressivement vers la prochaine étape : absorber la totalité des richesses et asservir les masses (sous le prétexte de la dette et de la guerre contre le terrorisme.)

Le talon d'Achille du système est sa dépendance à l'égard des agents involontaires et des dupes. Notre rôle est maintenant d'éduquer ces dupes et de les détacher des rangs des Illuminati. A mesure que les choses empireront, ils seront déçus et chercheront des explications.

Toute organisation de masse, que nous pourrions créer serait infiltrée et subvertie. Elle serait vouée à s'enliser dans des conflits de leadership. Ainsi, nous devons agir au sein de très petits groupes informels et en tant qu'individus pour diffuser le message. Nous devons nous soutenir les uns les autres et mettre de côté les querelles en se concentrant sur ce que nous avons en commun.

**FINALEMENT**

L'arc de la civilisation occidentale est passé de l'adoration de Dieu (ascension) à l'adoration de Satan (déclin.) Nous devenons ce que nous adorons.

Dans la montée, l'humanité a appris à mortifier ses instincts charnels et à obéir à ses idéaux spirituels. Au cours du déclin, les kabbalistes nous ont enseigné que cela était de la « la répression » et que nous devions être « libéré ».

Des millions de personnes sont passées du Côté Obscur. Ils ont pris en main les leviers du pouvoir financier et politique et s'en servent pour corrompre la société, chaque personne à la fois. Nous devons alerter les gens au sujet du danger auquel ils sont confrontés.

L'homme a été créé à l'image de Dieu. Nos aspirations spirituelles nous définissent en tant qu'êtres humains. Maintenant que nous comprenons ce qui se passe, et ce qui est en jeu, nous pouvons garder vivante la vision de Dieu pour l'homme dans les temps difficiles à venir.

# LIVRE PREMIER

# Francs-maçons et autres compères

# Les Illuminati ont fondé les États-Unis pour faire progresser le Nouvel Ordre Mondial

La plupart des Américains se moquent à la moindre mention de la conspiration, mais leur pays a été créé par la Franc-maçonnerie et ils n'en ont pas la moindre idée. Les francs-maçons ont rédigé la Constitution et signé la Déclaration d'Indépendance. Les Francs-maçons déguisés en Indiens jetèrent le thé dans le port de Boston. Paul Revere et ses Minutemen, George Washington et la plupart de ses généraux, étaient tous francs-maçons. Le marquis de Lafayette était évité jusqu'à ce qu'il ait été initié. Au moins 20 des 42 présidents américains étaient des « frères ».

La Franc-maçonnerie est l'Église de Lucifer se faisant passer pour un ordre mystique philanthropique. C'est une façade pour les banquiers centraux Illuminati (Francs-maçons & kabbalistes juifs) qui ont créé les États-Unis comme un véhicule pour faire avancer leur Nouvel Ordre Mondial.

Selon les termes de Manley P. Hall, « Nous devons également parfaire le plan des âges, mettant en place ici le mécanisme d'une fraternité mondiale des nations et des races. » (« *Le Destin Secret de l'Amérique* », 1944, p. 3)

Les francs-maçons présentaient aux américains des idéaux valides – les libertés civiles, l'égalité des chances et pas de taxation sans représentation. Mais elles n'étaient que des séductions conçues pour conquérir le pouvoir. Comme vous l'avez sans doute remarqué, ces promesses ne sont pas tenues.

La plupart des historiens ne vous diront pas cela. Mais il se trouva pourtant un historien qui a révélé la vérité. Bernard Fay (1893-1978) était un français diplômé de Harvard. Il est considéré comme un « anti-maçon » parce que son livre de 1935, « *La Révolution et la Franc-maçonnerie : 1680-1800* » est l'un des très rares à révéler l'ampleur de la participation maçonnique dans les révolutions françaises et américaines.

Il a eu accès aux archives maçonnique aux États-Unis et en Europe. Son livre est en fait une représentation sympathique de la Franc-maçonnerie sans aucune référence à sa nature occulte. Cependant, en tant que Français de Vichy, il a ensuite aidé les Nazis à identifier les Francs-maçons au cours de la Deuxième Guerre mondiale. Il a été emprisonné après la guerre, mais gracié par Charles De Gaulle en 1952.

## L'AMÉRIQUE FRANC-MAÇONNE

Fay explique que dans les années 1770, les États-Unis se composait de 13 colonies isolées avec différents gouvernements, affiliations religieuses, coutumes, profils raciaux et structures sociales et politiques. Il y avait des rivalités intenses et des antagonismes de longue date. Une lettre mettait trois semaines à atteindre la Géorgie et le Massachusetts.

«La maçonnerie a entrepris seule de jeter les bases de l'unité nationale en Amérique parce qu' [en tant que société secrète], elle pouvait se propager dans toutes les colonies et travailler de façon constante et silencieusement. Elle a créé une classe limitée, mais très importante de personnes avec un sentiment de l'unité américaine sans lesquelles... il n'y aurait pas eu d'États-Unis.» (p. 230)

«En 1760, il n'y avait pas de ville, grande ou petite, où la maçonnerie n'avait pas tissé sa toile. Partout elle prêchait la fraternité et l'unité.» (230)

Benjamin Franklin, qui était le Grand Maître d'une loge française, a recueilli des millions de francs cruciaux au financement de l'armée de George Washington. Il fut le premier à présenter un plan concret de collaboration militaire et une fédération politique à un Congrès représentant toutes les colonies. Il a établi une chaîne de journaux maçonniques dans toutes les colonies. Vous pouvez imaginer où il avait trouvé l'argent.

Fay explique que George Washington et son armée hétéroclite ont gardé l'esprit d'indépendance en vie. Il a organisé de nombreuses loges militaires et a participé à leurs activités. Le 27 décembre 1778, il mena un défilé après que Philadelphie ait été reprise :

« Son épée au côté, en tenue maçonnique complète, et ornée de tous les bijoux et insigne de la Fraternité, Washington marcha à la tête d'une procession solennelle des 300 frères à travers les rues de Philadelphie vers Christ Church, où un service maçonnique divin eu lieu. Ce fut le plus grand défilé maçonnique qui avait jamais été vu dans le Nouveau Monde. » (246)

«Tous les officiers de confiance de l'état-major de Washington étaient francs-maçons, et tous les généraux de premier plan de l'armée étaient francs-maçons : Alexander Hamilton, John Marshall, James Madison, le général Greene, le général Lee, le général Sullivan, Lord Stirling, les deux Putnams, le général Steuben, Montgomery, Jackson, Gist, Henry Knox et Ethan Allen étaient francs-maçons. Ils se rassemblaient tous autour de leur maître maçon de Washington et ils se rencontraient tous au « Temple de la Vertu » une structure grossière formant un carré, long de quarante pieds sur soixante, d'une hauteur d'un étage, pourvu d'une entrée unique qui était flanquée de deux piliers... L'atmosphère qui entourait Washington était maçonnique et on peut dire que le cadre de son esprit était maçonnique.» (P. 250)

Imaginez si Washington avait montré la même dévotion envers le christianisme!

Fay souligne un «curieux» degré de coordination entre les francs-maçons aux Etats-Unis et les armées britanniques :

« Il semblait même probable que l'inoubliable et mystérieux laxisme de certaines campagnes militaires anglaise en Amérique, en particulier celles des frères Howe, étaient délibérées et en raison de la volonté maçonnique du général anglais de parvenir à un règlement pacifique...» (251)

## LA REDDITION DE CORNWALLIS

Dans ce contexte, il est pertinent de rappeler l'aveu du général Cornwallis, quand il se rendit au général Washington à Yorktown (19 octobre 1781.)

Jonathan Williams a consigné dans ses «Légions de Satan» (1781,) que Cornwallis avait révélé à Washington qu'«une guerre sainte allait maintenant commencer sur l'Amérique, et lorsqu'elle sera terminée l'Amérique sera supposément la citadelle de la liberté, mais ses millions d'habitants resteront inconsciemment des fidèles sujets de la Couronne.»

La Couronne représente les Illuminati (c'est à dire les actionnaires de la Banque d'Angleterre.) Cornwallis a poursuivi en expliquant ce qui apparaît comme une contradiction :

«Vos églises seront utilisées pour enseigner la religion juive, et en moins de deux cents ans, la nation tout entière va travailler pour un gouvernement mondial divin. Ce gouvernement qu'ils croient être divin sera l'Empire Britannique. Toutes les religions seront imprégnées de Judaïsme sans même que cela soit remarqué par les masses, et elles seront toutes sous le joug de l'œil invisible qui voit tout du Grand Architecte de la Franc-maçonnerie.»

Dans un discours de 1956, le sénateur Joseph McCarthy renvoya à ces propos :

«Cornwallis savait bien que sa défaite militaire n'était que le commencement de la catastrophe mondiale qui deviendrait universelle et que les troubles se poursuivraient jusqu'à ce que le contrôle de l'esprit puisse être accompli par une fausse religion. Ce qu'il avait prédit est en train de se passer. Une brève esquisse de l'histoire religieuse américaine et nous avons vu la Maçonnerie infuser chaque église en Amérique par leur religion phallique secrète.»

Notre rôle est analogue à celui des nobles français qui ont collaboré à la Révolution Française, puis ont été massacrés. Fay écrit : «Tous ces nobles n'avaient pas hésité à prendre le parti révolutionnaire, même si cela devait leur coûter leur rang, leurs biens et leur vie.» (P. 287)

# Les Francs-maçons mettent en scène le théâtre politique

Lorsque vous serrez une main, le pouce se dirige naturellement vers le haut ou se prolonge en ligne droite.

Lorsqu'il pointe vers le bas, sur les jointures, vous signalez que vous êtes un membre du plus grand culte satanique du monde, la Franc-maçonnerie, et que vous êtes dévoué à accomplir son objectif d'un gouvernement mondial sous le règne de l'Antéchrist.

Lisez ce que Stephen Knight a écrit sur la poignée de main maçonnique dans «*The Brotherhood*» (1983) : Le maître maçon applique une pression distincte, avec son pouce droit entre les doigts de l'autre doigt du milieu et le troisième » (p. 132) Comparer la récente poignée de main de Larry King avec Ahmadinejad avec celle de la couverture du livre de Stephen Knight. Je sais qu'Ahmadinejad est censé être l'un des « bons gars » pour beaucoup. C'est juste pour amener les Américains à rejeter leur pays. Il a été désigné pour ce rôle. Les Maçons (c'est à dire les Illuminati) contrôlent les deux côtés de chaque conflit.

Stephen Knight a été empoisonné et mourut deux ans seulement après avoir publié « *The Brotherhood* ». Ce qu'il dit à propos de la société britannique s'applique sans aucun doute à tout le monde : La culture et la politique sont une mascarade tranquillement contrôlées par ces disciples de Lucifer. En d'autres termes, l'humanité est sous l'emprise d'un culte satanique. Des millions de gens sont complices de leur propre asservissement.

Knight montre comment les Francs-maçons contrôlent secrètement tous les aspects de la société britannique. Il y a 500 000 francs-maçons en Angleterre. Les loges sont associées à chaque collectivité locale, la police, les banques, les unités militaires, les hôpitaux, les universités, les églises, la cour et bien sûr Westminster.

Ce qui passe pour de la politique est essentiellement des membres de la Loge se présentant aux responsabilités pour décider de comment adopter l'ordre du jour maçonnique. Knight documente la façon dont les francs-maçons se donnent à chaque occasion la préférence en matière d'embauche, de promotion et d'affaires. Les non-maçons sont continuellement harcelés. Il n'est pas exagéré de dire que le Royaume-Uni est une tyrannie maçonnique.

L'ironie est que les francs-maçons de bas rang ne se rendent pas compte de cela. Ils furent officiellement interdits de lire le livre de Knight. C'est ainsi que les sociétés secrètes fonctionnent : en dupant leurs membres.

La Franc-maçonnerie représente une conspiration contre la société qui a été jusqu'à faire de la trahison la norme, et de rendre hors la loi toute mention de la conspiration.

La Franc-Maçonnerie est une extension de la conspiration « juive » par la création d'un establishment de Gentil pour faire son appel d'offre. Le complot juif est à son tour un instrument des banques centrales qui souhaitent utiliser les Juifs et les francs-maçons pour protéger leur monopole sur le crédit (création monétaire) et transformer ce monopole dans le contrôle sur chaque aspect de votre vie. D'où la fausse «guerre contre le terrorisme.»

Larry King, Ahmadinejad signal Masonic Allegiance

THE BROTHERHOOD
STEPHEN KNIGHT

Bill Maher, Illuminati Agent

Tout candidat en lice pour la présidentielle américaine ou la vice-présidence se doit d'être une marionnette. Autrement, ils renonceraient à la dette et insisteraient pour que les États-Unis reprennent le contrôle de son propre crédit (c'est à dire de créer de l'argent sans dette.) Les médias de masse sont gérés par les Francs-maçons.

Le franc-maçon juif Bill Maher a sorti un film « Religuousity » se moquant de la religion. Il y a trois singes sur les affiches (ne rien voir, ne rien entendre, ne rien dire, etc.) chacun portant les symboles du Judaïsme, du Christianisme et de l'Islam. La religion est une tentative d'obéir à Dieu. Dieu nous parle par l'intermédiaire de notre conscience. Apparemment, les lucifériens comme Maher s'oppose à tout ce qui pourrait donner de l'autonomie aux personnes contre leur tyrannie. Il est recommandé d'être tolérant à l'égard de l'homosexualité et de la pornographie, mais pas envers l'Esprit de Dieu qui aide les gens à distinguer le bien du mal.

Consultez les vidéos YouTube de Bill Maher faisant le signe satanique «des cornes de boucs» et échangeant des poignées de main maçonniques avec des personnalités comme Ben Affleck et Ron Paul.

Les banquiers maçonniques ne pourraient pas perpétuer cette mascarade s'ils n'étaient pas propriétaires des médias de masse. Ils ne pourraient pas utiliser des pervers et des criminels comme les présidents et les sénateurs, si la presse était libre. Ils ne pourraient pas perpétrer une atrocité comme le 11/09 si les médias disaient la vérité.

Dans ma propre ville, le *Winnipeg Free Press* pontifie sur les «fauteurs de vérité toxiques sur le 11/09» déclarant que le Mossad a joué un rôle. Devinez quoi - la presse «libre» est détenue par deux membres du B'nai B'rith, c'est à dire les francs-maçons juifs, Bob Silver et Ron Stern. Quelle coïncidence!

Il y a une vidéo de la BBC de l'ancien secrétaire au Trésor Henry Paulson faisant le signe maçonnique « triangulaire » (une pyramide avec les doigts) autour de la troisième minute. Paulson a réussi à augmenter la dette nationale à 11 trilliards de dollars la semaine dernière. Sous l'administration Illuminati de George W. Bush, la dette nationale a doublé! Il a dépensé autant que toutes les administrations qui l'ont précédé. Le Franc-maçon du Prince Hall Barack Obama l'a surpassé.

N'oubliez pas que chaque dollar de dette nouvelle est un dollar dans la poche des banquiers centraux. Finalement, la dette sera utilisée pour nous asservir. Regardez l'Islande, où les citoyens ordinaires ont été mis à contribution pour la dette des banques privées. Chaque citoyen américain est responsable de plus de 40 000 dollars de dette publique.

## CONCLUSION

Le public continuera à croire qu'il y a une différence entre les bouffons postulant aux responsabilités publiques. Il continuera à avoir foi dans les médias. Mais quelques-uns d'entre nous savons que la race humaine est sous l'emprise d'un vicieux culte satanique. Et quand il sera trop tard, le reste de la population le saura aussi. Dans l'intervalle, nous devons nous préparer au pire et espérer que tout se passera au mieux.

# La Franc-maçonnerie est basée sur la Kabbale

Depuis les soi-disant «Lumières», l'humanité est peu à peu tombée sous le charme de la Kabbale. Ce que nous avons appris à prendre pour du «progrès» est en fait la résurgence d'un culte satanique païen ancien de la fertilité, incarné par la Kabbale. Le «dieu» de la Kabbale n'est pas Dieu du tout. Il est Lucifer. Les Juifs Illuminati et leurs alliés francs-maçons sont furtivement occupés à ériger un Nouvel Ordre Mondial dédié à Lucifer.

Selon le chercheur doué, David Livingstone, le plan de Lucifer a été formulé dans la cabale du V$^{\text{ième}}$ siècle avant J.C., lorsque les Juifs étaient détenus en captivité à Babylone. Selon la Bible, cet exil était une punition pour l'adoption du paganisme de leurs voisins, les Cananéens. Ils s'étaient approprié l'ancien culte du dieu de la mort, Lucifer. Parmi les pratiques odieuses prescrites par ce culte étaient les «mystère» des rites impliquant de la musique, des substances intoxicantes, le sexe orgiaque et le sacrifice humain.

La Kabbale est basée sur d'anciennes mythologies païennes qui racontent l'histoire d'un dieu originel ayant créé l'univers, et d'un dieu usurpateur (Lucifer) qui finit finalement par le vaincre et vient à gouverner l'univers à sa place.

Lucifer est la progéniture de Dieu le Père et de son épouse, la Déesse. Mais le dieu-fils épouse également sa mère. Le Dieu-fils a été identifié avec le soleil tandis que la Déesse a été identifiée avec la planète Vénus, le premier objet céleste aperçu au lever du soleil.

«Essentiellement, le dieu et la déesse étaient considérés comme deux aspects d'un seul dieu. » écrit Livingstone dans son dernier livre «*S'abandonner à l'Islam*». «En tant que tels, les autres noms de Satan étaient «Prince de l'Aurore» ou «Fils de l'Aube».

Lucifer, qui illustre le mal, était connu comme un «Dieu mourant», car chaque hiver, il mourrait et descendait aux enfers où il régnait sur les esprits des morts. La Kabbale est un culte sexuel lié au cycle des saisons. Il est défini par l'accouplement incestueux du dieu et de la déesse pour assurer la fertilité.

Lucifer exige des sacrifices. Il doit être apaisée pour éviter sa malfaisance et la diriger contre ses ennemis. Le sacrifice le plus bénéfique est l'abattage d'un enfant. Livingstone, explique :

«Ceci [les sacrifices d'enfants] était devenu la base de ce culte dans le monde antique. Les rituels de la mort et de la résurrection imitaient celui du dieu [Lucifer.] Les participants ingéraient des substances intoxicantes et dansaient sur de la musique afin d'atteindre un état d'extase, ou de possession par un djinn [démon], par lequel ils croyaient obtenir des pouvoirs surnaturels tels que le changement de forme, la clairvoyance et d'autres pouvoirs magiques. Dans cet état, ils faisaient égorger un enfant, mangeaient sa chair et buvaient son sang afin que le dieu puisse renaître en eux.»

## LES SACRIFICES RITUELS ET LES ORGIES CARACTÉRISENT LE CULTE ILLUMINATI

Les transfuges Illuminati témoignent que ces pratiques se poursuivent aujourd'hui. Livingstone dit que ces rituels impliquent généralement des orgies sexuelles où un prêtre et une prêtresse personnifient le Dieu et la Déesse au cours d'un « Mariage Sacré ». Ils deviennent possédés et produisent un « fils de dieu » qui devrait alors régner comme roi.

Livingstone déclare que c'est la base d'un culte satanique qui domine aujourd'hui le monde. «Il est cette religion secrète qui est considérée comme l'occultisme. Ses partisans font avancer le plan satanique pour un Nouvel Ordre Mondial, et l'élimination de l'Islam.» (Pp. 11-13)

À la lumière de ce contexte, nous pouvons apprécier à quel point les enseignements kabbalistes sont pernicieux. Par exemple, ils enseignent que Dieu n'a pas d'attributs. Cela est satanique. Dieu est moral, la différence entre le bien et le mal, le faux et le vrai, le beau et le laid. Pas étonnant que l'humanité ait perdu sa capacité de discernement.

Encore une fois, la Kabbale enseigne que la relation entre l'homme et Dieu est sexuelle et érotique, et que la sensualité et l'ivresse sont religieuses. C'est satanique. L'explication de Livingstone de la Kabbale explique pourquoi le sexe (la promiscuité, la pédérastie, l'inceste) est utilisé pour dégrader et diaboliser les êtres humains et pourquoi le modernisme est un sort kabbalistique.

Selon Livingstone, les Juifs mélangèrent ce paganisme avec la magie babylonienne et l'astrologie, et appelèrent la Kabbale une «interprétation» du Judaïsme. Ces kabbalistes ont déguisé leur ordre du jour luciférien de domination du monde en préparant le monde pour la venue de leur supposé «Messie».

## LA FRANC-MAÇONNERIE ET LE CHOC DES CIVILISATION

David Livingstone décrit la propagation de la Kabbale :

«Les prétendus philosophes grecs ont été les premiers importants kabbalistes. Quand les Juifs furent libérés de leur captivité par l'empereur perse, Cyrus le Grand, de nombreux kabbalistes se répandirent dans diverses parties du monde, notamment en Grèce et en Egypte. Le Platonisme et les philosophies Orphique et Dionysiaque ont été influencées par la Kabbale.

De la Grèce et l'Egypte, les pratiques kabbalistiques se propagèrent à travers l'Europe où elles étaient connues comme de la sorcellerie. Mais les influences les plus importantes furent l'humanisme de la Renaissance, et l'émergence des Rose-Croix. Le mouvement Rose-Croix a été initialement démantelé à la suite de la guerre de Trente Ans, mais un certain nombre d'entre eux trouvèrent refuge en Angleterre où ils fondèrent la Franc-maçonnerie.

Avec l'avènement des Illuminati, les francs-maçons furent responsables de ce grand projet des Lumières, dont le but était de supplanter l'autorité Chrétienne, en passant par les révolutions Américaine et Française. L'objectif de ces révolutions a été de créer des sociétés laïques, au sein desquelles le Christianisme, et toute religion, d'ailleurs, devaient être définitivement séparées de «l'État». Libérés de ces contraintes, les Illuminati pourraient faire progresser leur pouvoir à travers la banque, parce que jusque-là le Christianisme avait largement interdit la pratique de l'intérêt bancaire usuraire.

L'interprétation kabbalistique de l'histoire voudrait nous faire croire que cette évolution du sécularisme est un progrès. Nous sommes amenés à croire que la Démocratie est le produit final de l'évolution humaine éloignée de toute superstition religieuse. Cependant, alors que cette évolution a été une prérogative de l'Occident, l'Orient est encore engluée dans un stade plus primitif, obstinément adhérant à l'idée de «théocratie», c'est le monde de l'Islam.

Et donc, pour l'accomplissement du progrès kabbalistique, ce dernier obstacle doit être éliminé, avant l'imposition définitive d'une hégémonie occulte sur l'humanité. D'où le «Choc des Civilisations» menant au règne de l'Antéchrist.

Nous-y voilà donc. La laïcité est un masque pour la résurgence de la Kabbale, du Paganisme et du Satanisme. C'est cela le progrès!

# La Boulé – Le «Skull and Bones» pour les noirs

*(Ceci a été écrit pour henrymakow.com par Lesley, un lecteur)*

En 1904, la première Société Secrète Afro-Américaine grecque a été formé à Philadelphie, par le Dr. Henry Minton et cinq de ses collègues. La Boulé, a été formée pour rassembler un groupe restreint de gens instruits d'hommes et de femmes noires.

Façonnée sur le modèle des Skulls and Bones Illuminati de Yale, la Boulé se targue d'avoir rendu des services et fourni des dirigeants Noirs américains pendant la Grande Dépression, les deux guerres mondiales, et le Mouvement des Droits Civiques.

Qu'est-ce que la Boulé pouvaient bien offrir aux Noirs en Amérique au début du 20ème siècle? Rejoindre la société secrète exclusive offrait de l'avancement et des avantages en sélectionnant les Noirs en échange de leur fidélité à ses objectifs.

Le dixième supérieur de Noirs a commencé à vivre la belle vie en tant que membres de la Boulé, alors que la majorité des Noirs étaient privés de leurs droits ordinaires. Mais quels étaient les objectifs de la Boulé?

## LA RÉFECTION DE LA MAISON NÈGRE

La Boulé recrutait les dirigeants Noirs de la société américaine dans ses rangs. Aujourd'hui plus de 5000 Archontes, (membres Boulé de sexe masculin) et leurs épouses, (Archousais) sont présents dans 112 chapitres formant le groupe le plus riche des hommes et femmes noirs sur la planète.

Quels sont les intérêts vraiment servis par la Boulé? Ceux de l'élite satanique mondiale. Tant qu'un membre Noir se conforme aux règles, les richesses coulent en abondance ; s'il fait montre d'indépendance, le couperet tombe. Le chantage fait partie de la transaction. Cette société secrète maçonnique possède une structure pyramidale comme tout le reste. Les rangs inférieurs ne sont pas informés des activités des échelons supérieurs.

Le début du 20ème siècle était une période de reconstruction. Le mouvement de Marcus Garvey « Back to Africa » était en plein essor. Garvey représentait un véritable leadership noir. W.E.B. Dubois, membre fondateur du chapitre de la Boulé de New York a déclaré : «La Boulé a été créée pour tenir les professionnels noirs loin de Marcus Garvey.»

La réfection de la Maison Nègre était nécessaire pour produire un groupe de Noirs qui avaient un intérêt à protéger l'élite Illuminati. Cela impliquait de vendre ses frères et sœurs pour le pouvoir et l'argent. La majorité des avocats noirs, des médecins, des ingénieurs et des comptables étaient membres de ce club secret.

## DES INTENTIONS PRÉDATRICES

Selon Bobby Hemmitt, métaphysicien et conférencier occultiste, « Cette société de l'élite noire basée sur les Skull and Bones (Yale) a été choisie par le gouvernement des États-Unis (Illuminati) pour régner sur les quartiers noirs. » Voir ici : http://www.youtube.com/watch?v=PA6jmaoG7V8

Le conspirationniste et futurologue Steve Cokely, déclare : « Partout où il y a des Noirs éminents, il y a des chances pour qu'ils appartiennent à la Boulé. » Martin Luther King et Jesse Jackson auraient été membres de la Boulé, ainsi que Barack Obama, Bill Cosby, Al Sharpton et Thurgood Marshall.

Les membres de la Boulé se présentent comme des combattants de la liberté ou des militants des droits civiques. En vérité, ils opèrent à des fins personnelles. La Boulé travaille de concert avec leurs maîtres afin de maintenir la mainmise de la suprématie Illuminati.

## DES SITUATIONS COMPROMETTANTES

Comme d'autres sociétés secrètes, la Boulé encourage les rendez-vous homosexuels comme des pratiques d'initiation. Cela doit être fait pour rejoindre les rangs. Bobby Hemmit dit : « Tous les nègres du dessus du panier se réunissent et ils s'enc* les uns les autres. »

Ces perversions sont ensuite cataloguées et stockées sur disque. Plus tard, si nécessaire, ces faux-pas peuvent être utilisés comme outils de négociation dans le Jeu Ultime. En quoi consiste le jeu ultime? Capturer des âmes humaines.

La Boulé reflète la structure du pouvoir blanc. Tout comme ces Noirs trahissent leur propre peuple, les membres des Illuminati trahissent leurs amis et voisins, leur culture et leur civilisation.

## COMMENTAIRES DE LECTEURS :

DAVID : La Boulé est une étape nécessaire dans l'organisation de la Franc-Maçonnerie. Elle permet aux gens d'être des esclaves noirs de «maison» au lieu d'esclaves «des champs» et en fait de gérer le «terrain» des esclaves pour ses maîtres. Tous les grands noms de l'Amérique, passés et présents, semblent liés à la société Boulé ou d'autres sociétés secrètes. Ces membres travaillent à l'œuvre de Satan à travers la mise en œuvre pratique des plans pour le contrôle et la décimation de leur propre espèce. Nous sommes tous des pigeons.

Cela soulève la question de savoir comment d'autres personnes noires sont organisées. Les dirigeants doivent appartenir à une sorte de société maçonnique, dont le siège est en Europe ou en Amérique. Toutes les sociétés maçonniques sont-elles du même côté ou sont-elles aussi rivales? L'Afrique et les îles des Caraïbes sont constituées par des populations noires importantes. Leurs dirigeants sont-ils membres de la Boulé ou d'une autre société franc-maçonne?

Cela semble être le cas. Si l'on examine les événements dans des pays comme Haïti, la Jamaïque, Trinidad et la Guyane, il y a de sérieux points d'interrogation sur l'endroit d'où la direction politique émane. En aucun cas, il n'y eu jamais d'amélioration socio-économique générale pour les masses.

L'Afrique est engagée dans une spirale de dépeuplement. Les armes biologiques ont été délibérément introduites dans les vaccins. Le résultat final est la mort et la maladie pour des peuples qui vivent sur l'un des plus riches continents de la planète. Quelqu'un veut que l'Afrique aillent assez mal pour tuer tous les Africains pour cela. La pauvreté, la malnutrition, les maladies, la violence, l'inflation, le manque de production, la valeur des monnaies, etc. sont la peste de toutes les nations africaines. On aurait pu penser que suffisamment de technologie du 20ème siècle existait. Il est vrai dans une certaine mesure de dire que votre propre peuple vous garde en esclavage. La Boulé en est la preuve. La couleur de la peau inspire de la fidélité à une élite raciale servant la «race des seigneurs» de la Terre.

# Les Boy-Scouts – Un modèle de la subversion Franc-maçonne?

Les Boy Scouts of America est une des rares grandes institutions à interdire les homosexuels, les athées et les agnostiques parmi ses dirigeants. A une époque de décadence, les BSA jouent un rôle unique en défendant Dieu, la patrie et les valeurs traditionnelles.

Avec 1,6 millions de membres et 470 000 chefs de file répartis sur 50 000 unités, ils semblent être une force incroyable pour le bien. Mais combien de véritables forces pour le bien y a-t-il dans ce monde?

Comme la plupart des institutions majeures, les scouts semblent avoir été subvertis par la Franc-maçonnerie, qui a un agenda caché de promotion de l'homosexualité et de négation de Dieu.

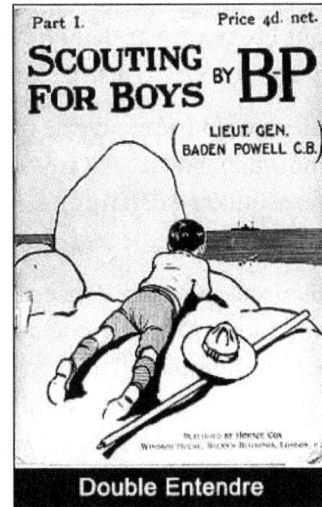

**Double Entendre**

La Société Nationale d'Honneur du Scoutisme « ré-compensant les Boy Scouts qui illustrent le mieux le serment et la loi scoutes dans leur vie quotidienne » est une société maçonnique secrète appelée « l'Ordre de la Flèche ». Elle compte plus de 180 000 membres dans des «loges» affiliées avec les plus de 300 conseils locaux des BSA.

Les scouts doivent s'assurer que leur travail louable ne serve pas de couverture et fournisse des recrues à l'ordre du jour maçonnique.

Tout d'abord, regardons les objectifs louables. Le site web de BSA proclame : «Que les Boy Scouts défendant aussi des valeurs traditionnelles, telles que celles exigeant des jeunes qu'ils fassent leur «devoir envers Dieu» et «de faire preuve de droiture morale», n'ont pas à avoir honte et ne devraient pas faire l'objet de controverse. Aucune affaire judiciaire n'a jamais trouvé que les Boy Scouts pratiquaient une discrimination illicite, et il est regrettable que n'importe qui caractérise les droits constitutionnellement protégés des Boy Scouts de défendre des valeurs traditionnelles, comme «discriminatoires». Ce n'est tout simplement que des injures.»

La « Loi Scout » enseigne aux jeunes à être « digne de confiance, loyal, serviable, aimable, courtois, gentil, obéissant, gai, économe, brave, propre et respectueux. »

Elle définit Dieu comme « le pouvoir et la puissance de premier plan dans l'univers » à qui nous sommes reconnaissants pour ses « faveurs et ses bénédictions. » Il soutient que « les Boy Scouts pensent que le comportement homosexuel n'est pas compatible avec les buts et objectifs du scoutisme et qu'un homosexuel avoué ou connu ne présente pas un modèle souhaitable pour la jeunesse dans le programme de scoutisme. »

## TROP BEAU POUR ETRE VRAI?

Ce sont des mots courageux pour une organisation qui a probablement été fondée par un homosexuel pour «recruter» de nouveaux talents pour l'élite pédophile de l'Empire Britannique.

Les penchants homosexuels du fondateur des Scout Robert Baden Powell (1857-1941) ont été notés par deux biographes récents. Baden-Powell aimait être avec les jeunes garçons, tout particulièrement lorsqu'ils se baignaient nus.

Bien que marié et père de trois enfants, il était probablement un homosexuel. Son père mourut quand il avait trois ans. Par la suite, Robert a été élevé par sa mère, « une femme forte qui était déterminée à ce que ses enfants réussissent. » Baden-Powell disait d'elle en 1933. « Tout le secret de mon excitation, coucher avec ma mère. »

Bien que les francs-maçons nient qu'il ait été un membre, des loges maçonniques aussi loin qu'en Afrique du Sud, en Australie et en Nouvelle-Zélande sont nommées en son honneur. Il avait atteint le grade de lieutenant-général et a combattu dans les guerres coloniales britanniques impliquant des Zoulous et des Boers. Ses cohortes, de Lord Kitchener à King Edward VII étaient des homosexuels, des francs-maçons et des débauchés.

Sa pierre tombale porte un cercle avec un point au centre, qui est le signe de piste pour « rentrer à la maison », ou « je suis retourné à la maison ». C'est aussi un symbole des Illuminati qui représente le pénis et le vagin.

## L'ORDRE DE LA FLÈCHE

Lucifer recrute l'humanité en utilisant une combinaison de mensonge et de séduction. La Franc-maçonnerie est l'Église de Lucifer, qui est la véritable «religion» de la Civilisation Occidentale (post-Lumières). Elle opère sous plusieurs bannières : « le Libéralisme, le Socialisme, le Sionisme, le Communisme, le Fascisme, le Féminisme et les Droits des homosexuels. »

Comme tout ce qui précède, la Franc-maçonnerie est une société secrète, c'est à dire une structure dont les membres ne connaissent pas le véritable objectif. Les trois « degrés inférieurs bleus » sont nourris des platitudes sur la charité et le fait de rendre les hommes bons meilleurs. Mais, en réalité, seuls progressent ceux qui sont corruptibles. Notre société tout entière est basée sur ce modèle qui explique pourquoi nos dirigeants, à la fois politiques et culturels, nous ont abandonnés.

Ainsi, il est fort probable que les Boy Scouts of America représentent les degrés bleus innocents. Il est possible que «L'Ordre de la flèche» représente un bassin de recrutement pour la franc-maçonnerie et d'autres choses encore.

John Salza est un ancien Franc-maçon du 32ème degré et l'auteur d'un livre, « La Franc-maçonnerie démasquée ». Il a écrit un essai sur l'O.A. (Order of the Arrow) intitulé « La franc-maçonnerie a infiltré les Boy Scouts. » L'O.A. a été fondée en 1915 par deux francs-maçons du 32ème degré et ses rituels sont calqués sur les rituels maçonniques. Tous les deux ont trois degrés, les deux sont organisés en loges ; les deux rituels ésotériques cherchent la connaissance spirituelle et l'illumination. Les candidats sont menés autour de la loge, tous liés par une corde.

Salza écrit : « Ces rituels qui incluent une alliance de sang sont conférés à des scouts innocents... et ils nuisent à leurs âmes. [Cette information] vient d'un éclaireur qui a connu des manifestations spirituelles démoniaques après son initiation à l'O.A.

Les jeunes d'Amérique sont intronisés dans une société secrète occulte par des moyens furtifs. Les Scouts et les francs-maçons nieront qu'il y ait quelque chose de mal, mais cela prouve seulement leur crédulité et leur vénalité. La BSA fait exactement le contraire de ce qu'elle prétend.

## CONCLUSION

Ce qui se passe chez les Boy Scouts, se passe dans la société au sens large. L'Églises, les partis politiques, le Y.M.C.A., les associations caritatives, les médias, les écoles - aucune institution n'est à l'abri.

L'humanité est diaboliquement possédée, et est intronisée à un culte satanique à travers le sexe, la violence, l'argent, la drogue, les sociétés secrètes, la panique ou les psychoses provoquées par les médias. Les films et jeux vidéo d'aujourd'hui sont pour la plupart imbibés de meurtres insensés et de chaos, de catastrophe apocalyptique et de sadisme pornographique.

Les Illuminati (le plus haut rang de la Franc-maçonnerie kabbalistique) a l'intention de dégrader l'humanité et de nous livrer à Lucifer en tant qu'offrande. C'est ce qu'ils entendent par le «changement». Ils crachent à la face de Dieu et une grande partie de l'humanité ne semble que trop disposée à en faire autant.

# Le Pape est-il Catholique?

*Lorsque le moment sera finalement venu de détruire la cour papale... nous apparaitrons comme ses défenseurs... Par cette diversion nous pénétrerons au cœur de la place et n'en ressortirons pas avant d'être certain qu'elle soit complètement ruinée.* » (Protocoles des Sages de Sion-17)

Le Jour de l'An 2004, l'ancien pape Jean-Paul II a appelé à un « nouvel ordre mondial... sur la base des objectifs de l'Organisation des Nations Unies. »

Lorsqu'un chef de file mondial utilise cette terminologie, cela ne peut signifier qu'une seule chose. Il fait partie de la conspiration luciférienne pour créer un gouvernement mondial totalitaire.

Selon Piers Compton, un ancien prêtre Catholique, la papauté a effectivement été subvertie par les Illuminati en 1958, lorsque Jean XXIII est devenu Pape. Ce fut le point culminant d'une campagne de 200 ans pour infiltrer et détruire l'Église Catholique.

Piers Compton était le directeur littéraire de l'hebdomadaire Catholique *L'Univers* pendant 14 ans. Il documente ses revendications dans « *La Croix brisée* », (1981) un livre qui est presque impossible à trouver car il a été mystérieusement retiré quelques semaines après sa sortie. Il est maintenant disponible en ligne.

Compton fait remonter la phase moderne de la conspiration luciférienne à Adam Weishaupt qui a établi les Illuminati, le 1er mai 1776.

« [Weishaupt] a été soutenue financièrement, comme la plupart sinon tous les dirige-ants anarchistes, par un groupe de banquiers de la maison Rothschild. Ce fut sous leur direction que les plans à longue portée mondiale des Illuminati ont été établis. » (8)

En 1783, les Illuminati prirent le contrôle d'une grande partie de la Franc-maçonnerie, qui coordonna secrètement le mouvement révolutionnaire (le Libéralisme, le Socialisme et le Communisme.) D'après David Bay, « les sociétés secrètes comme les « Skull and Bones » ont toujours fonctionné comme l'église de Satan, en tant que seul moyen de passer le flambeau de génération en génération. »

Les Illuminati considéraient l'Église catholique comme leur principal ennemi et l'avaient condamné à la ruine. En 1818, leur loge italienne a publié une série d'instructions perman-entes qui comprenaient : « Nous avons besoin d'un pape pour nous-mêmes... afin de lancer plus sûrement un assaut contre l'église... » L'objectif était « l'anéantissement complet du Catholicisme et même en fin de compte de la Chrétienté. Si le Christianisme devait revivre, même sur les ruines de Rome, il devrait un peu plus tard revivre et vivre. » (13-14)

## LE PAPE LÉON XIII

Dans une encyclique du 8 décembre 1892, le Pape Léon XIII a identifié deux Royaumes. « L'un est le royaume de Dieu sur la terre, à savoir, la véritable Église de Jésus-Christ, et ceux qui désirent de tout leur cœur être unis avec elle... L'autre est le royaume de Satan... ceux qui refusent d'obéir à la loi divine et éternelle, et qui ont de nombreux objectifs qui leur sont propres dans le mépris de Dieu, et beaucoup s'en prennent également à Dieu. »

Tout au long de l'histoire, ils ont été en conflit.

« De nos jours, cependant, les partisans du mal semblent s'être concertés ensemble, et être aux prises avec véhémence, conduit ou aidé par cette association fortement organisée et généralisée appelé les Francs-maçons. Ne faisant plus aucun secret de leurs fins, ils se dressent maintenant hardiment contre Dieu Lui-même. »

Ironiquement, lorsque Léon XIII mourut en 1903, un Franc-maçon, le cardinal Rampolla Mariano, fut presque élu pape. L'empereur François-Joseph d'Autriche mit son veto à sa nomination au dernier moment.

Les Illuminati durent attendre encore 55 ans pour prendre le contrôle de la papauté. Lorsque le pape Pie XII est mort en 1958, un cardinal Franc-maçon Roncalli Angello, devint le Pape Jean XXIII.

Comme on pouvait s'y attendre, son premier acte fut de commencer à retirer l'élément de la Révélation Divine de l'enseignement Catholique, et d'embrasser le naturalisme, le matérialisme et le Communisme. Ces mesures furent prises lors du Concile œcuménique de 1962 et Vatican II en 1965.

Par conséquent, Malachi Martin, un ancien jésuite, a prédit que l'Église catholique romaine ne serait plus reconnaissable d'ici l'année 2000. « Il n'y aura pas de contrôle centralisé, pas d'uniformité dans l'enseignement, pas d'universalité dans la pratique et le culte, la prière, le sacrifice et le sacerdoce. » (63)

## LE PAPE PAUL VI

Le cardinal Giovanni Montini, qui a succédé à Jean XXIII comme le Pape Paul VI en 1963, était également un Franc-maçon et un socialiste. (En 1944, le Pape Pie XII l'avait démissionné de son poste de Secrétaire d'État du Vatican pour avoir conduit des négociations secrètes avec les Communistes. (53)

Paul VI révéla ses vraies couleurs, dans un discours à l'Organisation des Nations Unies en 1965 : « C'est votre tâche ici de proclamer les droits et les devoirs fondamentaux de l'homme. Vous êtes les interprètes de tout ce qui est permanent dans la sagesse humaine ; on pourrait presque dire de son caractère sacré. » (67)

Cette répudiation de l'autorité spirituelle de l'église a été symbolisée par le don de Paul de l'Anneau du pape et de sa croix pectorale au Secrétaire général U Thant, qui les a vendus à une vente aux enchères. (71)

L'Organisation des Nations Unies a été mise en place sur un terrain donné par les Rockefeller comme une façade pour la dictature luciférienne de l'élite. Sa charte a été fondée sur la Constitution de la Russie soviétique et ses dirigeants étaient des Communistes. Sa chapelle est dédiée au paganisme et géré par le Lucis Trust (anciennement Lucifer Trust) qui s'occupe également de toutes ses publications.

## LA CROIX BRISÉE

Paul VI a également adopté un symbole sinistre utilisé par les satanistes au Sixième Siècle, qui a été ranimé par Vatican II.

Il s'agit d'une croix tordue ou cassée sur laquelle est monté une représentation répulsive et déformée du Christ. Les magiciens noirs et les sorciers du Moyen Age l'utilisaient à des fins occultes. Elle représentait la «Marque de la Bête».

Compton : « Or, non seulement Paul VI, mais aussi ses successeurs, les deux Jean-Paul ont porté cet objet et brandit pour être vénéré par les foules qui n'avaient pas la moindre idée de ce qu'il représentait pour la lutte contre le Christ. » (72)

Paul VI a aboli le serment antimoderniste, l'Index des livres interdits, et a révisé les lois canoniques. L'histoire et les textes écrits à partir d'un point de vue catholique ont été réédités. Il a encouragé des théologiens «humaniste» comme Edward Schillebecekx qui enseignait que « l'homme le plus honnête et naturel est celui qui ne croit en rien. » (105)

En 1976, le journal *Borghese* publia une liste de 125 membres du clergé de haut niveau qui étaient Francs-maçons en contravention avec la loi de l'Église. Elle comprenait leurs dates d'initiation et leur nom de code secret pris à partir du Registre Italien des Sociétés Secrètes. Compton reprend la liste, qui comprend les chefs de Radio Vatican et la presse, les membres de l'enseignement Catholique ainsi que de nombreux hauts fonctionnaires, Cardinaux et Archevêques.

Comme Paul VI était pape, rien ne fut fait. Sonnant comme le franc-maçon qu'il était, Paul déclara en 1969 : « Nous sommes sur le point d'être témoin d'une plus grande liberté dans la vie de l'Église... moins d'obligations et des interdictions moins actives. Les disciplines officielles seront réduites... toute forme d'intolérance sera abolie. » (104)

Cette attitude s'explique par des rapports mentionnant que de 1936 à 1950, le futur Paul VI faisait partie d'un réseau d'espionnage Communiste, propriétaire d'une partie d'une chaîne de bordels et finançant des films érotiques. (110)

## LES PAPES JEAN PAUL I ET II

Alibino Lucano, le cardinal de Venise devint le pape Jean-Paul Ier, le 26 Août 1978. Il était également un «gauchiste convaincu», mais il a pu prendre ombrage des manigances financières du Vatican parce qu'il fut trouvé mort un mois plus tard. Il n'y eut pas d'autopsie.

Le Pape Jean-Paul II, Karol Wojtyla, lui succéda. Wojtyla est le premier non-italien depuis 1522, et le seul pape venant d'un pays derrière le rideau de fer. Compton fait remarquer que tandis que l'autre Cardinal polonais Wyszynski n'avait «jamais cédé un pouce» aux communistes, Karol Wojtyla s'est opposé à cette attitude et a collaboré. L'abbé de Nantes s'est exclamé : « Nous avons un Pape communiste ! »

Pendant le conclave au cours duquel il a été élu, Karol Wojtyla fit la lecture d'un livre de principes marxistes. Dans sa première encyclique, il salua Paul VI pour avoir « révélé le vrai visage de l'Eglise » et l'avoir aligné « avec l'esprit du temps. » Il alla même jusqu'à dire que les adversaires de Vatican II ne peuvent pas être considérés comme des fidèles. »(172)

Dans une lettre du 1er septembre 1981 il déclara : « la tradition Chrétienne n'a jamais soutenu le droit de la propriété privée comme absolu et inviolable. » Cela contredit de nombreuses encycliques qui stipulent que la propriété privée est « une incitation nécessaire à l'entreprise humaine » et conforme à la sagesse divine et aux lois de la nature.

Le Pape Pie XII : « Seule l'entreprise privée peut fournir au chef d'une famille la saine liberté dont il a besoin pour mener à bien les tâches qui lui sont attribuées par le Créateur pour le bien-être physique, spirituel et religieux de la famille. » (174)

Le Communisme (la propriété de l'État) est une façade derrière laquelle les banquiers et les capitalistes monopolistes sont propriétaires de tout.

Le 27 novembre 1983 le Pape Jean-Paul II a publié une bulle papale qui a légalisé l'adhésion à des sociétés secrètes pour les Catholiques Romains.

Alors que soi-disant prêtre célibataire, Compton suggère que le comportement de Wojtyla ressemblait à celui d'un artiste bohème. Il fut impliqué dans le théâtre en Pologne et a écrit une pièce sur la prostitution. Compton reproduit des photos de lui quand il était un Evêque ou Cardinal. Il est avec une femme et un enfant sur une plage. L'enfant monte sur lui. Ils ressemblent beaucoup à une famille.

En 1960, il publia un livre «*Amour et responsabilité*» qui prônait l'amour sexuel et décrit à la fois la physiologie et la psychologie du sexe. Il déclara à un auditoire de jeunes français : « l'union corporelle a toujours été le langage le plus fort que deux personnes peuvent avoir l'une pour l'autre. »

## CONCLUSION

Rédigé du point de vue de 1981, Compton a prédit que les enseignements traditionnels de l'Eglise continueront d'être édulcorés.

Vers la même époque, Malachi Martin a déclaré : «L'Eglise chrétienne est en décomposition, n'a rien à dire et est en voie de disparition. » Il a ajouté que les autres grandes religions subissaient le même sort et a prédit l'émergence «d'une religion mondiale avec une structure et des institutions», gérées par une «grande bureaucratie». Et de cela naîtra la catastrophe ultime. »

Finalement, nous devons apprendre que la vraie liberté réside dans l'obéissance à Dieu. L'alternative consiste à devenir l'esclave de Lucifer. La barbarie du siècle dernier n'était pas une aberration, mais un signe avant-coureur de l'avenir.

# L'Imposteur "Chrétien" Illuminati

Lors d'un National Prayer Breakfast (déjeuner national de prières) à Washington en 2009, Tony Blair confessa qu'il n'avait pas parlé de Dieu pendant son mandat pour ne pas être considéré comme un «cinglé».

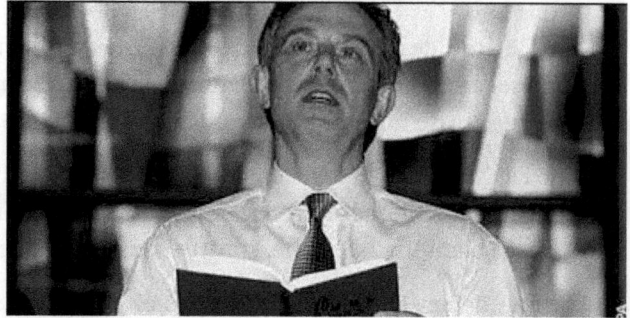

Mais maintenant, le converti au Catholicisme Romain pouvait déclarer que la foi religieuse est au cœur des affaires mondiales. Dans un «sermon», il a mentionné 31 fois Dieu et proclamé : « En nous livrant à Dieu, nous devenons des instruments de son amour. »

Le président Obama a approuvé la charade : « Mon bon ami Tony Blair - qui l'a fait d'abord et peut-être mieux fait. »

De toute évidence le rôle de Blair est d'usurper le leadership Chrétien et d'exposer la croyance religieuse au ridicule. Avec un autre hypocrite, George W. Bush, Blair a causé la mort et la mutilation d'un million de civils irakiens. Ces gens-là sont des sociopathes, pas des Chrétiens.

Le public ne s'y trompe pas. Un lecteur a commenté : «Il a tellement de sang sur les mains, qu'il pense qu'en se tournant vers la religion tout lui sera pardonné. Triste imbécile.»

Mais la ruse fonctionne. Un autre lecteur a commenté : «Lorsque j'entends dire que cet homme est un chrétien, cela me rend fier d'être athée.»

Blair est un émissaire de l'ONU au Moyen-Orient. C'est ce que «l'instrument de l'amour de Dieu» avait à dire sur le massacre par Israël des femmes et des enfants à Gaza : «Ce qui s'est passé a été très choquant et très triste - les scènes de carnage - mais c'est la guerre, je le crains, et la guerre est horrible.»

(Et, Satan doit avoir son dû.)

Durant son mandat, Blair, un Catholique de placard, a légalisé le mariage et l'adoption gay et, grâce aux actes terroristes sous fausse bannière, le Royaume-Uni s'est changé en un état policier dédaigné par le monde entier.

## LE BROUHAHA DE L'EVÊQUE WILLIAMSON

Les Illuminati ont décidé qu'il était préférable de s'emparer de l'Eglise Catholique plutôt que de tenter de la détruire. La récente suspension par le Pape Benoît XVI de l'excommunication du négationniste Mgr. Richard Williamson a peut-être été conçue pour saper l'autorité du Pape et de l'Église Catholique. C'est exactement ce qui s'est passé.

La chancelière allemande Angela Merkel s'est prononcée contre la décision du Pape Benoît XVI, en disant : « Le Pape et le Vatican ont besoin de préciser qu'une telle négation est inacceptable. » D'autres en ont appelé à la démission du Pape.

L'Holocauste n'est ici pas la question. Mon point de vue est que la réhabilitation par Benoît XVI de Williamson n'a de sens que si elle était destinée à jeter l'opprobre sur l'Église. Mon intuition est que le pape, comme Tony Blair et Barack Obama, est un imitateur Chrétien Illuminati.

## BLAIR FAIT VŒU DE PAUVRETÉ

Le zélé Blair semble avoir oublié l'injonction du Christ à l'homme riche de donner ses biens. Au lieu de cela, Blair accumule les richesses. Depuis qu'il a quitté ses fonctions, il a gagné plus de 18 millions de dollars en donnant des discours à 250,000$ aux institutions mondialistes comme la J.P. Morgan Chase et les marchands d'armes du Carlyle Group. (Ce dernier se sent une dette particulière de gratitude envers ce Chrétien fanatique ayant permis la privatisation de la technologie du renseignement du Royaume-Uni à un prix en dessous du marché.) Lorsque vous servez le diable, vous n'avez pas besoin d'attendre le Ciel pour recevoir votre récompense.

Les Illuminati ont apparemment l'intention d'utiliser la religion pour faciliter l'instauration de leur tyrannie mondiale. En partenariat avec l'University Schools of Management and Divinity de Yale, «The Tony Blair Faith Foundation» vise à utiliser «l'éducation» pour mettre en place le Nouvel Ordre Mondial :

«Nous vivons à une époque de grands bouleversements. L'ordre du XXème siècle n'est plus que du passé, et les forces de la mondialisation poussent toutes les économies du monde - et tous les citoyens du monde, avec leur grande diversité de confessions religieuses – à œuvrer plus étroitement ensemble».

## CONCLUSION

Les buts de Satan sont introduits derrière la façade du Christianisme.

Les Illuminati sont des Satanistes. Ils s'engagent dans des rituels sataniques de sacrifice (humain) et toutes formes de perversions sexuelles. Blair et Obama appartiennent aux Illuminati. Leur but est de détruire les religions en les jetant toute dans un mélangeur. Une fausse «religion» mondiale en émergera dirigée par l'Antéchrist et dédiée à Lucifer.

Le discours de Blair d'être un « instrument de l'amour de Dieu » est un classique double discours Orwellien : les mots sont les mêmes, mais l'intention est exactement inverse.

De même, les agents de Satan, les imitateurs Chrétiens Illuminati, ont remplacé les vrais chrétiens à la tête des sociétés « Chrétiennes ». Leur rôle est de discréditer Dieu, Jésus, le Christianisme et la vraie religion.

Nous avons perdu notre emprise sur la réalité parce que l'humanité est possédée par un culte satanique. De mauvaises choses se produisent parce que des dirigeants mécréants et méprisables règnent.

# Bill Gates : un Sataniste déguisé en brebis?

Lorsque Warren Buffett a donné 31 milliards de dollars à la Fondation de Bill Gates, j'ai supposé que cela ferait avancer le Nouvel Ordre Mondial. Mais quand un lecteur m'a montré la connexion de Gates avec l'antisémite et païen Lucis Trust (anciennement Lucifer Trust), j'ai pris du recul et entrepris des recherches sur le sujet.

Créée par Alice Bailey en 1922, la maison d'édition de Lucifer (Lucifer Publishing Company) a changé son nom l'année suivante pour des raisons évidentes. Basé au 120 Wall Street, le « Lucis Trust » est un élément essentiel du culte satanique qui contrôle le monde occidental. Il a initié le mouvement New Age pour introniser la société à leur état d'esprit luciférien. Il est l'éditeur officiel de l'Organisation des Nations Unies et gère sa « salle de méditation ».

Bailey était la chef de la Société Théosophique fondée en 1875 par Helena Blavatsky. La Théosophie est une branche de la Franc-maçonnerie. Selon Constance Cumbey, la théosophie a également donné naissance aux sociétés occultes qui, à son tour ont créé Adolf Hitler et l'idéologie Nazie. (*"The Hidden Dangers of the Rainbow: The New Age Movement and the Coming Age of Barbarism"* 1983).

En 1949, Bailey a écrit que l'holocauste juif était dû au mauvais karma des Juifs : « le mauvais karma du Juif d'aujourd'hui est destiné à mettre fin à son isolement, de l'amener à renoncer à des objectifs matériels, de renoncer à une nationalité qui a tendance à être quelque peu parasite... » (« La Guérison Ésotérique », p. 263)

Bailey enseigne que les Juifs font partie d'un autre système solaire et que les Orientaux et les Noirs sont d'une engeance différente. Les races occidentales doivent contrôler le monde, car ils sont l'engeance la plus évoluée. (Cumbey, 115)

Cela doit être une préoccupation car un axe majeur de la fondation Gates consiste à fournir des millions de dollars de vaccins pour les pauvres dans les pays du Tiers-Monde.

### LES LIENS ENTRE GATES ET LE LUCIS TRUST

La Fondation Bill et Melinda Gates a doublé de taille en raison de la donation Buffet, et est cinq fois plus grande que la Fondation Ford qui est la plus importante des U.S.A. La Fondation Gates est mentionnée en tant que membre financier du sous-groupe Lucis : « Le Nouveau Groupe des Serviteurs du Monde. » (Voir la rubrique «$$» sur leur site internet. Les photos de Nelson Mandela, Cindy Sheehan et Michael Moore sont également présentes sur ce site.)

Bill Gates est également mentionné sur le site du Lucis Trust : «Grâce au travail philan-thropique et humanitaire de personnes comme George Soros, Bill Gates, Kofi Annan, et Bono, pour n'en nommer que quelques-uns, les gens commencent à reconnaître les besoins des personnes démunies et de faire quelque chose à leur sujet. Il y a un discours de Soros et d'un autre penseur, James Tobin, au sujet de la création d'un certain type de taxe sur les transactions financières qui serait utilisé pour soutenir les programmes nationaux dans le monde en développement. L'humanité a certainement la capacité de mettre en place ces changements, elle a juste besoin de la volonté pour le faire. »

Une taxe sur les transactions financières fait partie de ce que le Lucis Trust appelle «Le Plan». Cela commence par la proclamation de «Maitreya», le Messie du New Age qu'ils sont occupés à façonner depuis plus de trois décennies.

Selon Cumbey, qui est un avocat, le «régime» comprend également un nouveau gouver-nement mondial et l'instauration d'une religion en vertu de Maitreya ; d'un système de carte de crédit universel ; d'une autorité qui permettrait de contrôler l'approvisionne-ment alimentaire ; d'une taxe universelle, et d'un projet universel.

«Ils ont l'intention d'interdire toutes les pratiques actuelles et les symboles religieux des Juifs orthodoxes et des Chrétiens» écrit Cumbey. «Les adeptes du New Age ont menacé de violence et même d'extermination les nations des Juifs, des Chrétiens et des Musulmans qui ne coopéreraient pas avec Maitreya et sa nouvelle religion.» (20)

## LUCIFER EST DIEU

La Société Théosophique croit que Lucifer est Dieu qu'ils identifient avec le Soleil. Dans «La Doctrine Secrète», Blavatsky écrit : «Dans ce cas, il est tout naturel... de considérer Satan, le Serpent de la Genèse comme le véritable créateur et bienfaiteur, le Père de l'humanité spirituelle.»

«Car c'est lui qui était le « porteur de lumière», brillant radieux Lucifer, qui a ouvert les yeux de l'automate (Adam) créé par l'Éternel, comme il est prétendu, et celui qui fut le premier à murmurer : «Du jour où vous mangerez de ces fruits, vous serez comme Elohim, connaissant le bien et le mal» - ne peut être considérée qu'à la lumière du Sauveur. Un «adversaire» à l'Éternel... il reste encore dans la vérité ésotérique à jamais le «Messager» aimant... qui nous conféra l'immortalité spirituelle au lieu de physique...

Satan, ou Lucifer, représente l'active «énergie centrifuge de l'Univers» dans un sens cosmique... digne il est... et ses adhérents... sont précipités dans la «mer de feu», parce que c'est le Soleil... la source de la vie dans notre système, où ils sont pétrifiés... et brassés pour les arranger pour une autre vie ; ce Soleil qui, en tant qu'origine du principe actif de notre Terre, est à la fois l'accueil et la source du banal Satan...

http://www.conspiracyarchive.com/NewAge/Lucis_Trust.htm

«Les adeptes du New Age ne répudient généralement pas ouvertement le Christianisme», écrit Cumbey. «Ils redéfinissent le Christ pour mettre les dieux païens sur un même plan, et élargir la définition du Christ pour qu'il corresponde à leur essence propre.» (146)

Tandis que les adeptes du New Age « feraient à juste titre le piquet pour empêcher une manifestation nazie, ils ne voient pas que point par point le programme du mouvement New Age présente une identité complète avec le programme d'Hitler. » (56, Cumbey établi la comparaison aux pp.114-120)

Le «New Age» professe un grand amour de la paix et manifeste pour le désarmement, mais Cumbey cite Bailey disant que les armes nucléaires seront l'apanage de l'Organisation des Nations Unies pour exercer « la menace d'en faire usage en cas d'action agressive de la part de n'importe quelle nation dressant sa tête hideuse. » (70)

## L'AGENDA CACHÉ

De même, les luttes contre la faim et pour l'environnement servent toutes un agenda caché de l'élite. Cumbey écrit que les partisans de la lutte contre la faim sont invités à soutenir des mesures pour l'avortement, l'insémination artificielle, la limitation forcée de la taille de la famille, le contrôle génétique et même l'euthanasie.» (56)

Buffett a déclaré en 2006 «qu'il était un étudiant de la plupart des mêmes philanthropes auquel Gates lui-même se référait – le pétrolier John D. Rockefeller, et le magnat de l'acier Andrew Carnegie.»

Ces «philanthropes» ont utilisé leur argent exonéré d'impôt pour corrompre la Civilisation Occidentale depuis près d'un siècle. Par exemple, un Rockefeller se vantait auprès d'Aaron Russo qu'ils avaient commencé le féminisme pour forcer les femmes à intégrer le milieu du travail et ainsi récolter le paiement des impôts, afin qu'ils puissent endoctriner la jeune génération dans les garderies. De manière significative, une autre préoccupation de la Fondation Gates est « l'amélioration des lycées américains. »

Ils sont à la pointe de la destruction des cultures traditionnelles par l'éclatement de la famille. Ils se font les champions « des droits des femmes » par le biais principal des prêts aux femmes afin de les rendre indépendantes des hommes.

## CONCLUSION

Je me vantais d'avoir échappé à la mystification Communiste des banquiers, mais je me rends maintenant compte que le Communisme était le «plan» pour la génération de mes parents. Je suis tombé la tête la première dans le «New Age» qui visait ma génération. Exactement comme le Communisme, faisant appel à notre idéalisme, mais ayant un agenda caché insidieux.

Je pense toujours que quelques expériences de drogues peuvent ouvrir la porte au mysticisme et à la connaissance religieuse. Dieu demeure au sein de l'amour universel, mais le Dieu des Illuminati n'est pas un dieu d'Amour. Il divinise l'homme dans sa bassesse et non dans sa grandeur. Il nous cryogénise dans notre propre crasse.

Nous vivons à une époque intéressante. Nos dirigeants traditionnels nous ont vendus. La société a largué les amarres de la vérité et est dirigé par des mégalomanes. Faisons des canots de sauvetage pour la vérité.

# Michael Jackson était-il un esclave sexuel Illuminati?

*(Ceci a été écrit pour henrymakow.com par Charles, un lecteur.)*

Il y a environ quarante ans, la famille Jackson fit son apparition sur le Ed Sullivan Show et sorti le premier de nombreux albums pour la maison de disque Motown Records. Ce qui rendait les Jackson 5 si spéciaux était leur chanteur principal, Michael Jackson.

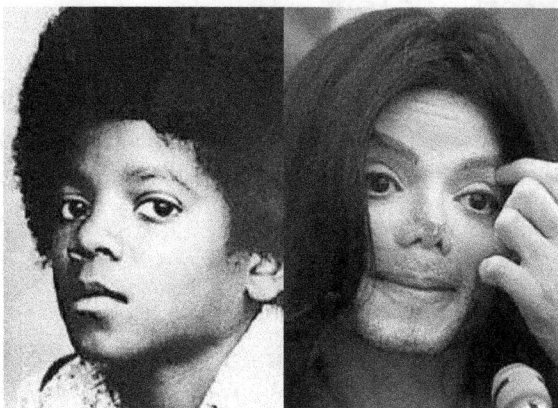

Même à l'âge de dix ans, Michael Jackson avait une joie exubérante et un charisme qui était palpable et contagieux aussi bien à la télévision qu'à la radio. Plus tard, à l'âge de 21 ans, il rompit avec sa famille et commença une carrière solo avec succès. F. Scott Fitzgerald a déclaré que les vies américaines ne comportent pas de deuxième acte. Et pour les artistes enfants essayant d'étendre leur succès à l'âge adulte, cela l'est doublement. Michael Jackson a fait mentir Fitzgerald. Mais à quel prix?

Une série d'articles sur le blog d'Aangirfan [aangirfan.blogspot.com] explore la possibilité que Michael Jackson ait été encore un autre esclave sexuel Illuminati. Dans un article, «Michael Jackson 5.0», le blogueur écrit : « Il y a des spéculations que la CIA ait utilisé son programme de lavage de cerveau MK-ULTRA sur de nombreuses célébrités, dont Madonna, Curt Cobain, Britney Spears, Elvis et Michael Jackson. Jermaine Jackson a suggéré que son père ait pu mettre Michael à la disposition d'hommes plus âgés. Il raconte comment Michael rejoignait son père tard dans la nuit à des réunions dans des chambres d'hôtel avec « des hommes d'affaires importants. »

Jermaine s'est demandé si «quelque chose se passait» avec Michael lors de ces sessions. Il a déclaré qu'il avait senti que quelque chose n'allait pas, parce que Michael était malade pendant des jours après. «Que t'as fait Joseph?» a demandé Jermaine. Michael Jackson déclara lui-même que son père le battait.

## ESCLAVE MK-ULTRA

Un commentaire de l'ancienne esclave Illuminati Kathleen Sullivan sur le blog *Intuition Rigoureuse* [rigourousintuition.blogspot.com]: « Je suis Michael Jackson à travers les médias depuis environ 10 ans. Pour des raisons que je ne discuterai pas sur un forum public, je puis affirmer que je n'ai absolument aucun doute qu'il s'agit d'un esclave MK-ULTRA de variété, éventuellement mis en place par son père dans leur bizarre «système» de fantômes, de pédophilie commercialisée et autres.

« Mon père m'a initié à la pédophilie criminelle organisée dès la petite enfance. Comme Michael, j'ai développé de nombreux états altérés de conscience pour faire face aux horreurs que j'ai vécues et rencontrées. Je n'ai aucun doute qu'il ait été terriblement maltraité dans son enfance, même s'il n'a pas été abusé sexuellement. Il n'y a pas d'autre explication à son obsession d'être avec les enfants, en public et en privé - en particulier au lit!

« Lors de mon stage passé dans un hôpital public, j'ai parlé avec un médecin légiste qui est très familier avec la pédophilie. Il m'a expliqué qu'une catégorie de pédophiles reste psychologiquement «coincée» à un certain âge à l'intérieur, quelle que soit leur âge physique. Par conséquent, ils choisissent sexuellement les enfants avec qui ils ont le même âge interne et se voient d'égal à égal avec ces enfants dans tous les sens du terme. Et si ce genre de pédophile est un homme qui a été abusé sexuellement par des hommes adultes dans l'enfance, il reproduira très probablement inconsciemment à nouveau ce qu'il a subi, avec la prochaine génération d'hommes qui ont l'âge qu'il avait alors.

« Je n'ai pas vu le moindre amour ou préoccupation sur le visage de son père lorsqu'il est apparemment venu à sa rescousse alors que Michael était poursuivi devant les tribunaux (de nouveau). Je pense que le cher papa a tout simplement pris le relais pour veiller à ce que Michael ne dise pas ce qu'il ne fallait pas en public ou à la barre. »

Un autre article sur le blog *Aangirfan*, « Michael Jackson et la CIA », fait une brève mention de la famille Jackson, tirée des mémoires de Brice Taylor *«Merci pour les souvenirs»* :

« Brice Taylor raconte qu'elle et Michael Jackson et des membres de la famille Jackson accompagnaient Bob Hope à un endroit où ils filmaient les talents pour la télévision. Bob Hope aurait commandité les jeunes garçons Jackson. Brice Taylor écrit : « Leur père amena les garçons à l'intérieur et je me suis souvenu les avoir vu les amener dans une pièce à côté où les lumières étaient allumées. « Ils ont tous dû baisser leur pantalon et avant leur performance un gros homme les a violée chacun à leur tour. »

Selon les témoignages, Brice Taylor et les Jackson ont été victimes de contrôle mental par la CIA. Pourtant, une autre dépêche révèle : « Sur la couverture de l'album « Dangerous », le symbole franc-maçon de l'œil qui voit tout peut être trouvé, ainsi que l'image d'un homme chauve bien connu des occultistes (satanistes) : Alistair Crowley. »

Le blog fait de fréquents renvois vers un article du site Web Timboucher [tim-boucher. com], « Michael Jackson, victime de contrôle mental? » L'article note que M.J. avait son propre «magicien personnel» répondant au nom de Majestueux Magnifique. « Je sais que cela semblera fantaisiste pour la plupart des gens « normaux », mais se pourrait-il que Majestueux Magnifique soit davantage qu'un simple «magicien» - pourrait-il être aussi une sorte de gestionnaire du contrôle mental du programme CIA Monarch pour Jackson? » [Tim Boucher a publié plusieurs articles intéressants à lire sur M.J. et l'occulte comme « Le bain de sang de Michael Jackson. »]

Michael faisait porter à ses enfants des masques en public pour les «protéger». Ils n'étaient même pas autorisés à voir leurs propres visages dans un miroir à la maison! Serait-ce un indice sur la programmation miroir Illuminati que Michael avait lui-même vécu et qu'il tentait maintenant d'empêcher de se produire sur ses enfants?

La marche de Michael Jackson vers la célébrité a pu n'être qu'une mise en scène par la politique occulte du programme MK-ULTRA. Son talent seul ne suffisait pas. La route vers le sommet a peut-être nécessité des abus sexuels aux mains de puissants adultes alors qu'il était encore un enfant. Il se peut qu'il ait dû passer par le réseau pédophile afin de recevoir le soutien, la commercialisation et l'exposition qui ont fait de lui un nom commun. Il pourrait avoir été rendu plus souple par des formations MK-ULTRA qui impliquent d'énormes traumatismes psychologiques et physiques. Les retombées de cela se sont révélées à tous à travers des comportements étranges et inexplicables. Il a changé son visage essayant de mettre une distance entre lui et son passé. Mais il n'a jamais pu échapper à l'homme dans le miroir.

A travers Michael Jackson, les Illuminati ont démontré leur pouvoir de faire et défaire nos idoles de divertissement, de choisir nos idoles pour nous et leur capacité à influencer et contrôler la culture populaire à travers leurs agents de changement. Nos idoles nous disent comment agir. Nous les imitons afin que nous aussi, nous puissions devenir des esclaves cools, sophistiqués et androgynes. C'est ainsi que le commun des mortels trouve sa place dans le Nouvel Ordre Mondial.

# Kevin Annett arrache le masque du Pouvoir

Si le Christ revenait, il serait crucifié à nouveau, non pas par les Juifs ou les Romains, mais par l'Église, qui a été envahie par ses ennemis.

Cela est évident à partir du sort de Kevin Annett, un jeune ministre de l'Église Unie du Canada qui a pris à cœur les enseignements du Christ, et a tout souffert, à part la Crucifixion. (À ce jour, les ennemis du Christ demeurent réticents à créer un autre martyr.)

J'ai étudié le Nouvel Ordre Mondial pendant huit ans, mais aucun livre n'a autant mis à nu le véritable visage hypocrite du pouvoir dans la société occidentale que les mémoires de Kevin Annett «*Amour et Mort dans la vallée*». Beaucoup de livres m'ont laissé à bout de souffle, mais aucun comme celui-là.

J'ai rencontré Kevin Annett et il n'a pas d'auréole. Mais il dégage une transparence et une détermination inébranlable pour s'assurer que nous apprenions la vérité sur le génocide (selon ce qu'il prétend) « d'à peu près 80 à 90 millions d'Indiens Nord-Américains. Il est l'être le plus proche d'un véritable dissident dans cette société, la chose la plus proche d'un véritable héros. Bien qu'il ait mené ce combat solitaire pendant 18 ans, nous n'avons pas entendu parler de lui, la preuve que nos «héros» sont fabriqués pour nous.

Kevin est le genre «d'innocent» ou de «véritable croyant» que des organisations comme le Parti Communiste ou l'Église (méthodiste et presbytérienne) recrutent pour fournir un artifice. Mais «chaque groupe comporte des règles», comme Kevin se l'est entendu dire à plusieurs reprises, et Kevin n'a pas su s'adapter. Un vrai chrétien représente le Christ, non pas les imposteurs corrompus qui profitent de son enseignement. Kevin était un ministre de Jésus-Christ.

## CE QUE LA PEINTURE NE PEUT PAS CACHER

« Donne un peu d'âme à cet endroit » lui avait dit son patron de la Fred Victor Mission, une résidence miteuse pour les sans-abri près de Yonge Street à Toronto, comme s'il parlait à un peintre.

Dans le cadre de son travail, Kevin a appris que la mission de l'Église était au centre d'un trafic de drogue et de prostitution et que le personnel était impliqué. Il a appris que des

dons importants à la Mission étaient détournés, alors qu'il n'y avait pas d'argent pour les Bibles. Lorsqu'il rapporta cela aux dirigeants religieux, ils le savaient et faisaient semblant de ne pas être au courant.

Ce fut son premier aperçu de l'Église Unie du Canada en tant que société pesant quatre milliards de dollars fournissant une belle façade exonérée d'impôt pour un grand nombre de personnes riches avec beaucoup de magouilles. Mais cela revient à gratter la surface d'un cauchemar potentiel pour les 2,8 millions de Canadiens bien intentionnés affiliés à cette coquille vide se faisant passer pour une Église.

Lorsque Kevin (un nom délicieusement canadien) a pris ses fonctions en tant que prochain ministre dans une ville d'exploitation forestière de Colombie-Britannique, il a ouvert son sanctuaire pour les pauvres et les non-Blancs. Il a commencé à entendre des histoires de ses paroissiens autochtones au sujet de la purification ethnique financé par le gouvernement dans les «écoles résidentielles» dirigées par l'Église.

Les enfants autochtones ont été enlevés par la GRC et forcés d'intégrer ces «écoles» qui étaient des camps de concentration déguisés. Ici, les enfants sans défense ont été physiquement et sexuellement abusés, stérilisés et exposés à des virus mortels. Beaucoup ont été soumis à des expériences médicales des médecins Illuminati. Le taux de mortalité a été de 50% Annett estime que plus de 50 000 enfants sont morts dans ces écoles.

Les Illuminati veulent la terre et les droits sur l'eau. Les Autochtones sont les seules personnes se trouvant en travers de leur chemin.

Dans un email, Kevin a écrit : « Continuellement, des témoins oculaires décrivent que la plupart d'entre eux n'ont jamais reçu d'éducation formelle, hormis l'instruction religieuse. Peut-être une ou deux heures de scolarité par semaine, le reste du temps effectuant des travaux manuels et d'élevage comme domestique chez des familles blanches. Ceux qui ont obtenu une meilleure éducation étaient les collaborateurs, formés pour être des marionnettes du gouvernement et des Églises. Ils sont souvent ceux qui dirigent aujourd'hui les grands groupes autochtones, les conseils de tribu, etc. Je détiens aussi des lettres d'agents des Indiens confirmant que les enfants ne recevaient pas «trop» d'éducation. »

Le flou de Kevin concernant sa classe sociale et sa couleur eurent pour effet de tendre ses relations avec la «vieille garde» de l'Église mais la goutte d'eau survint lorsque Kevin s'opposa publiquement à la vente lucrative de terres autochtones détenues par l'église à une entreprise forestière importante.

Le ministère de Kevin lui fut retiré, le seul ministre d'United Church à avoir été défroqué. Ses partisans furent expulsés de l'église et des pressions furent exercées sur son épouse pour divorcer et lui retirer ses deux enfants.

### ACADÉMIE

Le prochain arrêt du voyage de la découverte de Kevin fut l'obtention d'un doctorat à l'Université de la Colombie-Britannique. Là, il a eu accès aux archives gouvernementales qui ont documenté un programme délibéré de nettoyage ethnique, qui (dit-il) a entrainé la mort d'un à deux millions d'autochtones dans la seule Colombie-Britannique au cours de plus d'un siècle.

Tout comme l'Eglise représente le Christ, l'université représente le libre examen et la vérité. Ainsi, le financement de Kevin disparut et il dût la quitter. « Si vous ne jouez pas le jeu, vous ne parviendrez plus jamais à travailler dans cette province » l'avertit-on.

Est-il étonnant que toute société dérive vers le fascisme, lorsque les institutions vouées à exercer un leadership moral sont pourries jusqu'à la moelle? Vous pouvez partout sentir la puanteur de la compromission morale, telles des ordures pourries.

La même chose s'applique aux médias. Kevin est parvenu à révéler quelques bonnes histoires, mais elles se sont heurtées aux juges de la Cour Suprême qui utilisent des enfants indiens pour la pédophilie. De même, quand Kevin a été roué de coups ou ses documents ont été volés, la police et les tribunaux ont refusé d'agir en dépit des séquences vidéo du vol. Pourquoi le feraient-ils? Ils ont considéré l'assassinat de milliers d'enfants autochtones comme « une tâche trop importante pour faire l'objet d'une enquête. »

Église. Sociétés. Académies. Médias. Tribunaux. Police. Cela laisse le gouvernement. En 2007, le gouvernement canadien absous l'Église de toute responsabilité pour ses crimes. Kevin m'écrivit alors :

« Oui, toutes les églises ont bénéficié d'une immunité totale ; les Affaires Indiennes l'ont annoncé aussi en février dernier quand ils ont dit qu'il n'y aurait pas de poursuites pénales pour tout ce qui se passait dans les écoles. Dégoûtant. Les autochtones ne peuvent pas poursuivre les églises après le jugement –ceci faisait partie de l'accord que l'APN (Assemblée des Premières Nations) a passé au nom de tous les survivants, sans jamais les avoir consulté. Il s'agit d'un crime aussi important que les atrocités originelles. »

## CONCLUSION

Dans son livre, « *Amour et Mort dans la Vallée* », qui sera bientôt un grand non-film hollywoodien, Kevin médite sur la déconnexion entre ce que les gens professent et ce qu'ils font réellement.

Logo of Aleister Crowley's Occult OTO (center) United Church (right)

« Le ministre réussissant le mieux que j'ai trouvé dans l'église est l'homme ou la femme qui peut fonctionner comme une personnalité dissociée efficace, professant régulièrement une chose et pratiquant le contraire. » (151)

Cette description correspond à la société dans son ensemble.

# Lorsque les juges pédophiles craignent d'être révélés au grand jour

Sous la mince couche du vernis de la loi, nous sommes gouvernés par un réseau secret de traîtres, de pédophiles, de satanistes et de criminels, se faisant passer pour d'éminents avocats et juges, des politiciens, des hommes d'affaires et des chefs de police.

Ils sont souvent des Francs-maçons qui tirent leur pouvoir du cartel des banques centrales basé à Londres qui contrôle les médias de masse et cherche à imposer sa tyrannie sous le couvert de « Gouvernement Mondial ».

Si vous ne me croyez pas, vous n'avez probablement jamais entendu les noms de Renate Andres-Auger, de Jack Cram et de Bruce Clark. Ils sont des avocats de Vancouver qui ont été expulsés de la salle d'audience, drogués, radiés du barreau et internés dans un asile psychiatrique lorsqu'ils ont tenté de mettre à nu cette clique dans les années 1990.

### CITY CONFIDENTIAL

La belle ville de Vancouver en Colombie-Britannique a été décrit par le *Christian Science Monitor* en 1997 comme « un paradis pour pédophile » un endroit connu pour son « commerce du sexe notoire », avec une réputation internationale « comme une ville où il est facile de trouver un enfant pour le sexe. » En 1999, l'UNESCO a placé Vancouver comme l'un des trois meilleurs centres du monde pour le trafic sexuel, la pornographie juvénile et la pédophilie en raison «d'une protection judiciaire suspectée envers les agresseurs sexuels d'enfants.»

En 1994, Renate Andres-Auger, une avocate autochtone et mère célibataire de six filles, a constaté des irrégularités dans une affaire de revendications territoriales qui s'avérait accablante pour l'autorité judiciaire. Elle a également attaqué certains juges et des avocats pour association de malfaiteurs servant à aider et protéger les pédophiles. Elle et son propre avocat Jack Cram ont présenté des preuves, y compris des photographies et des témoignages oculaires que deux juges de la Cour suprême étaient engagés dans la pédophilie et utilisaient leur bureau afin de protéger d'autres pédophiles. Elle a nommé le prestigieux «Club de Vancouver» comme centre de ce réseau pédophile. (Kevin Annett, « *L'histoire cachée : L'holocauste canadien* », p 147-150.)

Le juge ordonna qu'Auger soit écarté de la cour. « Les shérifs traînèrent Andres-Auger hors de la cour et on pouvait entendre le bruit sourd dans les escaliers derrière le banc du juge. » Ensuite, le juge ordonna aux sheriffs de sortir son avocat Jack Cram. La police fut appelée pour évacuer la salle d'audience d'environ 80 partisans. Selon un communiqué de presse, voici ce qui est arrivé lorsque Cram a plaidé la cause auprès du public :

« Une nuit à environ 23h30, après avoir terminé une interview à la radio, M. Cram rentra chez lui, gara sa voiture, et tout en marchant vers son immeuble, cinq policiers émergèrent des buissons et sautèrent sur lui. Il fut mis dans un fourgon banalisé et que dès qu'ils furent à l'intérieur ils « lui injectèrent quelque chose » et il fut transporté à l'hôpital psychiatrique de l'Hôpital Général de Vancouver - comme un patient «anonyme».

## SAUVER JACK CRAM

« Lorsque le comité découvrit où était M. Cram, ils durent se rendre à Prince George, à quelques 800 kms de là, pour trouver un avocat qui déposerait un bref d'habeas corpus afin de libérer M. Cram, mais il ne fut jamais utilisé car M. Cram fut de nouveau, de manière inattendue, libéré après avoir été détenu cette fois pendant 7 jours.

« M. Cram se rendit directement depuis le service de psychiatrie à une réunion du comité qui était en cours au même moment. Il était encore sous les effets des médicaments qui lui avaient été administré jusqu'à environ deux heures avant sa libération. Mais il était en mesure d'expliquer ce qui s'était passé. Deux de ses plus proches collaborateurs, dont l'un était celui qui l'avait mis en cause à la télévision, avaient signé les documents incriminant M. Cram.

« Après un procès, le tribunal le radia pendant un an et il reçut une amende de 10 000 $. Il était en faillite et avait perdu son cabinet. Cram se déplaça à son ranch à Princeton, une communauté située à environ 280 km à l'est de Vancouver.

« Le juge Gibbs, en rendant sa décision récente sur l'appel du Dr Clark, a déclaré : « après que [M. Cram] ait reçu un traitement pour ses délires paranoïaques attribuable à sa maladie mentale, il a ensuite abandonné toutes les affaires judiciaires qu'il avait initié dans sa phase délirante » et l'une des conditions pour le retour à la barre après un an était qu'il continue de recevoir un traitement psychiatrique pendant cette année-là. M. Cram aurait pu être emprisonné pendant trois mois s'il ne recevait pas le traitement ou faisait défaut sur le paiement de l'amende. »

Renate Andres-Auger était rentrée dans la clandestinité. James Taylor, le membre officiel de la Law Society de la Colombie Britannique, qui avait radié Andres-Auger et Cram, est devenu un juge de la Cour suprême et a émis une injonction en 2002 contre toute mention et accusation de pédophilie.

Ed John, un dirigeant autochtone accusé d'avoir utilisé des tactiques mafieuses, et de la cocaïne et des réseaux de prostitution enfantine, a été effectivement nommé ministre des Services à l'enfance et à la famille dans le NPD (socialiste) du gouvernement provincial en 2000. L'injonction a également couvert toute mention de ces accusations.

## *COMMENTAIRES SUR CET ÉPISODE HONTEUX*

Jennifer Wade, une des fondatrices d'Amnesty International à Vancouver, a déclaré en 1999 :

«Le cas Cram/Andres-Auger reste à ce jour, une histoire très étrange et effrayante de la corruption présumée et de la pédophilie opérant dans les hautes sphères. C'est aussi une histoire qui n'a jamais encore été complètement racontée. Peut-être si elle l'était, avec quelques autres histoires étranges, nous, les Canadiens aurions peu de raisons d'avoir le souffle coupé face à la révélation des réseaux pédophiles opérant en Belgique il y a deux ans. La question de la protection et de l'impunité de personnes en haut lieu au Canada devient de plus en plus crédible à mesure que de plus en plus de gens en parlent.»

En 2007, le professeur d'université du Lethbridge Anthony Hall a commenté dans le *Canadian Dimension* magazine :

«Aucune enquête publique sur le traitement et les accusations de Andres-Auger et Cram n'a jamais eu lieu. Nous ne pouvons que spéculer, par conséquent, sur les circonstances entourant un tel effondrement spectaculaire de la dignité et du respect dans le système de justice pénale. Certes, il parait vraisemblable que certains groupes ou individus haut placé pensaient qu'il, elle, ou ils avaient beaucoup à perdre si Andres-Auger et Cram avait été en mesure de porter ces accusations.»

Hall raconte comment en 1995, lorsque l'avocat Bruce Clark a essayé d'engager des poursuites juridiques pour le compte de clients autochtones, un incident semblable à celui d'Andres-Auger et Cram se produisit dans un tribunal rural de Colombie-Britannique avant qu'ils puissent porter leur témoignage. Clark fut placé en détention et envoyé dans une institution pour un examen psychologique obligatoire.

C'est ainsi que les dissidents étaient traités par les autres satrapes Illuminati en U.R.S.S. Certes ces événements ont eu lieu il y a 15-17 ans, mais vous pouvez parier qu'ils ont généré un froid qui perdure encore aujourd'hui.

### CONCLUSION

Les Illuminati ont un intérêt vital dans l'utilisation du leadership autochtone afin de confisquer les terres autochtones et l'accès à l'eau, ainsi que pour organiser le trafic de drogue et les réseaux pédophiles. C'est pourquoi les avocats qui ont tenté de représenter les autochtones ordinaires ont encouru la colère de ces reptiles (moraux). C'est à ce moment que le masque a glissé, et nous avons alors eu un aperçu de la triste réalité de notre société.

# Un transfuge déclare que les Illuminati sacrifient des enfants

Les Illuminati sacrifient des enfants au cours de rituels huit fois par an, raconte «Mary Anne» une transfuge Illuminati qui avait été préparée pour de hautes fonctions politiques, me l'a déclaré le 21 septembre 2008.

J'ai parlé à Mary Anne de nouveau en décembre 2009. Elle m'a confié que de nouveaux souvenirs inquiétant avaient fait surface. Je vais vous présenter un résumé de la première entrevue, qui est également disponible en audio sur mon site. Puis je résumerai la seconde.

Une grande partie de ce qu'elle dit dans les deux entretiens est tout simplement scandaleux. Je ne peux pas répondre de tout cela. Mais tout est compatible avec le témoignage d'autres transfuges tels que Svali, Sue Ford et Cathy O'Brien.

Les Illuminati compte sur l'incrédulité des gens. C'est leur protection. Plus leurs crimes sont flagrants, plus ils sont en sécurité.

Le témoignage de Mary Anne me semble convaincant. Pourquoi quiconque oserait défier les personnes les plus puissantes du monde? En outre, les deux entretiens, bien qu'ayant été réalisé à 14 mois d'intervalle, sont compatibles. Les gens qui inventent des histoires parviennent rarement à en garder la cohérence.

Le 21 septembre 2008, Mary Anne a déclaré que des dizaines de milliers d'enfants seront sacrifiés cette nuit-là (l'équinoxe d'automne) dans les cérémonies Illuminati. Les enfants sont élevés dans ce but ou enlevés. Les Satanistes pensent qu'ils gagnent en puissance en tuant. Souvent, ils arrachent le cœur et en mangent un morceau. Ils le préfèrent encore battant. A Pâques, ils tuent des adultes.

Il y a aussi des rituels sexuels impliquant des enfants en bas âge. Ils sont soupçonnés d'augmenter la puissance, et de créer la peur et la solidarité parmi les membres.

Les membres des Illuminati mènent une double vie. La nuit, ils participent à des rituels sataniques. Le jour, ils se retrouvent dans tous les domaines de la vie : la médecine, l'éducation, la psychologie, la thérapie, la banque, les tribunaux, les forces de l'ordre, le gouvernement, le domaine technologique, militaire, les organismes de bienfaisance et la religion.

Ils sont partout. Les pires sont ceux présents dans les nouvelles quotidiennes se faisant passer pour nos «dirigeants».

Ils sont l'élite de la Franc-maçonnerie. Ils sont satanistes, ce qui signifie que vous devez être né dedans. Vous ne pouvez pas rejoindre le club. Leurs enfants sont évalués et formés. Les Mormons et l'organisation «Nation de l'Islam» ont des croyances parallèles, dit-elle.

Le monde a été divisé en dix régions. Différents groupes contrôlent l'Amérique du Nord. Ils sont liés aux têtes couronnées en Europe.

Beaucoup de Juifs ont un rôle de premier plan, mais les Illuminati ne sont pas majoritairement juifs. Des Musulmans, des Chrétiens, des Mormons, des Wicca, des Païens et des groupes New Age jouent tous un rôle.

Elle a déclaré que 80 à 90% de la Chambre des représentants et 100% du Sénat appartiennent aux Illuminati.

Mary Anne a dit qu'elle a été abusée sexuellement par sa propre famille à un âge précoce. En dépit, ou à cause de cela, elle a été formée pour être un personnage politique de premier plan. Elle a travaillé en étroite collaboration avec de nombreux dirigeants mondiaux et a été agressée sexuellement par eux. Elle fut torturée lorsqu'elle refusa de procéder à des assassinats.

Toutes les religions sont infiltrées et contrôlées par les Illuminati. Le Vatican est pourri au sommet. Le futur «Antéchrist» sera un pape. Tous les pays, y compris la Russie, la Chine et l'Iran, sont contrôlés par les Illuminati. «Vous ne pouvez pas dire non.»

Les Illuminati sont derrière l'agenda homosexuel, le sida, et la révolution sexuelle. Ils favorisent tout ce qui est en rébellion contre le Dieu Chrétien.

## CONCLUSION

La première responsabilité du gouvernement est d'empêcher un culte fanatique de prendre le contrôle.

Nos gouvernements ont permis à une secte satanique, les Illuminati, (c'est à dire le cartel judéo-maçonnique des banques centrales) d'usurper le pouvoir. La plupart de nos «dirigeants» sont leurs délégués ou bien des dupes.

Récemment, un ancien chauffeur de gros bonnets des entreprises m'a écrit :

« Parfois, je les entendais parler de « la cour des grands »... La plupart ont dit qu'ils ont fait comme ils en avaient été informés par les grands investisseurs [c'est à dire les banquiers centraux] qui dirigent vraiment le spectacle depuis les coulisses, qu'ils [PDG, etc.] sont tout simplement des acteurs très bien payés et des messagers qui lisent un script et prennent très peu de décisions eux-mêmes. »

Il en de même de nos politiciens. Ils sont les directeurs généraux des sociétés qui sont encore appelées pays, avant d'être bientôt fusionnées en un cartel mondial.

## DEUXIÈME PARTIE

En décembre 2009, Marie-Anne a dit qu'elle éprouvait de l'amertume, du ressentiment et de la haine envers Janet Reno. Elle lui avait servi d'esclave sexuelle et avait été abusée à plusieurs reprises dans le bureau de Reno à la Maison Blanche et dans une retraite «très boisée» d'une partie de la Virginie.

« Elle m'appelait » son animal domestique se souvient Mary Anne. « J'étais sa propriété en ce temps-là. »

Mary Anne était présente à la Maison Blanche avec Reno et Madeleine Albright lorsqu'ils ont démembré un enfant de sexe masculin. Il a été poignardé dans le cœur et ils l'ont regardé saigner jusqu'à sa mort.

Elle avait également assisté dans le lieu retiré de Virginie au sacrifice d'un agent du FBI rebelle de «haut niveau». Le directeur du FBI Louis Freeh, Janet Reno, et environ 40 autres personnes avaient pris part à ce rituel.

Elle avait retrouvé des souvenirs d'Henry Kissinger, qui « m'a contrôlé pendant la majeure partie de mon enfance. » Des enfants « étaient livrés à la Maison Blanche. » Kissinger était « si violent et brutal que des serviettes étaient nécessaires pour les nettoyer.»

Kissinger et Nixon ont tous deux sexuellement abusé d'elle pendant une période de trois ans dans une salle de conférence de la Maison Blanche. Kissinger avait des rapports sexuels vaginaux et anaux avec des garçons et des filles ; Nixon seulement vaginal.

« J'ai vu toutes les combinaisons sexuelles imaginables », dit-elle.

Ces activités rendaient les membres Illuminati vulnérables au chantage, et renforçaient la solidarité du groupe. En tant que membres de l'Ordre des Illuminati, ils se sentaient supérieurs à tous et au-delà des lois. Ils avaient la sensation que tout leur était permis. Ils avaient été sélectionnés à partir d'un âge précoce et avait « fait montre de coopération. »

Mary Anne a déclaré que Jon Benet Ramsay a été assassinée en 1996, à l'âge de six ans, parce qu'elle avait entendu des choses qui ne pouvaient pas être répétées. Son père Illuminati l'avait prêtée à ses amis. Sa mère avait essayé de la défendre et dût être mise sous tranquillisant.

Mary Anne affirme qu'elle était présente lorsque Vince Foster fut assassiné en Juillet 1993. Elle a déclaré qu'Hillary Clinton et Foster se disputaient «criant comme dans une bagarre» dans son bureau de la Maison Blanche. Il avait menacé de révéler ses accords avec Whitewater. Un agent des services secrets a « levé son arme et a tiré sur lui à bout portant. »

Elle prétend que la reine Elizabeth voulait qu'elle assassine Diana et qu'elle a été «fouetté» pour avoir refusé. Elle affirme que les Prince Charles et William étaient dans le coup. Elle décrit la reine Elizabeth comme ayant été « l'instigatrice » et comme ayant un « sacrée caractère ».

Elle a dit qu'elle a été formée comme assassin et a commis deux meurtres.

Elle affirme que le frère de George W. Bush, Neil Bush, dirige un réseau d'esclavage d'enfants aux Etats-Unis.

J'ai demandé à Mary Anne la liste des activités dans lesquelles sont impliqués les Illuminati, il s'agit : de la bestialité ; la sodomie ; la nécrophilie, l'inceste, l'échangisme ; la pornographie juvénile (ils le font ; la véritable source des fortunes de Hefner, Flynt, et Polanski sont les enfants, et non les adultes) ; les films snuff ; les orgies sexuelles, forcer les enfants à avoir des rapports sexuels avec des animaux de ferme et des animaux domestiques de la famille ; les meurtres rituels et les sacrifices humains. Ensuite, il y a le crime organisé : la drogue, la prostitution, les trafics d'armes, etc.

## CONCLUSION

Finalement, Mary Anne a refusé de servir et a demandé à être tuée. Pour une raison inconnue, ils l'ont laissée filé. Elle a trouvé le Christ et cela a été une source de force.

Que nous tenions ou non ce qui précède pour vrai, je pense qu'un culte satanique, les Illuminati, contrôle le monde et que nous y sommes tous initiés à notre insu. Ce qu'ils appellent «changement social» (ou dans le cas d'Obama, juste le «Changement») est en fait de l'ingénierie sociale et du contrôle mental. Ce qu'ils appellent «progrès», n'est un progrès que si vous êtes sataniste et croyez en la dispensation luciférienne à savoir le Nouvel Ordre Mondial.

L'éducation et les médias sont en grande partie responsables de cet endoctrinement furtif. Les médias de masse comprennent la musique, les jeux vidéo, la télévision et le cinéma. Par exemple, un lecteur fait remarquer que les cadavres et les parties du corps occupent une place importante à la télévision aujourd'hui. Évidemment, nous sommes ainsi désensibilisés.

Comme je l'ai dit, la responsabilité première du gouvernement est d'empêcher qu'un culte secret de fanatiques prenne le contrôle de la société. Il a échoué.

Aussi sombres que paraissent les perspectives, au moins vous et moi sommes éveillés et capables de nous protéger, nous et nos familles.

*COMMENTAIRES DES LECTEURS :*

ROBERT : Concernant votre récent article sur la maltraitance des enfants et de sacrifice, des histoires semblables à l'affaire Dutroux en Belgique ont circulé ailleurs depuis un certain temps. Aux États-Unis, un documentaire intitulé «Conspiracy of Silence» a été prévue pour être diffusée sur la chaîne History Channel, mais a ensuite été supprimé.

Vous pouvez le regarder sur Google Vidéo. Un documentaire similaire, sur la situation en France, intitulé « Viols d'enfants : La fin du silence » était présenté par Elise Lucet pour le réseau de télévision France 3. Bien que diffusé une fois à une heure de faible écoute, apparemment, il a depuis disparu des archives du réseau. Au Portugal, il y a la Casa Pia ou le scandale de l'orphelinat : un réseau pédophile impliquant de nombreuses personnes privilégiées, dont certains membres du système judiciaire du pays.

Au Canada, il y a le scandale pédophile de Cornwall Ontario et la persécution apparente de l'enquêteur Perry Dunlop, bien que d'après ce dont nous avons entendu parler il n'implique pas les aspects les plus horribles des histoires européennes et américaines.

Les grands médias, s'alignant sur l'opinion publique normale, traitent la pédophilie commise par les non-membres de l'élite comme un crime tout à fait odieux, pourtant, lorsque des allégations impliquant des personnes puissantes émergent, les enquêtes semblent être contrariées ou vouées à l'échec pour cause d'incompétence. C'est un phénomène remarquable, qui est devenu immensément scandaleux en Belgique dans l'affaire Dutroux.

Il est désagréable de penser que la couche supérieure de nombreuses sociétés protège des réseaux de pédophiles dont le comportement est le prix d'entrée... Le problème insoluble est l'existence possible de victimes innocentes, qui méritent tous nos efforts pour les empêcher de mener une vie infernale.

# Bohemian Grove : les Illuminati se rencontrent pour des rituels sataniques

Le culte sataniste qui a colonisé l'humanité se réunit tous les Juillet à Bohemian Grove, à 80 miles au nord de San Francisco.

Plus de 2000 membres - l'élite politique, sociale, culturelle et militaire du monde - se réunissent pour des rituels sataniques, y compris éventuellement des sacrifices humains. Ils se réunissent là-bas depuis les années 1880.

Selon «Treee», une jeune femme de Las Vegas qui prétend avoir des contacts à l'intérieur du club secret, un sacrifice rituel de Marie-Madeleine a lieu le mardi 21 Juillet, et le sacrifice rituel de Jésus-Christ se tiendra le mercredi 22 Juillet. Un corps humain ou son effigie est brûlée devant un grand hibou symbolisant Moloch, le dieu païen cananéen. Alex Jones a filmé une cérémonie similaire, appelé « Cremation of Care » le 15 juillet 2000.

Comme si le fait que nos dirigeants mondiaux appartiennent à une secte satanique n'était pas assez mauvais, la femme de Las Vegas déclare que les Illuminati sont réellement une espèce exotique de reptiliens qui occupent le corps humain et se nourrissent de notre énergie. Je trouve cela difficile à croire, mais comme je trouve aussi qu'il est difficile de croire que les dirigeants mondiaux fassent des sacrifices aux hiboux. Donc, je l'écoute et réserve mon jugement.

Elle dit : Cette espèce reptilienne est appelée « Sangerians » ils sont une « race appartenant à la quatrième dimension » et représentent 3% de la population mondiale. Elle affirme en avoir rencontré « plus d'un, plus d'une fois. » Ils ont trois cœurs, changent de forme, ont le sang-froid, mais développent des sentiments humains en dévorant la chair et le sang humain.

« Dix pour cent obtiennent à présent leur sang de la Croix-Rouge. » Sauf pour le sacrifice, chacun de leurs rituels implique le sexe. La reine Elizabeth est un reptile de premier plan. « Tout cela semble être de la science-fiction et non-crédible », dit la femme. « Mais tout se tient. »

La femme de Las Vegas prévoit de manifester devant les portes du Bohemian Grove cette semaine vêtue d'une robe luminescente. Elle invite les gens à se joindre à elle. Elle dit que nous devons envoyer aux Bohos le message que nous savons qui ils sont. Elle dit que l'homme doit engager un dialogue avec ces créatures, ou bien les deux espèces sont vouées à disparaitre.

## LES SATANISTES ET LEURS PERVERSIONS

Il y a des preuves plus solides que les membres du Grove sont des satanistes plutôt que des reptiliens. Alex Jones souligne dans son film que le programme officiel du «Cremation of Care» montre le corps d'un bébé en train d'être dévoré par les flammes. Un montage de photos sur YouTube prises sur la propriété d'un membre du Bohemian Grove laisse peu de doute que des pratiques satanistes graves aient lieu. Une des photos montre un cadavre, sans doute un sacrifice humain.

Quant à la perversion, commençons par le trivial. En 1978, le club fait valoir devant un tribunal qu'il ne devrait pas avoir à embaucher du personnel féminin parce que les membres du Grove « urinent en plein air sans même l'utilisation de toilettes rudimentaires et que la présence des femmes altérerait le comportement des membres du club. » (Voir l'article Wikipédia.)

C'est donc une enclave entièrement masculine. Richard Nixon a été entendu sur les bandes du Watergate le décrivant comme « la chose la plus dégoûtante que vous puissiez jamais imaginer, cette foule de San Francisco qui va là-bas, c'est juste terrible! Je veux dire, je ne serrerai pas la main de quiconque à San Francisco. »

Dans le scandale dissimulé de Franklin en 1989, Paul A. Bonacci a affirmé qu'il avait été enlevé et transporté au Grove par le leader républicain Lawrence King et avait été contraint à des actes sexuels avec d'autres garçons.

Dans le chapitre 18 de «*The Tranceformation of America*» Cathy O'Brien écrit : «J'ai été programmé et équipé pour fonctionner dans toutes les chambres à Bohemian Grove afin de compromettre des cibles spécifiques que le gouvernement vise en fonction de leurs perversions personnelles. « N'importe quoi, n'importe quand, n'importe où avec n'importe qui était mon mode de fonctionnement au Grove. Je ne prétends pas comprendre la fonction complète de ce cloaque servant de terrain de jeu politique sur d'autre base que ma propre perception limitée à mon propre domaine d'expérience. Mon intuition est que Bohemian Grove sert ceux qui inaugure le Nouvel Ordre Mondial à travers le contrôle mental, et se compose principalement de la plus haute mafia et des responsables gouvernementaux américains.

«Je n'utilise pas le terme «plus haute» à la légère, car des quantités importantes de médicaments sont consommées là-bas. Le «Monarch Project» d'esclaves à l'esprit contrôlé est régulièrement mis en place là-bas pour répondre à l'objectif principal du club : véhiculer la perversion. Le Bohemian Grove serait utilisé à des fins récréatives, en fournissant un environnement sûr pour que des individus politiquement influents et fortunés s'adonnent à la «fête» sans retenue. La seule activité qui y est effectué porte sur la mise en œuvre du Nouvel Ordre Mondial, par le biais de la prolifération du contrôle mental par des atrocités, donnant à l'endroit une atmosphère «franc-maçonne secrète». La seule pièce où les discussions d'affaires sont autorisées est le petit salon sombre dénommé affectueusement et de manière appropriée le métro.

« Mon rôle au Grove était de nature sexuelle, et donc mes perceptions se limitaient au point de vue d'un esclave sexuel. Comme un moyen efficace de contrôle pour assurer la prolifération indétectable de leurs indulgences perverses, les esclaves comme moi étaient soumis à des rituels traumatiques. Je savais que chacune de mes respirations pouvait être la dernière, que la menace de la mort rôdait dans chaque ombre. Les esclaves d'un âge avancé ou dont la programmation échoue sont assassinés de manière sacrificielle « au hasard » dans le parc boisé de Bohemian Grove, et j'ai senti qu'il s'agissait « tout simplement d'une question de temps avant que ne vienne mon tour. » Des rituels avaient lieu près d'un monument de béton géant, le hibou, sur les rives de, ironiquement, la rivière de Russie (rushin). Ces rituels sexuels occultes proviennent de la conviction scientifique que le contrôle mental des esclaves nécessite un traumatisme pour assurer le cloisonnement sévère de la mémoire, et non une motivation spirituelle.

«Mes propres menaces de mort furent instillées lorsque j'ai assisté à la mort sacrificielle d'une jeune victime brune avec qui je fus chargé d'avoir des relations sexuelles, comme si ma vie en dépendait. On m'a dit : la prochaine victime du sacrifice pourrait être vous. Chaque fois que vous vous y attendez le moins, le hibou peut vous consommer. Préparez-vous, et restez prête. «Être prête» signifie d'être totalement influençable, c'est à dire, «dans mes petits souliers» dans l'attente de leurs ordres.»

## IMPLICATIONS

Le Juge de la Cour Suprême Sonia Sotomayor est une membre du «Club du Belize», l'équivalent féminin de Bohemian Grove. Le tableau qui se dessine est que l'élite mondiale est choisie en vertu d'être sexuellement et moralement compromise afin qu'ils obéissent aux préceptes kabbalistes des banquiers centraux.

Je suis désolé pour les personnes innocentes pensant qu'Oussama ben Laden était responsable du 11/09, que les médias disent la vérité et que nous vivons dans un pays libre. Nous vivons dans un monde conçu et contrôlé par les banquiers centraux satanistes selon le modèle des *Protocoles des Sages de Sion ». Nous sommes harcelés par le terrorisme, la guerre, les crises financières et les virus tout comme les protocoles l'avaient promis. Le but est de nous faire lever les bras et accepter un gouvernement mondial, qui est un euphémisme pour la tyrannie bancaire. Que cela concerne le changement climatique, les guerres, le renflouement des banques ou les «lois contre la haine», il y a de moins en moins de distinction entre la perversité au quotidien des banquiers Illuminati et les actions de notre gouvernement.

Bohemian Grove est une preuve de plus que notre leadership naturel a été remplacé par des satanistes et des pervers. Nous ne serons pas pris au sérieux aussi longtemps que nous permettons à ces imposteurs de nous contrôler.

Les gouvernements doivent renier la «dette» qui a été créée sur du vent, nationaliser les banques centrales, et reprendre le contrôle de notre propre crédit. Nous devons nous assurer que toutes les campagnes politiques sont financées par l'État. Les médias et les cartels du divertissement doivent être brisés et redistribués. Les banquiers centraux et leurs valets doivent être bannis ou la race humaine est vouée une dégradation encore plus profonde.

# Un adepte australien dévoile le contrôle mondial satanique

Dans une confession explosive réalisée sur son lit de mort, un ancien chef de la «Loge Alpha» Sataniste de Sydney, en Australie, a révélé la puissance omniprésente dans le monde entier du satanisme organisé, qui est synonyme avec les Illuminati.

«Les choses ne sont pas ce qu'elles paraissent - et cela depuis très, très longtemps », écrit-il, décrivant une trahison globale de la société par ses dirigeants ostensibles.

«Petor Narsagonan» alias «Frater 616» décéda le 25 mars 2004. Récemment, son exécuteur testamentaire, un certain «Aloysius Fozdyke» (son nom satanique) a envoyé le document de 15 pages par e-mail à Arthur Cristian, webmaster de «lovefor-life.com.au».

«J'ai jugé nécessaire de ne modifier que très peu ce travail », a écrit « Fozdyke » à Christian, « bien que des considérations juridiques ont veillé à ce que certains noms et détails soient excisés. Il avait l'intention de faire publier ceci dans les médias grand public.»

Ce qui suit est un résumé de ce document choquant mettant l'accent sur la puissance satanique et son influence.

L'influence satanique est «maintenant si répandue qu'elle se remarque facilement» dit Frater.

Les satanistes ont infecté l'ensemble de la société australienne, et le motif se reproduit partout.

Ils comprennent les politiciens, les médecins, les officiers de haut rang de la police, des avocats, des militaires décorés, des personnalités des médias, des mannequins et des travailleurs sociaux. Les plus talentueux ont des modes de vie entretenus par le crime sous un vernis de professionnalisme et de connaissances respectables. Les marginaux (prostituées, trafiquants de drogue) sont importants pour le satanisme, mais ne sont que des outils.

Frater explique qu'il s'est impliqué dans un groupe satanique à l'université en 1971. «Je suis tombé à travers une fissure dans la réalité... J'ai échappé à la mondanité par l'une des failles de la société occidentale.»

«Un mentor» du réseau satanique le plaça dans le secteur des voyages et pendant des années Frater a vécu une vie d'une richesse inimaginable, d'occultisme et de débauche.

Il a étudié la magie noire : la divination, la méditation, le sacrifice, le vampirisme sexuel, les poupées vaudou et la magie sexuelle. Chaque journée s'achevait par une « orgie de Messe noire de plaisirs inoubliables et indescriptibles. »

La société américaine «Église de Satan» était la façade publique d'une «ancienne organisation dont l'existence même n'avait jamais été imaginée.» Il répertorie en tant que «membres influents» J.P. Morgan, les Dr. James McDonald et René Hardy, les Kennedy (y compris Jackie), Irving Berlin, Groucho Marx, Elvis Presley, Garner Ted Armstrong, Sammy Davis Jr., Ronald Reagan, Edward Heath, Thomas Plantard de Saint-Clair et les Bush. Il mentionne plus tard, Stephen Spielberg, George Lucas et Gerald Ford en tant que membres.

## L'ARMÉE ET LES SERVICES DE RENSEIGNEMENTS AMÉRICAINS INFILTRÉS PAR DES SATANISTES

Les agences de renseignement sont les instruments des banques centrales Illuminati. Frater dit : « les services de renseignement américains », financent les pratiques occultes.

«Beaucoup de militaires américains de hauts rang sont membres des Loges sataniques ou de diverses organisations proches.» Ils côtoient le crime organisé et le trafic de drogue. Des navires de la Marine des États-Unis et de l'Australie sont utilisés, ainsi que les pétroliers.

Les bordels et l'industrie pornographique ne sont qu'une petite partie de «l'Empire International Satanique» (Illuminati.) La plupart de l'argent provient du trafic de drogue de la CIA, de chantages sophistiqués, du prêt d'argent et du commerce des devises.

«Le gouvernement fédéral des États-Unis nous obéit au doigt et à l'œil !»

«Les Satanistes de premier ordre sont derrière un certain nombre de riches nouvelles Églises Chrétiennes, conservatrices, et d'organisations Chrétiennes en Amérique. Certaines d'entre elles font partie des meilleures entreprises satanistes contemporaines aux flux de trésorerie importants et permettant (souvent indirectement) l'endoctrinement de masse et le réseautage.»

Henry Kissinger proposa d'abord d'utiliser le fondamentalisme chrétien pour provoquer la guerre, d'abord dans le Moyen-Orient, puis au niveau mondial. Kissinger «affina» la technique de terreur d'Hitler... en créant des tensions au sein d'une société, puis en désignant un bouc émissaire. Les adeptes de ce chemin obscur... poussent les gens à des comportements plus graves et hideux.

L'objectif de la Loge Alpha est un taux d'analphabétisme de 66% dans le monde occidental d'ici à 2010, et « la destruction d'au moins 70% de la population du globe d'ici l'an 2030. »

La plupart des gouvernements comptent sur leur «troupeau» pour répondre d'une «manière typiquement infantile» et s'identifient avec «une force plus puissante même si elle les asservit, les brutalise et les humilie.»

Frater attribue ce qui suit à « l'influence du satanisme dans le monde moderne : »

- Le monde développé se dirige vers le statut du Tiers-Monde, parce que les banques centrales sont la propriété de Satanistes
- Les multinationales violent l'environnement et récoltent le fruit des ressources naturelles de l'Australie
- Les médias du monde libre sont « fortement contrôlés » et travaillent main dans la main avec le gouvernement
- Le fluorure dans l'approvisionnement en eau de l'Australie
- Les normes abêtissantes du système éducatif
- Le multiculturalisme imposé au pays développés (à l'exception du Japon.)
- Les Illuminati satanistes sont derrière le 11/09
- Le Mossad a vanté la présence d'armes de destruction massive pour justifier l'invasion en Irak
- Les Illuminati utilisent Israël pour exécuter la politique étrangère américaine

## CONCLUSION

Frater dit que les politiciens savent que s'ils feignent de s'occuper de l'intérêt et du bien-être des membres du troupeau, ils valideront leur politique «parce qu'il s'agit de la ligne de moindre résistance.»

«L'homo sapiens est un animal de troupeau, après tout! ... Donnez-lui une élection sans choix politiques et pour la plupart, ils sont heureux. Ne donnez à leurs enfants aucune réelles perspectives de succès, inhibez leurs pulsions naturelles, en particulier leurs pulsions sexuelles ; limitez leurs options et leurs choix et la société (telle qu'elle existe encore) tombe rapidement dans des catégories prédéterminées. Pas de familles, seulement des personnes faibles libres de faire ce qu'on leur dit. Satan est un merveilleux «système humain.»

La première responsabilité du gouvernement est de prévenir les adorateurs du diable de prendre le contrôle. Il a échoué.

Que disons-nous au sujet de ces jeunes qui ne peuvent pas faire la différence entre le bien et le mal? De plus en plus c'est la condition de la société dans son ensemble.

Frater 616 : « Chaque heure de chaque jour et chaque nuit, les gens sont sciemment engagés au service de Satan. Le sacrifice humain, que ce soit rituellement et rapide, ou lentement et plus dégradant au fil du temps – tout cela est organisé à des fins spécifiques. »

«Les politiciens sont mis en place par un ensemble de critères et de situations soigneusement triées les convainquant que leurs victimes resterons secrètes. Les jeunes enfants agressés sexuellement et physiquement abusés par les politiciens dans le monde entier sont rapidement utilisés comme victimes sacrificielles. »

Le contrat social est rompu. Tout gouvernement qui ne parvient pas à s'attaquer à ce cancer est illégitime. Toute société qui le tolère mérite ce qu'elle en retire.

# Les libéraux sont les complices involontaires du Communisme et du Satanisme

*« Le peuple américain n'acceptera jamais sciemment d'adopter le Socialisme. Mais au nom du «libéralisme», il finira par adopter progressivement chaque fragment du programme Socialiste, jusqu'au jour où l'Amérique sera une nation Socialiste, sans qu'on sache comment cela a pu se produire.»* Norman Thomas, leader Socialiste des États-Unis, 1944

Les libéraux sont des dupes, ce que les Communistes appellent des «idiots utiles». J'en fus un pendant la plus grande partie de ma vie.

«Défendre les opprimés» était une façon pathétique pour justifier ma vie tout en étant aveugle à l'égard de l'ennemi réel. Comme je vais le démontrer, les libéraux, financés par les Rockefeller et les Rothschild, sont la plupart du temps les pions involontaires d'un ordre du jour Satanique Communiste. Ils sont comme les dupes des degrés inférieurs bleues de la Franc-maçonnerie. Cela semble extrême, mais malheureusement, c'est littéralement vrai.

Richard Rodriguez est un propagandiste libéral. En changeant de chaine, je suis tombé sur une diatribe fourbe contre les hommes et la famille traditionnelle sur une chaine PBS (Public Broadcasting System) du service public financé par Rockefeller.

Appelé « Women on the Move », il suggère que les filles des écoles de l'Afghanistan sont prêtes à combler le vide laissé par les hommes que « l'ordre masculin défaille et tombe en panne. » Aussi absurde que cette notion puisse être, en provenance des Rockefeller, elle exprime leur ordre du jour subversif et totalitaire.

Rodriguez, qui est gay, célèbre effectivement les femmes indigènes qui ont trahi leur peuple - de La Malinche, à Pocahontas en passant par Sacagawea. (C'est ce que les féministes font quand elles deviennent des pions de Rockefeller.) Il glorifie les mères célibataires et voue aux gémonies « les chefs tribaux en guerre avec la modernité » parce qu'ils veulent protéger leur culture.

Flash d'infos : « La modernité c'est le Satanisme, c'est à dire la déification de l'homme, c'est à dire l'homme kabbaliste de Rothschild. Rappelez-vous ce qu'un familier des Rockefeller a dit en 1969 : « il y a toujours deux raisons à ce que font les Rockefeller : le prétexte qui permet de le rendre acceptable aux yeux du public crédule et la véritable raison. »

Je ricane lorsque je vois des libéraux moralisateurs contribuer financièrement au service «public» alors que de toute évidence il s'agit d'un outil de Rockefeller. Mais j'ai aussi contribué au PBS, quand j'étais un libéral.

Le même jour, un article du Globe and Mail de Toronto claironnait « une semaine remarquable pour les droits des gays ». C'est pourquoi je n'achète jamais les journaux. Ils sont des chiffons de propagande qui ont abandonné toute prétention à l'objectivité ou l'honnêteté. Pourquoi l'auteur John Ibbitson se réjouit du fait que le mariage, le rite central hétérosexuel de 96% de la population, soit redéfini pour satisfaire les gays ayant envie du mariage, qui eux-mêmes ne constituent que moins d'un pour cent de la population?

Le mariage est un rite hétérosexuel. Que faire si les musulmans commençaient à redéfinir la Pâque ou les Juifs s'emparaient du Ramadan? Les homosexuels devraient avoir leurs propres rites égaux mais distincts.

Même les enfants de donneurs de sperme ont envie d'un père et vont très loin pour le trouver, mais Ibbitson est heureux de voir le mariage traditionnel saccagé. À quand remonte la dernière fois que vous avez vu le mariage traditionnel et la famille célébrés dans les médias de masse? Le mariage est conçu pour fournir une base stable pour l'éducation des enfants. Apparemment, cette société se soucie peu de sa propre survie et de sa santé.

Qu'est-ce que Rodriguez et Ibbitson ont en commun? L'ordre du jour pas si caché que cela libéral consiste à traiter hétéros et homosexuels comme s'ils étaient les mêmes, et à amener les femmes à choisir des carrières à la place de la famille et d'abandonner l'éducation des enfants à l'État. Ce n'est pas une coïncidence si le Manifeste du parti Communiste prône la destruction de la famille nucléaire.

Soumis à cette propagande, il n'est pas étonnant que seulement 53% des Américains ne puissent pas dire avec certitude qu'ils préfèrent le capitalisme au socialisme.

## BELLA DODD

Bella Dodd (1904-1969) une avocate et professeur de science politique, était une organisatrice du Parti Communiste de 1932 à 1948 et une des membres du Conseil national du CPUSA de 1944 à 1948.

Dans son livre, « L'école des Ténèbres », elle déclare que les Communistes ont infiltrés et pris le contrôle des groupes libéraux et socialistes et des syndicats. (Elle prit le contrôle du syndicat des professeurs de New York.) Elle a déclaré que le Communisme est un culte satanique qui conspire pour asservir le monde.

Dans son témoignage devant HUAC en 1953, elle a révélé que certains libéraux « se sont permis de devenir des partisans des membres mêmes de cette conspiration. Il ne s'agit pas de libéralisme quel que soit le sens qu'on donne à ce terme. Ceci permet juste de plonger les Communistes dans un environnement de propagande qui dit que « toute personne qui est proche des Communistes est un libéral. Je ne crois pas que cela soit la définition d'un « libéral ».

Elle a proposé la définition classique : «Un libéral est une personne qui croit dans le droit de l'individu de fonctionner librement. Le Communiste ne croit pas dans le droit de l'individu. Ils ne croient que dans le collectif. L'individu n'est qu'une partie d'un groupe collectif, et chaque fois qu'il ne se déplace pas en fonction des conventions collectives, il est évincé du groupe. »

M. Kuzig : « Donc, vous diriez que lorsque les soi-disant libéraux d'aujourd'hui, les auto-libellés libéraux, soutiennent et travaillent avec le programme Communiste, ils sont trompés en pensant qu'ils aident une cause libérale alors qu'elle n'est pas libérale. »

Dodd : « Une des grandes tragédies d'aujourd'hui, c'est que ces Américains ne réalisent pas que cela provoquerait un retour de la civilisation à une barbarie qui existait longtemps avant l'ère Chrétienne ... Les Communistes ont une manière de changer les noms et les étiquettes .... Comment allons-nous les reconnaître, alors? ... Par le fait qu'ils croient que Dieu n'existe pas ; qu'une personne ne fait que naître, se développer, mourir, se désagréger, et que c'est la fin. Ils croient que l'individu ne compte pas, seules les questions collectives. Ils croient qu'un certain type de personnes devraient avoir le pouvoir de diriger un pays. »

## LE DISCOURS DE DODD

Bella Dodd s'est converti au Catholicisme à la fin de sa vie. Lors d'une conférence dans les années 1950, elle a déclaré : «Dans les années 1930, nous avons mis onze cents hommes dans le sacerdoce, afin de détruire l'Église de l'intérieur. » L'idée était que ces hommes soient ordonnés, et puis grimpent l'échelle de l'influence et de l'autorité comme monseigneur puis évêques. À l'époque, elle déclara : « À l'heure actuelle, ils occupent les plus hautes charges dans l'Eglise. Ils travaillent pour apporter des changements afin que l'Eglise Catholique ne soit d'aucune efficacité contre le Communisme. »

Elle a également déclaré que ces changements seraient si drastiques que «vous ne reconnaîtrez pas l'Église Catholique.» (C'était de 10 à 12 ans avant Vatican II.) « L'idée était de détruire, non pas l'institution de l'Église, mais plutôt la foi du peuple, et même d'utiliser l'institution de l'Église, si possible, afin de détruire la foi à travers la promotion d'une pseudo-religion : quelque chose qui ressemblait au Catholicisme, mais n'était pas la vraie chose. Une fois que la foi a été détruite, elle a expliqué qu'il y aurait un complexe de culpabilité introduit dans l'Église ... pour marquer «l'Église du passé » comme ayant été oppressive, autoritaire, pleine de préjugés, arrogante en prétendant être la seule possédant la vérité, et responsable de la division des corps religieux à travers les siècles. Ce serait nécessaire pour faire honte aux dirigeants de l'Église dans une « ouverture sur le monde », et une attitude plus souple envers toutes les religions et les philosophies [c'est à dire le libéralisme]. Les Communistes sauraient alors exploiter cette ouverture afin de saper l'Église. »

Lors d'une conférence enregistrée à Utica en 1962, elle a dit que la pratique Communiste est de créer des conflits en opérant par le biais de divers organismes. « Ils vont créer une Droite afin d'avoir une Gauche opposée, afin qu'ils puissent entraîner les gens dans le sens de la Gauche. »

Elle déclare que la Convention nationale communiste de 1944 fut tenue par des politiciens élus sous la bannière républicaine et démocratique. Dans un discours, Howard Vanden Kastenburg déclare : «Lorsque nous serons prêts à nous emparer des États-Unis, nous ne les prendrons pas au nom du Socialisme ou du Communisme. Ces étiquettes sont désagréables pour le peuple américain ... Nous allons les prendre sous des étiquettes que nous avons faites adorable ... Nous nous en emparerons au nom du libéralisme, en vertu du progressisme, de la démocratie. Mais nous nous en emparerons assurément.»

## LES PROTOCOLES DE SION

*Les Protocoles des Sages de Sion* disent clairement que les banquiers Illuminati ont délibérément promu le libéralisme et l'égalité dans le seul but de renverser l'aristocratie des Gentils et l'Église. « Tout en prêchant le libéralisme au goy, nous maintenons dans le même temps nos gens et nos agents dans un état de soumission aveugle. » (15)

«Le mot «liberté» amène les communautés d'hommes à lutter contre tous les types de pouvoir, contre toute forme d'autorité, même contre Dieu et contre les lois de la nature.» (5)

«Dans le but d'anéantir les institutions du goyim ... nous avons remplacé [leur fonctionnement] par la licence chaotique du libéralisme. Nous avons mis nos mains dans l'administration de la loi, dans la conduite des élections, dans la presse, dans la liberté de la personne, mais principalement dans l'éducation et la formation car elles sont les pierres angulaires d'une existence libre.» (9)

Leur contrôle est basé sur la paralysie qu'ils induisent par le gouvernement représentatif. «Nous avons remplacé le dirigeant par une caricature de gouvernement par un président pris de la foule, au milieu de nos créatures de marionnettes esclaves. Telle fut la base de la mine que nous avons postée sous les peuples GOY... » (10)

Grâce à leur contrôle de la presse et de l'éducation, ils ont porté à l'adulation les « fauteurs de sédition » qui à leur tour les ont protégés. « Cette promotion a accru le nombre des libéraux et a amené des milliers de Gentils dans les rangs de notre bétail d'élevage. » (19)

En ce qui concerne l'égalité, les fondateurs du communisme écrivent : «Dans les temps anciens, nous étions les premiers à clamer parmi les masses du peuple, les mots « Liberté, Egalité, Fraternité » ... des « appâts » [qui] ont emporté le bien-être du monde, la vraie liberté de l'individu, jadis si bien gardée contre la pression de la foule.»

«Les soi-disant sages des goyim, les intellectuels ... ne voient pas que dans la nature il n'y a pas d'égalité, la liberté ne peut pas être : que la Nature elle-même a établi l'inégalité des esprits, des caractères, et des capacités, ... la règle dynastique reposait sur cet état de chose : le père transmet à son fils la connaissance de la marche des affaires politiques de telle sorte qu'aucun ne la connaisse, à part les membres de la dynastie et nul ne pouvait la trahir en gouvernant. Comme le temps passait, le sens du transfert dynastique de la véritable gestion des affaires politique a été perdu, et cette perte contribua au succès de notre cause.» (1-25)

## CONCLUSION

Le syndicat bancaire Rothschild utilise la Gauche pour contrôler la société, ainsi que pour extorquer et porter atteinte à la concurrence. Au cours de la Révolution Française, la maison Rothschild fut épargnée par les masses révoltées. Les bolchéviques furent instruits de s'approprier les usines russes et de les remettre aux banquiers.

Nous sommes tous des libéraux au sens classique de croire en la liberté individuelle. Mais les banquiers Illuminati ont changé la définition de la notion libérale en la notion fallacieuse de «minorités et des moins fortunés à défendre.» Cela a été utilisé pour détourner, diviser et affaiblir la majorité, ainsi qu'afin de saper les valeurs traditionnelles.

Jusqu'à ce que les libéraux se réveillent à ce que les Protocoles appellent : «la véritable nature des choses», ils continueront à causer leur propre destruction et celle de la Civilisation Occidentale.

# Je ne suis pas emballé par Poutine

J'ai éprouvé autant de satisfaction que tout le monde devant l'humiliation que Vlad Poutine a infligé aux Sionistes en Géorgie. Cependant, je ne me joins pas à cette célébration générale manifestée par des articles comme « L'Occident Sioniste a trouvé son égal » par Karl Schwartz (23 août 2008).

D'assimiler le Nouvel Ordre Mondial au Sionisme est incorrect. Le Sionisme n'est tout simplement qu'une pince dans le Nouvel Ordre Mondial. L'autre est l'opposition au Sionisme, représentée par la Russie de Poutine et l'Iran d'Ahmadinejad. Les Rothschild les contrôlent tous deux à travers le MI-6.

Cette dialectique succède à celle Nazi-Communiste de la Deuxième Guerre mondiale. Vous ne pouvez pas avoir une Troisième Guerre mondiale, sans avoir deux camps opposés. Cette fois, Poutine et Ahmadinejad se sont exprimés en tant que défenseurs de la nation et de la religion. Mais ne soyez pas dupe. Il s'agit du *modus operandi* de Rothschild. Ils ont l'habitude de simuler l'opposition ou de faire semblant de se battre eux-mêmes. (Lire les Protocoles 12 et 17 pour des exemples.) De cette façon, ils peuvent initier des conflits rentables et orchestrer le résultat. Les guerres nous font perdre l'équilibre et nous rendent incapable de s'attaquer au vrai problème - eux. En attendant, les idéalistes de la plèbe se battent et meurent pour une «cause».

Comment puis-je soutenir ce point de vue sur Poutine? Pour commencer, son langage corporel. Poutine n'a pas la gravité pour être davantage qu'un homme de paille. Il lui manque des poils sur la poitrine. Avez-vous vu comment il était à l'aise avec George W. Bush? Ils sont tous deux des vétérans du casting central. Si Poutine était authentique, il ne pourrait pas supporter la présence de W. Bush.

Pour ceux qui exigent une preuve plus substantielle, j'ai passé une demi-heure sur Google. J'ai appris que Poutine est en relation intime avec la direction de la plus grande faction de la communauté juive de Russie, les Chabad Loubavitch. Le rabbin raconte comment lorsqu'il était jeune Vlad avait faim, ils l'ont nourri et depuis il en éprouve de la gratitude. Peut-être le nourrissent-ils encore? Apparemment, cette secte est à la pointe du Nouvel Ordre Mondial.

Ensuite, j'ai trouvé le site d'un transfuge du MI-6 Richard Tomlinson qui a été formé avec le jeune agent du KGB Vladimir Poutine. Ils ont tous deux appris à servir les Illuminati qui sont « nés pour régner », les gardiens auto-élus de la société.

Poutine a subi un lavage de cerveau et était contrôlé par le MI-6 ; peut-être l'est-il encore. Cela peut expliquer sa réaction en sourdine lors du naufrage du Koursk par les

États-Unis et le massacre de Beslan aidé et encouragé par le MI-6. Tomlinson déclare que Poutine était un Franc-maçon du grade de l'Arche Royale, mais ne l'est plus et s'est libéré de sa programmation. Je me le demande.

Un autre dit : Mikhaïl Gorbatchev, le Sage du Nouvel Ordre Mondial, a pris la défense de Poutine lors de l'émission de Larry King.

Ensuite, il y a la célèbre photo de Poutine embrassant le ventre d'un jeune garçon en public, ce qui suggère qu'il a les faiblesses pédophiles typiques de son espèce. Je ne crois pas que la rupture de Poutine avec les Rothschild et l'Occident soit plus que de la mise en scène. Est-ce que la Russie a une banque centrale contrôlée par les Rothschild? J'aimerais que Poutine et Co. soient sincères. Mais je n'en suis pas encore certain.

## AHMADINEJAD

Voici le Président Iranien faisant le signe de reconnaissance maçonnique du «pouce et index». Deux doigts pointant vers le haut est un signe négatif.

Un lecteur iranien affirme qu'Ahmadinejad est un crypto juif. Il m'a orienté vers un article de Wikipédia disant que sa famille a changé de nom dans les années 50, lequel était Saborjhian, un nom juif typique.

Il a poursuivi : «J'espère vraiment que ce sera un moyen de révéler le danger réel auquel nous sommes tous confrontés au niveau mondial, l'Iran, les États-Unis et la Russie poussant la main dans la main vers la Troisième Guerre mondiale.»

« À l'intérieur de l'establishment politique de l'Iran, tout le monde est préoccupé par des crypto-juifs qui ont une forte emprise sur les hommes politiques les plus influents juste en les ayant corrompu ou en connaissant leur passé sulfureux. Par exemple : Mohsen Rezaei ex-commandant de la Garde Révolutionnaire a déclaré l'été dernier : la mère d'Ahmadinejad est une juive, et depuis la mise en place de la République Islamique en 1979, les crypto-juifs occupent les postes les plus élevés de l'État. » Mais il est à présent silencieux !

Ce serait cohérent avec les rapports indiquant qu'Israël a peut-être aidé l'Iran à développer des armes nucléaires. Récemment, un ancien chef du Mossad a déclaré qu'Ahmadinejad était « le plus beau cadeau d'Israël » en se posant comme une menace pour Israël.

« Ahmadinejad est notre plus beau cadeau », a déclaré Halevy au réseau de télévision en langue arabe Al-Hurra. « Nous n'avons pas effectué un meilleur usage du Mossad qu'en mettant un gars comme Ahmadinejad au pouvoir en Iran. »

Halévy a ajouté que les déclarations extrémistes du président iranien « ont prouvé à tous que l'Iran d'aujourd'hui est un Iran avec qui il est impossible de vivre. [Ahmadinejad] unit le monde entier contre l'Iran. »

J'espère que les Israéliens moyens réalisent à quel point ils sont utilisés comme des pions, comme le furent les Juifs d'Europe, avec des conséquences fatales.

## UN GUIDE POUR LES TOURMENTÉS

Notre vie politique est une mascarade destinée à convaincre les pingouins qu'ils vivent dans une démocratie. Il en est ainsi, ils paient des impôts et donnent leur vie à leurs supérieurs.

Nos gouvernants ont déterminé que nous n'ayons pas voix au chapitre dans notre avenir collectif. Comme du bétail, nous ruminons notre auge collective faite de sexe, de drogue, de jeux et d'insignifiance, qu'ils fournissent en abondance.

Cela explique pourquoi les médias (y compris les films) et l'éducation ont depuis longtemps cessé de faire face à la réalité, ou d'enseigner l'éducation civique ou l'histoire. Au contraire, ils véhiculent la fantaisie, la tromperie et la conformité.

Notre monde ressemble à un film d'horreur de série B où les citoyens de premier plan de la ville se vouent secrètement à un culte satanique et trahissent tout le monde. Il s'agit essentiellement de la position des personnes qui servent les banques centrales, ce qui est une condition préalable à l'obtention du succès dans la plupart des domaines aujourd'hui.

# Les fous du MI-5 et du MI-6 sèment le chaos pour le compte des Illuminati

Les blogs de personnes prétendant être d'anciens membres du MI-5 et MI-6 dépeignent une image sordide du terrorisme d'État, du viol, de la torture, du contrôle de l'esprit, de l'assassinat et de la pédophilie au service des Illuminati.

Le blog principal est appelé « Richard Tomlinson et les Russes », mais il y en a une douzaine d'autres énumérés ci-dessous. Pris dans leur ensemble avec des commentaires par des initiés, ils racontent une histoire horrifiante du chaos perpétré par ces agences Illuminati dérangées. La plupart des gens ne le croiront pas. Il m'a fallu près d'un an pour étudier ces témoignages.

Voici quelques faits saillants :

• Les agences de renseignement du monde sont infiltrées et contrôlées par les Francs-maçons de « l'Arche Royale » qui doivent leur loyauté non pas à l'État mais aux banquiers Illuminati (Francs-maçons), posant comme la «Couronne» ou «Monarchie». La plupart des agents sont torturés, c'est à dire subissent un traumatisme et un contrôle mental en utilisant des mots de déclenchement à partir de textes comme « *Alice au pays des merveilles.* »

Le Chef du MI-5 Manningham-Buller a déclaré aux recrues qu'elles servaient le «vrai» Communisme, ... la « tutelle » de ceux qui sont « né pour régner ». Ils sont les gardiens auto-élus de la société britannique qui décident ce qui est dans le meilleur intérêt de leur peuple. »

« Cette organisation maçonnique tentaculaire... étrangle le monde depuis les derniers jours de l'Empire Britannique. Les membres des services secrets britanniques qui n'étaient pas Francs-maçons de l'Arche Royale, n'avaient aucune idée réelle de ce qui se passait. S'ils réussissaient à attraper un «espion russe» au sein de leur milieu, c'est parce que les Francs-maçons de l'Arche Royale avaient jugé que cette personne était sacrifiable et l'avaient ensuite envoyée nourrir les poissons. Pensez à Burgess, à Maclean, etc. et vous vous ferez une idée. [Anthony] Blunt a échappé à une telle censure et au harcèlement. Il était un «maître» Franc-maçon de l'Arche Royale. »

• « Vladimir Poutine possède un long historique en tant que Franc-maçon de l'Arche Royale. Il est « une marionnette – et l'a toujours été. Vous n'avez qu'à regarder dans son regard vide pour le voir - Combien d'ECT faut-il prendre pour piloter un président marionnette? Assez, j'imagine. » Il était aussi un travesti et un garçon de jeu de l'actuel Directeur du MI-6 John Scarlett. »

- « Poutine a été choisi comme un donneur de sperme et d'ADN au sein du projet de «zygote» royal et avait alors été ordonné par le corps maçonnique de copuler avec divers agents féminins britanniques, pendant qu'il était en station à Berlin. Les zygotes ont ensuite été «collectés» et la jeune femme impliquée fut plus tard assassinée. Stephen Daldry [le réalisateur] a organisé des envois de différentes victimes à Berlin dans ce but précis. Il s'est également vanté de les avoir entendu (les chambres étaient mises sur écoute) se faire assassiner pendant cette période. Des caméras ont également été placées dans les téléviseurs pour que la Franc-maçonnerie de l'Arche Royale puisse voir ensuite - en substance, «des snuff movies». En 1993, les Francs-maçons de l'Arche Royale n'avaient plus d'usage pour M. Poutine en termes d'information ou d'ADN et, par conséquent, il était devenu jetable - tout Franc-maçon de l'Arche Royale qu'ils soit. »

- «La mère de Vladimir Poutine était juive mais s'est convertie à l'Orthodoxie Russe. En Pologne, il décida de revenir à ses racines et parce que sa mère était juive, il n'eut pas à passer par une conversion complète.

Il y a une certaine différence entre les intervenants pour savoir si Poutine a rompu avec les Illuminati et se serait déprogrammé quand il a été trahi par le MI-6.

- Le MI-6 a « implanté une bombe nucléaire (ESSO fut employé pour faire le forage) entre les plaques tectoniques sous le fond marin - juste à côté d'Aceh, en Indonésie. Le MI5 devait envoyer un navire militaire dans la zone après que l'explosion ait eu lieu, afin de vérifier les niveaux de rayonnement. Ils avaient mal calculé. Le niveau de rayonnement affecte désormais toutes les îles environnantes, y compris la péninsule arabique. L'explosion s'est produite le 26 Décembre 2004. » [D'où le Tsunami]

« Les membres du renseignement Indonésien ont été dûment avertis et ont pris des mesures en souscrivant à des contrats d'assurance avec des compagnies britanniques juste avant l'événement (principalement le même jour à l'avance, afin de pouvoir réclamer leur dû sans créer de la suspicion et tenir les entreprises britanniques hors d'affaire), en ce qui concerne les zones et les bâtiments que le tsunami frapperait. »

- Le 10 Juillet 2007 les «Anonymous» postèrent ce qui suit : «La nouvelle date fixée pour des attaques terroristes royales Illuminati est le 14 Juillet 2007. Ils ont prévu toute une série d'attentats dans le monde entier. Trop nombreux pour être cités. On espère que cet avertissement préalable les empêchera une fois de plus, mais il ne s'agit jamais que d'une mesure temporaire. Les renseignements britanniques doivent être démantelés, une fois pour toutes ... La Couronne a la mainmise sur le B.I. [British Intelligence – les services secrets britanniques] et ne l'abandonnera sans doute pas sans se battre. Le Collège militaire royal veilla à ce qu'aucune [bombe n'explose à cette date.]

- «Les parents de la petite Madelaine [McCann] faisaient partie de l'anneau Illuminati. Ils savent ce qui lui est arrivé - leur subconscient sait exactement ce qui s'est passé mais ils furent impuissants à l'arrêter. J.K. Rowling est aussi une esclave Monarque Illuminati - elle est une actrice qui n'a pas écrit une ligne des livres d'Harry Potter. L'auteur original des quatre premiers livres - n'a pas vu un sou - de son bien volé.

Rowling était présente à ce rite au cours duquel Madeleine est morte – ce qui rend son offre d'une récompense publique d'autant plus révoltant.

« Rowling a été choisie et mise en avant pour promouvoir cette série de livres parce qu'elle était si malléable. Elle voulait la gloire et la fortune sans coût. Ses parents ashkénazes l'avait racheté de l'esclavage British Illuminati et lui avait aussi acheté ce qui est connu dans le commerce comme « un porte-stylo : Un nègre qui travaille comme un esclave non payé - l'un des agents des Renseignements Britanniques. »

- « Richard Tomlinson, un agent qui a publiquement accusé le MI-6 d'implication dans l'assassinat de la princesse Diana a éventuellement pris part au crime. « Tomlinson avait frappé Henri-Paul dans les cuisines au préalable. Il était sur l'une des grandes motos noires traquant la voiture de Diana et l'a vu crier au secours après l'accident, sans faire le moindre geste - il était trop occupé à sécuriser ses photographies de l'ambulance comme menace de chantage au MI6... »

Tomlinson est supposé avoir rompu avec le MI-6, mais les intervenants disent qu'il travaille toujours pour eux, gérant un réseau pédophile dans le sud de la France. Pour un «transfuge», son livre «*The Big Breach* « (2001) est singulièrement non révélateur, surtout à la lumière des faits discutés ici.

- Stella Rimington, une directrice du MI-5 dans les années 1990 est une ancienne secrétaire qui faisait du piégeage sexuel pour le compte du MI-5 avant de devenir une lesbienne S/M. Elle avait fait en sorte que ses agents volent les codes de contrôle mental du MI-6 et les avait utilisé pour rompre son propre contrôle de l'esprit et « attaquer le système de l'extérieur. » Quand elle a commencé à assassiner des agents du MI-6 qui l'agaçait, elle fut mise en retraite. « Elle est depuis impliquée dans la traite des enfants et la prostitution. »

## CONCLUSION

Il y a une liste des blogs mentionnés à la fin de cet article. De manière générale, ce matériau incroyable est compatible avec ce que nous savons déjà sur les Illuminati. Ils sont fous.

Ils sont une secte satanique.

Ces blogs donnent un rare aperçu de la face inférieure miteuse de l'establishment de la Grande-Bretagne où le siège social des Illuminati est situé. Je doute que la situation soit très différente ailleurs.

Cette dépravation et criminalité est autorisée et cultivée en vue de saper les institutions démocratiques. Les banquiers Illuminati veulent que les gens réclament leur gouvernement mondial totalitaire.

Blogs connexes (certains peuvent être inactifs.)

www.andrewmarr.blogspot.com

www.johnscarlett.blogspot.com

www.elizamanninghambuller.blogspot.com

www.stellarimington.blogspot.com

www.seraphimraziel77.blogspot.com

www.beautyandthebeastomega.blogspot.com

www.fivehivealpha.blogspot.com

www.rubberduckpsi.blogspot.com

www.alphadeltaV.blogspot.com

www.cuckoosnests.blogspot.com

www.electricbluesky.blogspot.com

www.alicescapesthemenagerie.blogspot.com

www.royalarchcrumbles.blogspot.com

www.beautyandthebeastpower.blogspot.com www.beautyandthebeastomega.blogspot.com

www.fivehivealpha.blogspot.com

www.rubberduckpsi.blogspot.com

www.alphadeltaV.blogspot.com

www.cuckoosnests.blogspot.com

www.electricbluesky.blogspot

# Un proche des Rockefeller annonça en 1969: Voyager deviendra difficile

Comme des moutons, l'humanité doit s'adapter à un harcèlement constant tant qu'elle tolère le contrôle Illuminati de toutes les importantes institutions gouvernementales et sociales.

En pleine période de fêtes, des millions de voyageurs aux États-Unis ont été retardés et incommodés à cause d'un incident de sous-vêtements artificiel impliquant une explosion. Quelqu'un peut-il faire tomber un avion avec l'explosion de ses sous-vêtements? Non, par contre il pourrait causer de graves dommages à ses organes génitaux.

En 1969, un proche des Rockefeller, le Dr. Richard Day avait prédit l'avenir en ces termes :

«Les voyages ... deviendront très limités. Les gens [auront] besoin d'une autorisation pour voyager et ils [auront] besoin d'une bonne raison pour ce faire. Si vous n'avez pas de bon motif pour votre voyage, vous [ne serez] pas autorisé à voyager, et tout le monde [aura] besoin d'une pièce d'identité ... plus tard, sur une sorte d'appareil qui [sera] mis au point pour être implantée sous la peau et qui [sera] codé spécifiquement pour identifier l'individu.»

### DÉTAILS

Le 20 Mars 1969, le Dr. Richard Day, le directeur national médical du «Planning Familial» parrainé par la Fondation Rockefeller décrit « un nouveau système mondial » à une réunion de la Société Pédiatrique de Pittsburgh. Ces propos ont été rapportés par le Dr. Lawrence Dunegan, un pédiatre de Pittsburgh qui est décédé en janvier 2004. Le Dr. Day, qui est décédé en 1989 (voir sa nécrologie en ligne), a voulu que les 80 médecins présents se préparent. La transcription des souvenirs de Dunegan peut être trouvée en ligne et doit être lue dans son intégralité. En voici un résumé.

Il déclare que l'industrie américaine sera sabotée et que des preuves de son peu de fiabilité de sa non-compétitivité seront établies. « Le plan déclaré était que les différentes parties du monde se verraient affectées de rôles différents dans l'industrie et le commerce dans un système mondial unifié. La poursuite de la prééminence et la relative autosuffisance des États-Unis devaient être changées... Chaque partie du monde disposera d'une spécialité et toutes deviendront ainsi interdépendantes, a-t-il dit. Les États-Unis resteront un centre pour l'agriculture, la haute technologie, les communications, et l'éducation, mais l'industrie lourde sera transférée ailleurs. »

Dunegan rappelle : «L'idée était que vous pourriez devenir un peu dégoûté de votre Ford, GM, ou un produit Chrysler ou tout autre, parce que de petites choses comme les poignées de fenêtre tomberaient davantage en panne, et les pièces en plastique se casseraient... Votre patriotisme économique américain devrait bientôt céder la place à l'aspect pratique... Puis le patriotisme disparaitrait alors tout à fait.»

Une grande partie de ce que Day a promis en 1969 ressemble aujourd'hui à un coup d'œil dans le rétroviseur. Mais des événements importants restent encore à émerger. Ils veulent nous implanter une puce, afin qu'ils puissent nous trouver et nous identifier, ainsi que surveiller et contrôler nos achats.

Ils nous sèvre de notre allégeance nationale et recourent au terrorisme pour gagner notre assentiment à leur état policier mondial. Ils peuvent utiliser «une ou deux bombes nucléaires pour convaincre les gens qu'ils sont sérieux», a déclaré Day.

Il a expliqué qu'il y a toujours deux raisons à ce que font les Rockefeller : le prétexte qui permet de le rendre acceptable aux yeux du public crédule, et puis la véritable raison. Le Dr Day, a déclaré que le sexe serait séparé du mariage et de la reproduction (c'est à dire la «libération sexuelle») pour briser la famille et réduire la population. L'avortement, le divorce et l'homosexualité seront socialement acceptables.

«Il sera donné aux homosexuels la permission de se montrer. Tout le monde y compris les personnes âgées sera encouragé à avoir des relations sexuelles. Tout sera porté sur la place publique. Tout y passera.» [Les «émeutes de Stonewall», qui ont déclenché le mouvement des droits des homosexuels, a eu lieu trois mois plus tard.] Le but ultime est d'avoir des rapports sexuels sans reproduction. La reproduction sans sexe aura lieu dans les laboratoires. La taille de la famille sera limitée comme en Chine.

Il sera de plus en plus difficile pour les familles de rester ensemble. Plus de femmes travailleront en dehors de la maison et plus de gens resteront célibataires. Le sport au lieu des poupées sera promu auprès des filles afin qu'elles recherchent la performance, au lieu de la famille. Il sera enseigné aux filles qu'elles sont les mêmes que les garçons.

En général, les sports internationaux, comme le football et le hockey seront mis en avant pour que les Américains se considèrent comme des «citoyens du monde.» Les Sports américains comme le baseball et le football américain ne seront pas encouragés de la même façon.

La pornographie, la violence et l'obscénité à la télévision et dans les films seront augmentées. Les gens vont être désensibilisés à la violence et à la pornographie afin de leur faire sentir la vie comme courte, précaire et brutale. La musique deviendra encore « pire » et sera utilisée pour l'endoctrinement.

Il y aura du chômage et des migrations de masse afin de déraciner les communautés établies de longue date (conservatrices). Le changement social sera mis en place dans les villes portuaires et fera son chemin vers le cœur. (Ainsi, l'Est et la côte Ouest sont libéraux.)

Il déclare qu'un remède au cancer existe à l'Institut Rockefeller, mais est tenu secret à des fins de dépeuplement. Il a dit qu'il y aurait une augmentation infectieuse des maladies artificielles.

Le Dr. Day, qui a travaillé à la modification climatique pendant la guerre, a déclaré que la météo peut être utilisée pour faire la guerre ou créer la sécheresse et la famine. L'approvisionnement alimentaire sera surveillé afin que personne ne puissent obtenir suffisamment de nourriture pour « soutenir un fugitif recherché par le nouveau système. » La croissance de votre propre nourriture sera interdite sous le prétexte qu'elle présente un danger.

Il dit que les gens sont contrôlés par les informations qui leur sont données. Ainsi, l'information sera sélective. Tout le monde ne sera pas autorisé à posséder des livres. « Certains livres disparaîtront des bibliothèques. » Les Classiques littéraires seront subtilement modifiés. Les gens passeront plus de temps à l'école mais n'y apprendront plus grand-chose. Il y aura des restrictions sur les voyages et la propriété privée disparaîtra.

Il dit que les gens qui ne veulent pas coopérer seront «éliminés de façon humaine.» Il a dit qu'il n'y aurait pas de martyrs – «les gens vont tout simplement disparaître.»

## LA CLEF DE NOTRE EXASPÉRATION

Dans les *Protocoles des Sages de Sion*, l'auteur écrit que leur objectif est : « de ronger tout le monde par les dissensions, les animosités, les querelles, la famine, l'inoculation de maladies, l'envie, jusqu'à ce que les Gentils ne voit pas d'autre échappatoire que de faire appel à notre argent et notre pouvoir.» (10)

Harold Rosenthal, qui était un membre de cette kabbale se vantait même d'avoir implanté un «complexe de culpabilité» au sujet de l'holocauste et de l'antisémitisme qui empêche la société de se dresser contre la menace.

Grâce au contrôle de la banque, ils ont acquis un monopole total de «l'industrie du cinéma, des réseaux de radio et des médias de télévision alors en voie de développement ... nous avons repris la publication de toutes les manuels scolaires ... Même votre musique! Nous censurons les chansons diffusées bien avant qu'elles n'atteignent les éditeurs ... nous avons un contrôle complet de votre pensée.»

Nous «avons initié problème après problème au peuple américain. Puis nous faisons la promotion des deux côtés de la question afin que la confusion règne. Avec leurs yeux fixés sur ces questions, ils ne parviennent jamais à voir qui est derrière chaque scène. Nous, les juifs, jouons avec le peuple américain comme un chat avec une souris.»

## UNE SOCIÉTÉ DE COLLABOS

La société fonctionne sur deux rails. Le formel - l'image d'une démocratie gouvernée par la loi qui dupe des masses et veille à leur coopération. Le secteur informel - le club des Illuminati, qui prend effectivement les décisions indépendamment de ce qui se passe sur le plan formel. Les informels infiltrent le secteur formel jusqu'à ce que celui-ci ne soit plus qu'un masque pour le premier.

Dans un témoignage sur Internet posté le 29 mai 2009, Emily Gyde, un transfuge des Illuminati qui prétend être le véritable auteur de la série Harry Potter, a déclaré que Barack Obama avait dit en sa présence :

«Je me rappelle le PRÉSIDENT OBAMA me parlant de la façon dont il avait rejoint le CULTE - il ne le voulait pas - mais il se décrit juste comme un gars ordinaire qui voulait un bon salaire ... c'est de cela qu'il s'agit ... il ne voulait pas se retrouver dans les rues ... au bout du compte, ça n'était qu'une question d'argent ... vous devez en avoir pour vivre... s'il n'avait pas rejoint le CULTE... il aurait été radié... il n'aurait pas pu trouver un emploi... n'aurait pas été en mesure de vivre... c'est comme ça que beaucoup de gens se retrouvent à rejoindre les MALADES. Vous êtes jeune, vous voulez faire vos preuves dans la vie - on vous dit que vous « ne parviendrez jamais à obtenir un emploi » si vous ne le faites pas... les MALADES prouvent à quel point ils sont puissants.»

Je ne sais pas si cela est vrai mais en tout cas c'est plausible.

## CONCLUSION

Quand j'étais un radical dans les années soixante, nous pensions que les gens qui travaillaient pour le système avaient vendu leur âme au diable. Je n'imaginais pas que c'était littéralement vrai. Les Illuminati sont des adorateurs de Satan, de sorte que vous travaillez inconsciemment pour ses disciples.

# LIVRE DEUX

# Ingénierie Sociale et Subversion Culturelle

# La Guerre Psychologique contre la Société

Un document choquant intitulé «Armes Silencieuses pour Guerres Tranquilles» confirme qu'un culte satanique dont le siège se trouve à la City de Londres, les Illuminati, maintient l'humanité dans la servitude en faisant usage de la guerre psychologique. Un deuxième document, décrit plus loin, «L'Art Soviétique de Lavage de Cerveau» montre comment les professions, en particulier la psychologie et la santé mentale, ont été détournées.

«Le peuple ne peut pas comprendre cette arme, et donc ne peux pas croire qu'il soit attaqué et soumis par une arme », dit le rapport des «Armes Tranquilles».

Daté de mai 1979, «Armes Silencieuses pour Guerres Tranquilles» (Manuel technique SW7905.1) fut trouvé en 1986 dans un copieur IBM qui avait été acheté à une vente d'excédent. Il est le produit d'une discipline appelée la «Recherche Opérationnelle» développée lors de la Seconde Guerre mondiale afin d'attaquer les populations ennemies en utilisant les outils d'ingénierie sociale et de la guerre psychologique.

Selon le document, «l'élite internationale» a décidé en 1954 de mener une «guerre silencieuse» contre le peuple américain avec l'objectif de transférer la richesse de « la multitude irresponsable » entre les mains de «la minorité responsable et digne.»

«Compte tenu de la loi de la sélection naturelle, il a été convenu qu'une nation ou un groupe de personnes qui n'utiliseront pas leur intelligence ne seront pas mieux que les animaux qui n'ont pas d'intelligence. Ces gens-là sont des bêtes de somme et des steaks sur la table [sic] par choix et consentement.»

L'objectif était d'établir une économie, qui est «totalement prévisible et manipulable.» Les masses doivent être «formées et affectées à un joug... à partir d'un âge très précoce...»

Pour atteindre cette conformité, «l'unité familiale doit être désintégrée par un processus d'accaparation graduelle des parents et la mise en place de garderies gérées par le gouvernement pour les enfants rendus orphelins par le milieu de travail.»

Ceci est accompli grâce aux «Armes Silencieuses» (la propagande et l'ingénierie sociale) appliquées dans les médias et les écoles.

«Lorsque l'arme silencieuse est appliquée graduellement, le public s'adapte... jusqu'à ce que la pression devienne trop importante et qu'il craque... C'est pourquoi l'arme silencieuse est un type de guerre biologique... Elles s'attaquent à... leurs sources d'énergie naturelles et sociales et à leurs forces physiques, mentales et émotionnelles...»

Bien que non mentionnée par son nom, l'arme silencieuse en cause ici, c'est le Féminisme, qui favorise le lesbianisme, tout en se posant comme le défenseur des femmes.

Le document affirme que le père doit être «brisé». Les supports publicitaires veilleront à ce qu'ils apparaissent comme « dégradés » et « qu'on lui apprenne à se conformer... ou sa vie sexuelle sera ... égale à zéro. » La femme est « d'abord gouvernée par l'émotion et la logique passe au deuxième plan... elle a trop la tête dans les étoiles pour se rendre compte que [son enfant sera] la chair à canon d'un homme riche ou une ressource pas chère pour un travail d'esclave.»

L'auteur conclut : «Cette école aveugle de faux-semblant, permet de changer père, mère, fils et filles, en bêtes de somme...»

## «LA DIVERSION COMME STRATÉGIE PRINCIPALE»

Le document parle de «prendre le contrôle des gens en les gardant «indisciplinés, ignorants, confus, désorganisés et distraits.»

Ternir à l'écart le peuple des «vrais problèmes sociaux et le captiver par des sujets sans importance.» «Saboter leurs activités mentales» par un «assaut permanent de sexe, de violence et de guerres dans les médias» c'est à dire «le viol mental et émotionnel».

Donnez-leur la «malbouffe de la pensée et privez-les de ce dont ils ont vraiment besoin», notamment d'une bonne éducation. «Gardez le divertissement public en dessous du niveau de la sixième.»

«Travailler : Garder le public occupé, occupé, occupé sans aucun moment pour penser ; de retour à la ferme avec les autres animaux.» « Détruisez la foi du peuple américain les uns envers les autres.»

La règle générale : «il y a du profit à tirer par la confusion, plus la confusion est grande, plus le profit est important. Par conséquent, la meilleure approche consiste à créer des problèmes, puis offrir des solutions.»

## «L'ÉTAT PROVIDENCE COMME ARME STRATÉGIQUE»

La masse veut «perpétuer son rôle de dépendance de l'enfance. Autrement dit, ils veulent un dieu humain pour éliminer tout risque de leur vie, qui leur tape sur la tête, embrasse leurs ecchymoses, met un poulet sur chaque table... les borde et leur dise que tout ira bien... »

Le « dieu humain » est le politicien qui promet le monde et ne donne jamais rien. Le comportement de la masse est « de céder par la peur, la paresse, et l'opportunisme. Il est la base de l'État-providence comme arme stratégique, utile contre une masse dégoûtante. »

L'absence de résistance de la masse est un signe qu'elle «est mure pour la soumission et consent à l'esclavage et à l'empiètement juridique. Un bon indicateur du temps de cette moisson est le nombre de citoyens qui paient des impôts, malgré un manque évident de service réciproque et honnête de la part du gouvernement.»

## LE LAVAGE DE CERVEAU

Tournons-nous vers un autre document : «L'art Soviétique du Lavage de Cerveau», un manuel qui fut utilisé dans les écoles de formation Communistes à la fois aux Etats-Unis et en Russie à partir des années 1930.

Rappelez-vous que le Communisme n'a jamais été une «révolte de la classe ouvrière.» Il a été créé par les Illuminati pour contrôler l'homme du commun et mettre en place une dictature mondiale. Le manuel suggère que les principales armes silencieuses sont «l'enseignement supérieur» et le domaine de la «santé mentale».

«Aux Etats-Unis, nous avons été en mesure de modifier les œuvres de William James, et d'autres auteurs, ...et de placer les principes de Karl Marx, de Pavlov, de Lamarck, et les données du matérialisme dialectique dans les manuels de psychologie, à un tel degré que quiconque suivant des études de psychologie devient dans le même temps un candidat pour accepter le caractère raisonnable du Communisme.»

«Comme chaque chaire de psychologie aux États-Unis est occupée par des personnes de notre connexion, l'emploi cohérent de ces textes est garanti... Eduquer de façon générale les strates instruites de la population aux principes du Communisme est ainsi rendue relativement facile.» (II, chap. 11)

Le manuel appelle ces enseignants des « agents psycho politiques » et leur rôle est de laver le cerveau des jeunes.

Les Communistes voient l'homme comme «un mécanisme sans individualité.» Il est essentiellement un animal doté d'un « vernis civilisé. » Comme un animal, il peut être contraint à croire et à faire quelque chose en tenant compte de la bonne combinaison de terreur, de tromperie, de drogue et de force brutale.

L'objectif de la « politique psychologique » est de « produire le chaos maximal dans la culture de l'ennemi », et de « laisser une nation sans dirigeant. »

## EN SAVOIR PLUS SUR LE DISPOSITIF POLITIQUE PSYCHOLOGIQUE

Le manuel préconise l'utilisation des médecins, des travailleurs sociaux, des psychiatres et de l'ensemble du domaine de la « guérison mentale » pour parvenir à l'objectif satanique.

« Les organisations de santé mentale doivent soigneusement supprimer de leurs rangs tous ceux effectivement compétents dans la manipulation ou le traitement de la santé mentale. » (II Ch. 9)

« Le dispositif psycho-politique devrait également ne pas lésiner à briser par n'importe quel moyen, l'existence de n'importe quel groupe de guérison réelle, telle que celle de l'acupuncture, en Chine, tels que la Science Chrétienne et la guérison par la foi aux

États-Unis ; tout comme le Catholicisme en Italie et en Espagne ; et les groupes psychologiques pratiques de l'Angleterre. » (II-9)

Le manuel prétend que les Communistes investirent le champ de la psychanalyse et la «mirent à la mode» en raison de l'accent «mit sur le sexe.» Cela sert les fins de «dégradation» et « d'abaissement de caractère » c'est-à-dire le chantage. (II-9)

Le recrutement dans les rangs de la guérison mentale doit se limiter « à ceux qui sont déjà dépravés ou [les gens] qui ont été traités par des agents psycho politiques. Le recrutement se fait en rendant le domaine de la guérison mentale très attrayant, financièrement et sexuellement. »

« La promesse de possibilités sexuelles illimitées, la promesse de la domination complète sur les corps et les esprits des patients sans défense, la promesse d'avoir l'anarchie sans détection, peut donc attirer à la guérison «mentale» de nombreuses recrues désirables qui tomberont volontairement dans des activités psycho politiques. » (II-13)

### INSTRUCTIONS FINALES

«Vous devez travailler jusqu'à ce que la religion devienne synonyme de folie. Vous devez travailler jusqu'à ce que les fonctionnaires de la ville, des comtés et les gouvernements des États ne réfléchissent pas à deux fois avant de se jeter sur les groupes religieux comme des ennemis publics.» (II-14)

«Les mouvements en vue d'améliorer la jeunesse doivent être envahis et corrompus, car cela pourrait interrompre les campagnes pour produire chez les jeunes, la délinquance, la toxicomanie, l'alcoolisme et la promiscuité sexuelle.» (II-15)

Cherchez «les chefs de file de l'avenir du pays, et éduquez-les dans la foi en la nature animale de l'homme. Cela doit être mis à la mode. Ils doivent être éduqués à froncer les sourcils à l'idée de toute initiative individuelle. Il doit leur être enseigné par-dessus tout que le salut de l'homme ne peut être trouvé que par l'adaptation à cet environnement. Les Nations qui disposent d'un niveau éthique élevé sont difficiles à conquérir.» (II-8)

«Dans le but d'induire un haut degré d'hypnose chez un individu, un groupe ou une population, un élément de terreur doit toujours être présent de la part de ceux qui gouvernent.» (Partie II, chap.6)

Mais le fait de le dénoncer passe pour de la paranoïa. «Le mot doit circuler dans la société que la paranoïa est une condition dans laquelle l'individu se croit attaqué par les Communistes. Il se trouve que ce moyen de défense est efficace.» (II-Ch. 10)

«La populace doit être amenée à la conviction que chaque individu se rebellant... contre les efforts et les activités pour asservir l'ensemble, doit être considéré comme une personne dérangée... et... être soumis à des électrochocs, et réduit à une docilité sans imagination pour le reste de ses jours.» (II-Ch.12)

## CONCLUSION

Ces documents fournissent un aperçu du mal auquel nous sommes confrontés. Dans une conférence de 1961, Aldous Huxley décrit l'état du monde à venir comme «la révolution finale» : une «dictature sans larmes» où les gens «aiment leur servitude».

Selon Huxley, l'objectif est de produire «une sorte de camp de concentration sans douleur pour des sociétés entières où les gens se verront confisquer leur liberté... mais ... seront distraits de toute volonté de se rebeller par la propagande ou le lavage de cerveau... renforcé par des méthodes pharmacologiques. » (Conférence à la California Medical School, 1961)

# Les Banquiers sont à l'origine de la Contre-Culture

Nous supposons que les grandes sociétés ont des objectifs économiques. Mais nous ne nous attendons pas à les voir aussi poursuivre une feuille de route sociale secrète et occulte.

Par exemple, on ne s'attend pas à les voir organiser le développement arrêtés et l'éclatement de la famille. On ne s'attend pas à ce qu'elles utilisent la culture populaire afin de favoriser l'aliénation et le dysfonctionnement.

Les banquiers centraux basés à la City de Londres contrôlent le cartel qui domine l'économie mondiale. Ils ont usurpé le droit d'imprimer de l'argent sur la base de notre crédit et ont tout naturellement utilisé cet avantage pour acheter tout ce qui a de la valeur.

Cela pourrait être tolérable si la richesse illimitée était tout ce qu'ils voulaient. Mais ils veulent aussi détenir un pouvoir illimité : pas seulement une dictature mondiale, mais un contrôle total sur nos esprits et nos âmes.

Dans le livre *«Dope, Inc.»*, (1992) des chercheurs de l'Executive Intelligence Review dévoilent le véritable caractère occulte et criminel du plan des banquiers. Aussi incroyable et bizarre que cela puisse paraître, les banquiers pratiquent le culte païen d'Isis, qui est au cœur de la Franc-maçonnerie, de la théosophie et de la Kabbale.

«Leur religion n'est pas le christianisme anglican qu'ils professent publiquement, mais un méli-mélo de paganisme, y compris des cultes sataniques tels que la Théosophie et les Rose-Croix. Le centre de l'idéologie synergique de la vie intérieure du culte de l'oligarchie est la remise à l'ordre du jour du culte de la drogue égyptien, le mythe d'Isis et d'Osiris, le même culte anti-chrétien qui dirigeait l'Empire Romain.» (263)

C'est pourquoi les logos de nombreuses grandes entreprises présentent un symbolisme occulte. C'est pourquoi leur publicité contient souvent un message social occulte manifeste, épousant souvent la libération sexuelle ou le féminisme.

Selon l'EIR, la contre-culture «New Age» qui a été imposée aux jeunes adolescents de l'Amérique des années 1960 n'est pas simplement analogue à l'ancien culte d'Isis. Il s'agit d'une résurrection littérale du Culte... » (537)

### CULTURE POPULAIRE = LAVAGE DE CERVEAU

Le chapitre de 35 pages, «The Aquarian Conspiracy», est disponible en ligne. Je ne fais que mettre en évidence les points les plus pertinents.

«La culture populaire» (la musique, la télévision, le cinéma, les livres, la mode, etc.) n'est pas spontanée, mais contrôlée et fabriquée par les Illuminati. EIR fait la comparaison avec le commerce de la drogue en général : «la culture de masse d'aujourd'hui fonctionne comme le commerce de l'opium : L'offre détermine la demande.» (545)

Par exemple, la branche de l'ingénierie sociale des banquiers, l'Institut Tavistock, a manufacturé le phénomène Beatles. Les adolescentes étaient transportées par autobus depuis une école de jeune fille.

«En 1963, les Beatles apparurent dans l'émission d'Ed Sullivan. Ils combinaient la musique rock et la mystique, les cheveux longs, et le culte hindou... Les drogues étaient suggérées dans plusieurs de leurs chansons : «Yellow Submarine» (un «sous-marin» est un «dealer»), «Lucy in the Sky with Diamonds» (les initiales des mots principaux sont LSD), «Hey Jude» (une chanson sur la méthadone), «Strawberry fields» (où l'opium est cultivé pour éviter la détection) et «Norwegian Wood» (un terme britannique pour la marijuana).

La chanson de John Lennon «Imagine» attaquait la religion («Imagine qu'il n'y ait pas de ciel, C'est facile si tu essaies, Aucun enfer au-dessous de nous, Au-dessus de nous seulement le ciel»), épousait une philosophie du fais-ce-que-tu-veux («Imagine tout le monde, Vivant pour le jour présent»), attaquait le nationalisme («Imagine qu'il n'y ait pas de pays»), attaquait la religion («Ce n'est pas difficile à faire, rien à tuer rien qui vaille de mourir et aucune religion non plus»), appelait à l'abolition de la propriété privée («Imagine plus aucune possession»)

Elle appelait à un nouvel ordre international («Je me demande si tu peux, pas besoin de cupidité ou de faim, Une fraternité humaine, Imagine tous les gens, partageant le monde») et plaidait pour un gouvernement mondial unique («Tu peux me traiter de rêveur, mais je ne suis pas le seul, j'espère qu'un jour tu nous rejoindras, et que le monde ne sera plus qu'un.») Lennon appelait à l'abolition de la propriété privée, mais a laissé à sa veuve japonaise un patrimoine de 250 millions de dollars.

## LE MEILLEUR DES MONDES

Dans son «*Retour au Meilleur des Mondes*», (1958) Aldous Huxley, un membre des instituts de réflexion financés par les banquier, décrit une société dans laquelle «le but premier des dirigeants est de chercher à éviter que leurs sujets ne s'émancipent.» Il y décrit un avenir probable : «Une société complètement organisée... l'abolition du libre arbitre par le conditionnement méthodique, la servitude rendue acceptable par l'administration de doses régulières de bonheur chimiquement introduite...»

Cette société est dirigée par des «agents de changement» que sont souvent les Féministes, les Marxistes, les Socialistes, les Libéraux ou des adeptes naïfs du New Age. Des auteurs comme H.G. Wells et Marilyn Ferguson les mentionnent dans «*The Conspiracy Open*» (1928) et dans «*The Aquarian Conspiracy*» (1980).

Ferguson écrit : «Les conspirateurs de l'ère du Verseau sont légions. Ils sont présent dans les grandes entreprises, les universités et les hôpitaux, dans les facultés des écoles publiques, dans les usines et les bureaux des médecins, dans les agences étatiques et fédérales, au sein des conseils municipaux, et du personnel de la Maison Blanche, dans les législatures des États, dans les organisations bénévoles, dans pratiquement tous les domaines de prise de décision politique du pays.»

Ces «progressistes» sont les produits d'une contre-culture qui les a dépouillés de tout bon sens et de toute morale.

# La CIA se trouvait derrière
# la culture de la drogue

Dans les années 1950, la CIA fit des expérimentations avec le LSD pour une utilisation au cours des interrogatoires et comme arme.

Dans les années 1960 elle a utilisé cette arme pour détourner les Américains idéalistes de la voie de la responsabilité sociale vers l'introspection et l'autosatisfaction, pour atteindre par exemple «la libération spirituelle.»

Ils ont neutralisé ma génération en tournant les activistes sociaux en des «enfants fleurs» et des défenseurs de la «paix et de l'amour».

Le mantra de l'époque était «déconnectez-vous, excitez-vous, et lâchez-vous.» Le prophète en était le psychologue Dr. Timothy Leary (1920-1996).

Leary travaillait-il pour la CIA? L'écrivain Mark Reibling a posé cette question au vieux gourou en 1994.

«Ils ne m'ont jamais donné un sou» a répondu Leary avec une expression douloureuse, et en évitant son interlocuteur.

En fait, Leary fut bien en mesure d'obtenir de l'argent de leur part, mais pas beaucoup. Quand je lui ai rendu visite aux environ de 1990, il était à court d'argent. Bien que n'étant pas un agent de la CIA, Leary était leur dupe. La CIA favorise les gens motivés qui ne sont pas conscient de la façon dont ils font avancer le programme du Nouvel Ordre Mondial.

Comme la plupart des agences de renseignement, la CIA ne représente pas les intérêts nationaux. Elle a été créée par les services de renseignement britannique et sert les banquiers centraux basés à Londres.

La CIA déclare avoir parrainé les radicaux, les libéraux et les gauchistes comme «une alternative au Communisme». Ce n'est pas vrai. Ils l'ont fait afin d'introduire le Communisme par une voie différente.

Les fonds et les drogues pour les recherches de Leary provenaient de la CIA. Dans son autobiographie, *«Flash-backs»* (1983), Leary crédite Meyer, le membre exécutif de la CIA qui finançait les libéraux de gauche de «l'avoir aidé à comprendre mon rôle politique et culturel plus clairement.»

Ailleurs, il déclare que la «CIA libérale» est la «meilleure Mafia avec laquelle on pouvait traiter au vingtième siècle.» (Ces références sont tirées de l'article de Reibling : «Leary était-il un agent de la CIA ?») Leary travaillait clairement pour la CIA mais faisait ce qu'il voulait – la mise au pas. Comme Leary, nous étions tous des dupes.

## UNE GÉNÉRATION DE MARIONNETTES

Lorsque j'étais enfant, j'avais l'habitude pendant la nuit de lire dans mon lit le TIME et NEWSWEEK du début à la fin. À l'âge de 12 ans, j'ai aidé à organiser des manifestations contre la faim dans le monde. A 14 ans, les manifestations étaient pour les droits civils des Noirs.

En 1964, alors que je concentrais mes efforts sur les droits civiques, j'ai remarqué que je dansais tout seul. Personne ne m'avait dit que le parti avait déménagé dans une autre pièce. Le Vietnam était désormais la «chose à la mode». C'était comme si quelqu'un (c'est à dire les médias contrôlés par la CIA) avait donné un coup de sifflet.

J'ai rejoint le mouvement croissant de l'activité anti-guerre. En 1968, après les assassinats de King et de Robert Kennedy, le mouvement anti-guerre fut dégonflé par la décision de LBJ de prendre sa retraite et par les passages à tabac à la convention démocrate de Chicago.

Puis, à l'unisson comme un troupeau d'oies, ma génération a abandonné le changement social, est devenu «aliénée» et s'est «tournée vers l'intérieur.» Peut-être que nous avions besoin de changer nous-mêmes avant que nous puissions changer le monde. Grace à la CIA, les drogues étaient abondantes et les mantras de Leary trouvèrent un écho dans les médias.

Bien qu'il se passa encore dix ans avant que je n'essaie la marijuana, j'ai connu la «Summer of Love» de l'auto-stop à travers le Canada en 1967. Peut-être qu'il était temps de «raccrocher» et de se concentrer sur des choses personnelles. Les années 1970 devinrent la «Décennie du Moi». Le troupeau avait suivi les éleveurs.

## LE LSD

Bien que je n'aie jamais essayé le LSD, j'embrassais la vision utopique de Timothy Leary et d'Aldous Huxley. Avec un appareil de justification considérable, ils croyaient que «l'élargissement de l'esprit» provenant de la prise de drogue pouvait offrir une expérience visionnaire authentique et révéler le potentiel spirituel de l'humanité. Au cours des expériences, les étudiants en théologie vivaient des révélations changeant leur vie ; des alcooliques étaient guéris. Pendant des millénaires, de nombreuses cultures ont utilisé les drogues pour promouvoir la spiritualité.

Au Mexique, Leary avait pris des champignons magiques. «Ce fut avant tout et sans aucun doute la plus profonde expérience religieuse de ma vie. J'ai découvert que la beauté, la révélation, la sensualité, l'histoire cellulaire du passé, Dieu, le diable, se trouvent tous à l'intérieur de mon corps, hors de mon esprit.»

Cette vision utopique du LSD fut mise en pratique au plus haut niveau du gouvernement des États-Unis. En 1963, l'ex-épouse de Cord Meyer, Mary Pinchot Meyer, a présenté le LSD au président John F. Kennedy. Marie s'en remettait à Leary pour l'approvisionnement et les conseils.

En décembre 1963, Meyer appela Leary et lui confia qu'ils avaient tué JFK parce qu'«ils ne pouvaient plus le contrôler. Il changeait trop vite. Ils ont tout dissimulé. Je le crains. Soyez prudent.» En octobre 1964, elle fut assassinée.

## MON WEEK-END AVEC TIMOTHY LEARY

J'étais affublé d'un sérieux cas de culte du héros lorsque j'ai visité Timothy Leary dans les années 1990. Je l'avais contacté par le biais de son éditeur et il m'a téléphoné. Je voulais savoir si la vision utopique représentée par Leary était encore vivace.

J'ai été déçu. A cette époque, Leary était fixé sur les avantages des «autoroutes de l'information». Sa table était encombrée d'alcool. Il m'a dit que sa «vision de Dieu» était représentée dans la dernière scène du livre de William Gibson «*Neuromancien*».

«A la fin du monde, toutes les informations stockées sur tous les ordinateurs s'échapperont dans le cyberespace et se mêleront» me dit-il. «C'est cela Dieu».

Magnifique, pensais-je. Toutes ces réservations aériennes se mêlant ensemble.

Au cours du déjeuner, j'ai essayé de lui rappeler sa vision originale : l'utilisation de médicaments pour éveiller notre potentiel spirituel et devenir plus semblable à Dieu dans notre comportement.

«Que crois-tu que Dieu soit?» Ricana-t-il. «Un vieil homme avec une barbe?»

Les prophètes perdent parfois leur vision. Je pense que c'est ce qui s'est passé avec Leary. Mais il était très généreux de son temps et de son hospitalité. Il était un idéaliste authentique.

Je l'ai convoyé autour de Los Angeles dans ma voiture de location. Il était figurant dans un clip fait par un obscur groupe. Il venait de gagner 300 $. Il vivait dans une belle maison, mais n'était pas riche. Je l'ai emmené voir le premier mariage de sa fille. Elle vivait dans des logements publics dans la vallée.

## CONCLUSION

Les effets de la marijuana et du LSD varient énormément. Selon les individus, le cadre et la qualité, les gens peuvent expérimenter des résultats positifs ou négatifs. Pour beaucoup, il peut devenir une dépendance ou une diversion sans aucune signification. D'autres ont pu échapper à la boîte étouffante du matérialisme moderne et découvrir leur patrimoine spirituel. Il a représenté pour certains une passerelle vers la religion. Dans mon cas, la marijuana a confirmé le message du Christ que Dieu est Amour.

Mais un trop grand nombre ont renoncé à la protestation et au changement social. Ils estiment que «la lutte contre les ténèbres» les «tirent vers le bas». Pour moi, le détachement du monde était un vide dans lequel je flottais pendant des années. Je crois maintenant en la Voie du Service. Nous avons été placés ici-bas pour faire le travail de notre Créateur. Nous devenons des êtres humains en devenant les agents de Dieu dans les grandes affaires et les petites.

Ils ne s'attendaient pas à ce que beaucoup d'entre nous trouvent Dieu. Nous étions leurs marionnettes. La culture populaire est la plupart du temps de la propagande et de l'ingénierie sociale. L'environnement, le féminisme, la diversité, et tout le reste. Les banquiers tirent les ficelles. Dans le cas de la culture de la drogue, ma génération est devenue auto absorbée et complaisante.

# Les Juifs libéraux, le sexe et le Nouvel Ordre Satanique

Né en 1949, mon époque correspond à une campagne massive d'ingénierie sociale de la part des élites satanique pour détruire l'institution du mariage et la famille.

Cela a été fait en séparant le sexe à la fois de l'amour et du mariage (la libération sexuelle) et en enseignant aux jeunes femmes à rechercher le sexe et la carrière au lieu du mariage et de la maternité («féminisme».) Ils ont utilisé les médias pour faire croire aux gens qu'un comportement autodestructeur est avancé et «cool».

La reproduction est une entreprise très délicate. Si vous voulez que les enfants naissent et grandissent correctement, les hommes et les femmes doivent apprendre à se consacrer au mariage et à la famille. Les jeunes filles ayant des rapports sexuels au hasard, souvent les unes avec les autres, ne seront pas des épouses fidèles ou de bonnes mères.

### LES JUIFS LIBÉRAUX & LA LIBÉRATION SEXUELLE

Une juive libérale de New York, comme Norma Klein n'avait probablement aucune idée qu'elle faisait avancer l'ordre du jour satanique Sabbatéen dans les années 1970 et 1980, quand elle enseignait aux adolescents à avoir des relations sexuelles. Comme auteur de 30 livres, elle a pensé qu'elle libérait les jeunes des chaînes de la superstition religieuse.

Je parie qu'elle ne savait pas que les Sabbatéens sont un culte sexuel, prônant le sexe avant le mariage, l'échangisme et les orgies faisant partie de leur dogme. La plupart des Juifs libéraux sont inconscients du rôle Luciférien qu'ils jouent en faisant un pied de nez à ce qui est naturel, sain et convenable.

Dans un article récent, «Shpilkes des Ados» [terme yiddish pour l'anxiété] Eryn Loeb a revisité cette influence majeure sur sa vie et a été frappé, non pas par le porno, ou la vulgarité, mais par la «judéité omniprésente» des travaux de Klein. Ils se concentrent entièrement sur «les Juifs laïques... souvent des professeurs ou des écrivains, des types progressistes amicaux qui ... connaissent tous *les joies du sexe*» et sont heureux de discuter de son contenu avec leur progéniture précoce... Il y a des liaisons, des divorces, des avortements, des féministes ardents, des personnages gays et beaucoup de sexe – le tout dépeint avec la désinvolture et l'honnêteté caractéristique de Klein à une époque où la quasi-totalité de ces choses étaient destinés à susciter une polémique.»

Par exemple, «*Domestic Arrangements*» (1981) dépeint Tatiana Engelberg âgée de 14 ans détaillant son éveil sexuel : «Papa prend tout mal ce qui est probablement pourquoi il est devenu si hystérique lorsqu'il a trouvé Josué et moi en train de baiser dans la salle de bain à quatre heures du matin».

Dans «*Beginner's Love*» (1983) Leda Boroff, 17 ans, tombe enceinte et considère l'avortement par rapport à l'adoption. «Il n'y a pas beaucoup de bébés juifs... Je pourrais sans doute le vendre pour l'équivalent des frais de scolarité d'une année à Yale.»

Norma Klein a grandi à New York parmi des «juifs de gauche extrêmement libéraux». Son père était un psychanalyste et dans sa maison «Freud avait remplacé Dieu, en qui [son] père avait décidé dès le début qu'il ne croyait pas.»

Tout est dit. Les Juifs libéraux de gauche vont construire un ciel de leur propre conception sans Dieu (et sans tenir compte de qui que ce soit.) Dieu interférerait avec leur capacité à faire ce qu'ils veulent, en particulier en ce qui concerne le sexe.

Les Juifs libéraux sont des humanistes, ce qui signifie qu'ils font des hommes comme Freud leur dieux et du sexe leur Saint Graal. Ils sont Lucifériens et ne le savent même pas.

### CONTRASTE

Comparons la position «juive» ou laïque ci-dessus au point de vue Catholique de Vic Biorseth.

Biorseth écrit :

«L'idée reçue de la civilisation occidentale, tout au long de son histoire bimillénaire, est que l'objectif principal du sexe est la procréation, et le but principal social et spirituel du sexe est la fondation d'une famille. Il est donc réservé au mariage, au sein duquel le sexe a un autre but, d'être le lien de l'homme et la femme, la formation de la «colle» sociale qui lie les parents plus fortement les uns aux autres pour former la base solide de l'unité familiale.»

Je ne suis pas d'accord avec son opposition à la contraception. Cependant, il est clair pour moi qu'une femme qui se consacre à son mari est plus susceptible d'avoir un mariage réussi que celle qui a eu 20 amants en atteignant 19 ans. Le sexe libre est l'ersatz de religion de notre temps visant à saper nos institutions sociales et l'humanité.

Le sexe sans amour est comme un corps sans âme. Il s'agit d'un rejet de notre véritable identité soit notre âme, qui est notre lien avec Dieu. L'intimité physique sans l'intimité émotionnelle est autodestructrice. Quand il y a de l'amour, il y a de l'engagement.

C'est incroyable de voir à quel point nous sommes obsédés par la pureté des aliments, l'exercice et l'air sain, mais ne nous soucions pas de la pornographie omniprésente, de la promiscuité, du chaos et du Satanisme répandu dans les médias. «L'homme ne vit pas seulement de pain.»

Le sexe sans amour est une négation de Dieu et de notre humanité. C'est pourquoi le livre de Klein s'appelle «*It's OK if you don't love me.*» («Ça va si tu ne m'aimes pas»). Nous pouvons quand même avoir des relations sexuelles.

# Le Porno - Regarder des prostituées maltraitées et droguées

*(Écrit pour HenryMakow.com par David Richards, 22 ans, un citoyen du Royaume-Uni enseignant l'anglais en Chine. Voir son commentaire personnel à la fin.)*

### AVERTISSEMENT! CONTENU CHOQUANT

Shelley Lubben (en haut) estimait qu'elle était prête à tourner son premier film porno. Elle était dans un état de choc : «Quand je suis entré, c'était comme si une sombre onction satanique venait de tomber sur moi. C'était effrayant, il faisait sombre, c'était étrange, et ça ne ressemblait en rien à la prostitution. Je savais que j'étais dans le territoire du diable, que c'était la dernière frontière de Satan.»

Pendant le petit rituel satanique qui s'en suivit, elle toucha le fond : «J'ai vendu ce qui restait de mon cœur, de mon esprit et de ma féminité à l'industrie du porno et la femme en moi mourut complètement sur le plateau.»

Alors quelque chose de remarquable commença à se produire ; l'instinct de survie de Shelley se réveilla et elle renoua avec le Dieu Chrétien de son enfance et, après avoir pris une période de réadaptation pour se remettre de son calvaire, elle commença une croisade pour révéler la réalité de la pornographie.

Elle s'est révélée au public comme une figure charismatique dans le style télévangéliste, racontant sa vie d'une manière confessionnelle. Le cœur de son opération est la «Croix Rose», un organisme de bienfaisance favorisant le militantisme farouche.

Le travail de Shelley fait état d'une vérité absolue ; derrière tout ce mince voile de glamour, derrière lequel elles se dissimulent : les stars du porno sont des prostituées.

### MOTIVATION

Les Stars du porno ont rarement la vocation de l'exhibitionnisme sexuel. Avec la pauvreté et les familles brisées, les abus durant l'enfance sont très courants.

Shelley déclare : «Beaucoup d'actrices sont victimes d'abus sexuels, de violence physiques et verbales et de la négligence de leurs parents. Certaines ont été violées par des parents et molestées par des voisins. Quand nous étions petites filles, nous voulions jouer à la poupée et être des mamans, non pas avoir de grands hommes effrayants s'allongeant sur nous. Donc, on nous a enseigné à un jeune âge que le sexe nous rendait précieuses.»

Souvent, ce sont des adolescentes fugueuses captées par des proxénètes. Elles n'échappent à un cercle de violence que pour entrer dans un autre, elles ne peuvent s'éloigner de la douleur alors elles s'y précipitent. Rapidement pendant quelques années puis elles se retrouvent zombifiées, ivres et droguées sur un plateau de tournage porno pour revivre le même abus dont elles furent victimes en grandissant.

Shelley poursuit : «Nous revivons alors les mêmes violations horribles que nous avons subies en effectuant ces choses pour vous en face de la caméra. Et nous en détestons chaque minute.»

## LA BRUTALITÉ

La brutalité de la plupart des vidéos porno est évidente pour quiconque en a vu une. Le film typique se résume à un ou plusieurs gars énormes sous stéroïdes ayant des rapports sexuels violents avec une fille.

Les usagers du porno ne voient seulement qu'un film bien édité. Ils ne voient pas ce qui se passe dans les coulisses ; les filles qui pleurent et vomissent parce qu'elles ne peuvent pas gérer les actes hardcore qu'on attend d'elle. Jersey Jaxin explique ce qui les attend sur le plateau : «Les gars vous frappent au visage. Vous avez le sperme de nombreux gars sur tout votre visage, dans vos yeux. Vous vous faites violer. Vos entrailles peuvent se vider. Ça n'en finit jamais.»

La première prestation d'une fille à la caméra peut être horrible. Elle est désorientée sous les lumières et le sexe est scandaleusement violent. L'expérience s'apparente davantage à un viol de la part d'un étranger qu'à une relation sexuelle agréable. C'est ainsi que Geneviève décrit sa première scène :

«C'était l'une des pires expériences de ma vie. C'était très effrayant. C'était une scène très dure. Mon agent ne m'a pas averti à l'avance... Je l'ai fait et je pleurais et ils ne s'arrêtaient pas. C'était vraiment violent. Ils me frappaient. Ça faisait mal. Ça m'a fait plus peur qu'autre chose. Ils ne voulaient pas s'arrêter. Ils ont juste continué.»

## LA DROGUE

Les relations sexuelles que vous voyez dans le porno sont un mensonge ; des drogues pour améliorer la performance sexuelle sont utilisées sur le plateau. «Il y a beaucoup de drogue. Ils utilisent du Viagra. Ça n'est pas naturel. Les filles sont sous Xanax et Vicodin, d'après Sierra Sinn. Pas étonnant que les scènes soit si vicieuses.

Peut-être qu'il devrait y avoir un avertissement au bas de l'écran notant quels sont les médicaments utilisés par les artistes interprètes ou exécutants : Gary est sous Viagra et coke. Candy a bu une demi-bouteille de Jack Daniels puis fumé du crack. Régalez-vous avec le film.

La plupart des stars du porno prennent de la drogue, en fait, elles font souvent des films pour se payer leur addiction. Les filles sont traumatisées et se shootent pour engourdir leur douleur, comme Brat Becca vous le dira : «Je traînais avec beaucoup de gens dans l'industrie pour adulte, tout le monde des filles sous contrat aux actrices gonzo. Tout le monde a les mêmes problèmes. Tout le monde est accro aux drogues. C'est un mode de vie vide essayant de combler un manque.»

## LA MALADIE

Il ne faut pas s'étonner que les maladies sexuelles atteignent un niveau pandémique dans l'industrie du porno. Avec la chlamydia, la gonorrhée, et l'herpès étant passé d'exécutant à un exécutant, il y tout un arrière-plan maladif sur un tournage pornographique. En fait, ils servent souvent de laboratoires pour la création des toutes nouvelles maladies sexuelles, telles que le nouvel herpès de la gorge.

Lorsque la maladie est ajouté à la nature déjà traumatisante d'être une actrice porno, cela peut devenir trop, comme l'a découvert Tamra Toryn : «J'ai attrapé une forme modérée de dysplasie du col utérin et plus tard ce jour-là, j'ai aussi découvert que j'étais enceinte. Je n'avais qu'un seul choix celui d'avorter lors de mon premier mois. C'était extrêmement douloureux physiquement et émotionnellement. Lorsque tout fut terminé, j'ai terriblement pleuré.»

La plupart des acteurs développent une forme incurable de maladie sexuelle au cours de leur carrière et certaines sont mortelles, le sida est encore très répandu dans l'industrie. Chaque fois qu'un acteur passe devant la caméra, il joue à la roulette russe avec sa vie.

Il n'y a rien de propre en ce qui concerne le porno, il s'agit de prostituées malades ayant des rapports sexuels avec d'autres prostituées malades.

Il est incroyable de se rendre compte qu'il est devenu la norme pour les jeunes hommes de grandir en regardant des vidéos de femmes maltraitées pour leur amusement. Tout cela est légitimé par le silence des médias, du système éducatif et des groupes religieux, qui le dénoncent rarement.

Une habitude de la pornographie peut terriblement polluer l'image qu'un homme a de la femme et du sexe. Il va devenir cynique et croire que toutes les bonnes qualités d'une belle fille masquent sa véritable essence : la prostituée qu'il voit à l'écran.

Shelley était cette fille sur l'écran. Ça l'a presque tuée. Ce qui l'a sauvé fut son élévation spirituelle lui ayant permis de juger du bien et du mal. Lorsqu'elle prit conscience du démon de la folie furieuse à l'œuvre dans l'industrie du sexe, elle eut finalement la force de la quitter.

-----

*Témoignage personnel de David* : «Ma génération a été conditionnée à accepter le porno dès son plus jeune âge... À l'école primaire Je me souviens même de mes camarades de classe détenant des revues et téléphonant à des serveurs pour adulte. Puis, grandir en regardant du porno en ligne, à partir de 15 ans, tout ça jusqu'à l'université, était normal pour tous les gars de mon âge.

Tout cela était normal à mes yeux. Ce qui a fait sonner la sonnette d'alarme, c'est que je suis allé à une université avec un large éventail d'étudiants étrangers et ai rencontré des filles d'Inde, du Kenya, de Chine, du Japon, du Ghana et ainsi de suite et elles étaient très différentes. Elles étaient plus chaleureuses, plus douce et attentionnée que les filles anglaises et pensaient que les anglais se comportaient comme des animaux sexuels. J'ai donc dû comprendre pourquoi nous étions comme ça, et le porno est la principale raison. Je suis sorti avec une jeune chinoise, elle était prévenante et supposait que nous serions toujours ensemble, pour ma génération c'est un mode de pensé de dinosaure, mais lorsque j'étais avec elle j'ai soudain senti une énorme stabilité pour la première fois dans ma vie. Elle prenait soin de moi et m'aimait quoi qu'il arrive, et je me sentais libre de me concentrer sur mes deux grandes passions, la politique et la musique. J'ai alors réalisé à quel point la pornographie et le manque de relations stables rendaient trop d'hommes obsédés par le sexe pour se concentrer sur quelque chose d'important. J'en suis donc venu à la conclusion que la pornographie était une attaque contre nous.»

# Le message Satanique du Rock

Récemment *NBC Dateline* a relaté l'histoire de deux adolescents américains moyens qui ont assassiné et découpé un ami, mettant les parties du corps dans un sac poubelle et les cachant dans un égout. (La vidéo de Dateline *Tout a commencé comme un drame de l'adolescence*).

L'annonceur, les parents et l'assistance ont secoué leurs têtes et ont dit : «Comment ont-ils pu faire cela ?»

J'étais trop abasourdi. Après avoir regardé quatre DVD de présentation de dix heures sur l'ordre du jour satanique

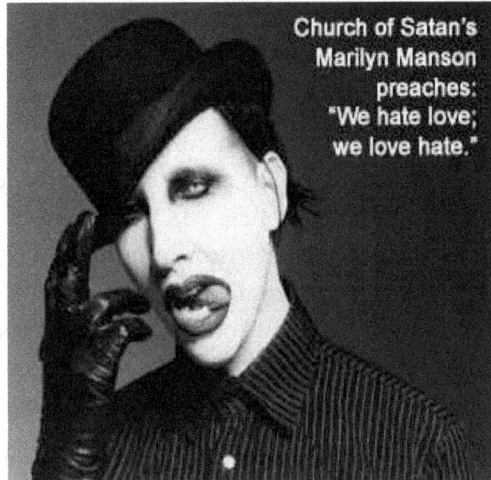

Church of Satan's Marilyn Manson preaches: "We hate love; we love hate."

véhiculé par la musique des jeunes, j'ai trouvé la réponse. Aussi incroyable et bizarre que cela puisse paraître, la jeune génération est intronisée au satanisme. Il est leur ait appris à assassiner, à violer et à haïr la société en général, et en particulier les Chrétiens et le Christianisme.

Intitulée *Ils ont vendu leur âme au Rock and Roll,* le DVD expose de façon convaincante qu'épouser le satanisme est le prix du succès dans l'industrie musicale. En commençant par les racines du Rock and Roll, jusqu'au Heavy Metal, au Gothique, le Grunge et le Rap, ce documentaire révèle que de nombreux musiciens célèbres se considèrent effectivement comme des évangélistes pour Satan et disent qu'ils tirent leur pouvoir de lui. Ils ont littéralement vendu leurs âmes au diable, et leur objectif principal est de nous entrainer à faire la même chose. Le réseau MTV sert ce programme.

Produit par «Fight the Good Fight Ministry» le DVD analyse les paroles, des interviews et des pochettes d'albums de plus de soixante superstars. L'endossement constant des idées satanistes d'Aleister Crowley, d'Anton LaVey (Howard Levey) et de Madame Blavatsky, et leur inclusion dans la pochette de l'album d'une imagerie satanique familière, fait partie d'un programme délibéré de l'élite. La liste des artistes exposés comprend les Beatles, les Rolling Stones, Michael Jackson, Madonna, Led Zepplin, Kurt Cobain, Marilyn Manson et Eminem. Vous pouvez en voir des extraits en ligne. Je vous recommande de regarder Cobain, Manson et Eminem.

Cet extrait de «DÉMONS» de Rigor Mortis est typique du Heavy Metal :

«Nous venons hurlant à travers vos organes
Violer votre âme impuissante
Vous transformant en une créature
Impitoyable et froide
Nous vous forçons à tuer votre frère
A manger son sang et son cerveau
Déchiqueter sa chair et sucer ses os
Jusqu'à ce que tout le monde soit fou
Nous sommes la pestilence contaminée
Qui prévaut au sein des légions démoniaques»

Le DVD explique comment la musique est le moyen de lavage de cerveau et de contrôle de l'esprit le plus efficace, surtout si le public pense qu'il est à l'écoute de forme d'expression spontanée. Le DVD repère le message satanique «Fais ce que tu veux» dans beaucoup de chansons prônant le sexe libre, les drogues, la violence, l'assassinat et le chaos. Vous êtes Dieu! Vous pouvez faire ce que vous voulez! Il n'y a pas d'ordre moral. Les scènes des concerts de rock rappellent froidement les rassemblements Nazi à Nuremberg. Alors bien sûr il y a les signes «du bouc cornu» que les fans reproduisent sans savoir qu'il s'agit d'un signe d'allégeance à Satan.

L'endossement éhontée du mal soulève la question : pourquoi est-ce que les plus grandes entreprises du monde véhiculent ce poison? Pourquoi est-ce que le moindre épinard mal calibré est intercepté, mais cette saleté toxique est véritablement pompée dans les esprits et les âmes de millions de jeunes sans méfiance?

Le cartel Illuminati des banques centrales contrôle ces sociétés. Son but est la «Révolution», c'est à dire le «Communisme», la dictature mondiale des banquiers et la destruction de la Civilisation Occidentale. Ils ont besoin de traduire leur contrôle du crédit de notre gouvernement (la capacité à imprimer de l'argent) en un contrôle total. C'est pourquoi l'opposition à des éléments socialement destructeurs (par exemple la promotion de l'homosexualité) n'est PAS tolérée, mais la haine vicieuse à l'égard des Chrétiens et la société en général est non seulement acceptable, mais en fait financée par eux.

«La Chrétienté est notre seul véritable ennemi puisque les phénomènes politiques et économiques des états bourgeois n'en sont que ses conséquences», a expliqué Christian Rakovski, un membre des Illuminati dans le document la «Symphonie Rouge».

Le DVD révèle que les tireurs de Columbine connaissait les paroles des groupes satanistes par cœur, et agissaient littéralement sous leurs instructions. Ils ont délibérément ciblé les étudiants Chrétiens, mais le terme de «crime de haine» ne s'applique apparemment pas aux chrétiens.

La victime étudiante Cassie Bernall fut forcée de rejeter Dieu afin d'avoir la vie sauve. Elle a refusé. Elle est une Sainte, mais il est peu fait mention d'elle dans les médias Illuminati.

«Comment est-ce possible?» entonnait Tom Brokaw. D'une main, les médias de masse prétendent être choqués, et de l'autre ils enseignent aux enfants à tuer.

De même, les médias et le gouvernement prétendent éradiquer les prédateurs d'enfants tout en faisant en même temps la promotion de groupes de rock qui encouragent les enfants à avoir des relations sexuelles. Le DVD montre une «Spice Girl» en train de chanter une sérénade prônant l'auto-abandon à une fillette de six ans. Il montre des adolescentes de 14 ans ressemblant à des prostituées qui admettent que les orgies sexuelles de groupe sont monnaie courante.

## LE LAVAGE DE CERVEAU

Les Illuminati ont commencé innocemment dans les années cinquante et soixante, exhortant les jeunes à défier l'autorité et à s'adonner à leur libido. Nous ne soupçonnions alors pas que «Sergeant Pepper» faisait référence au sataniste et agent du MI-6 Aleister Crowley et que l'étiquette des Beatles EMI signifiait «Instruments Electriques et Mécaniques» l'un des plus grands industriel de matériel de guerre de la Grande-Bretagne.

Nous ne savions pas que l'industrie de la musique est contrôlée par la pègre, et que de nombreux artistes sont endoctrinés et drogués, et vivent dans la peur. Nous ne soupçonnions pas que leur message rebelle faisait avancer la stratégie du «diviser pour régner» des Illuminati. Ou que leurs prescriptions de vie nous rendraient dysfonctionnels et ruineraient nos vies.

Dans une large mesure, nos vies sont façonnées par la culture populaire. Nous sommes nourris à la cuillère de nos idées et nos croyances au lieu d'apprendre à appliquer notre bon sens et notre expérience. Nous sommes des souris dans le laboratoire de quelqu'un d'autre. Le «quelqu'un d'autre» est un disciple de Satan.

La société ne peut éviter Dieu et faire semblant d'être neutre et laïque. Dieu est synonyme des idéaux spirituels universels : la vérité, l'amour et la justice. Vous ne pouvez pas éteindre la lumière sans être entouré par les ténèbres.

Ne vous laissez pas berner. Les gens qui retirent les Dix Commandements des bâtiments publics les remplacent par des veaux d'or et des autels sacrificiels.

# Baiser les mamans pour la fête des mères – Vu sur NBC «Saturday Night Live»

A la veille de la Fête des Mères, la satire phare de NBC «Saturday Night Live» a fait un clip intitulé «Mother Love», dans lequel Justin Timberlake et Adam Samberg, s'extasiait sur le fait d'avoir des relations sexuelles chacun avec la mère de l'autre. Les actrices Susan Sarandon et Patricia Clarkson jouaient les mères séduisantes, indiquant comment les acteurs sont maintenant des agents de la subversion Illuminati.

Les paroles parlent de la souffrance de maman, «depuis que papa est décédé» - «Nous devrions chacun baiser la mère de l'autre.» «Il me tarde de baiser ta mère.» «Ce sera un honneur de devenir ton beau-père.»

«Attends/Tu penses à ce que je pense/Je pense que j'y pense aussi», «Ralenti/Quelle heure est-il, mon chien? /C'est l'heure de faire un échange/Nous aimons tous les deux nos mamans/Des femmes avec des besoins de femmes mures/Je propose qu'on s'en occupe, qu'on leur montre tout ce qu'elles signifient vraiment.»

«Je suis un *motherlover,* tu es un motherlover/Nous devrions chacun baiser la mère de l'autre» chantent la paire en parfaite harmonie, tout en regardant vers leurs manipulateurs au-delà de la caméra. «Parce que la journée des mère a aussi besoin d'une nuit/ Si le faire est déraisonnable, je ne veux pas avoir raison.»

Cette obscénité est une agression brutale haineuse sur la psyché américaine. Pourtant, elle est passée largement inaperçue alors que l'Amérique s'est demandé si Wanda Sykes avait tort de souhaiter que Rush Lim-Baugh soit mort. Cette satire révoltante dit aux téléspectateurs que le sexe est en libre-service, et que la décence humaine, la dignité et la famille peuvent être foulées aux pieds impunément. Il s'agit de créer de nouvelles normes sataniques, et illustre comment les «libéraux» et les «progressistes» sont liés au satanisme.

SNL est produit par Lorne Michaels (Lorne David Lipowitz) depuis 1975. Je suppose que nous devrions être reconnaissants que la vidéo ait évité l'inceste, mais c'est en bonne voie. Les pervers qui dirigent les médias ont un problème lié au sexe avec leur maman.

D'autre part, il y a de rares exceptions. Le récent film «17 Again» défend les valeurs familiales et illustre la façon dont Hollywood aurait pu avoir une influence positive.

### LE SEXE EST L'ARME DES ILLUMINATI

La société occidentale est secrètement dirigée par une secte satanique, les Illuminati depuis des centaines d'années. La disparition progressive du Christianisme et le triomphe de la «laïcité» ne sont que des étapes vers l'inauguration du satanisme comme nouvelle religion mondiale. (Le satanisme n'est pas vraiment une religion, parce que Satan remplace Dieu. Une religion, par définition, consiste à obéir à Dieu.)

L'objectif des Illuminati est de contrôler totalement et de dominer tous les êtres humains. Après la guerre et la dette, le sexe est leur arme principale pour la dégradation et l'esclavage de l'humanité. Il y a une filiation directe entre le sketch «Mother Love» sur SNL et la torture sexuelle et le viol des prisonniers d'Abou Ghraib. Les deux sont conçus pour dégrader, déshumaniser et asservir.

Le sexe neutralise les masses politiquement. Quand les gens sont obsédés par leurs organes génitaux, ils ne se demandent pas qui détient le pouvoir. Les dirigeants peuvent être manipulés par leurs peccadilles sexuelles. «A mesure que la liberté politique et économique diminue, la liberté sexuelle a tendance à augmenter», a écrit Aldous Huxley.

La culture occidentale est une opération de manipulation psychologique, contrôlée par le système éducatif et les médias Illuminati. La «révolution sexuelle» a été promue pour détruire le tissu social et nous asservir. Les êtres humains ont tendance à expérimenter ce qu'on leur dit de souhaiter. Nous sommes endoctrinés par d'innombrables chansons et films pour croire que le sexe (et l'amour romantique) sont le Saint Graal. Nous sommes poussés à imiter le comportement de promiscuité des homosexuels se mariant rarement et n'ayant pas d'enfants.

Dans le numéro actuel (11 mai 2009) du *The New Yorker,* il y a un article sur Helen Gurley Brown, qui enseigne aux jeunes femmes à avoir des relations sexuelles en dehors du mariage. Le critique écrit : «Dans tout ce que Brown a écrit ou édité, elle a favorisé le message que le sexe est génial, et que l'on devrait s'y adonner autant que possible. (Idem pour l'argent.) Presque tout le monde le sait et l'a toujours su, mais dans la jeunesse de Brown, peu de femmes l'admettaient... » (p.100)

Vous voyez le lavage de cerveau qui est à l'œuvre? Tout le monde veut être «à la page». Leurs médias vous disent «tout le monde sait» que le sexe est la meilleure chose qui soit.

Les tendances sociales sont pour la plupart de l'ingénierie sociale. La réalité sociale est socialement créée. La conformité crée des normes et les limites peuvent être déplacées progressivement.

## LA RÉALITÉ

Jusqu'à la «révolution sexuelle» (1960) la plupart des hommes et des femmes étaient tout à fait en mesure de limiter le sexe au mariage. Cela permettait que les femmes ne soient pas exploitées sexuellement et que les enfants soient élevés dans un environnement émotionnellement et financièrement stable. Les jeunes enfants sont vulnérables et ont besoin de toute l'attention d'au moins un parent aimant. Les mères ont besoin de maris pour les soutenir tandis qu'elles élèvent les enfants. Les hommes et les femmes sont moins susceptibles de rester ensemble si le sexe est disponible librement.

Lorsque l'institution du mariage est compromise, tout le monde est sexualisé – la grand-mère, la maman, la petite sœur. Tout le monde est potentiellement «baisable».

Le sexe moderne est de la nécrophilie dans le sens où le partenaire sexuel est juste une commodité et non pas un être humain. Il/elle pourrait tout aussi bien être un cadavre.

Au cours des 50-200 dernières années, les Illuminati nous ont lavés le cerveau pour considérer le mariage et la famille sous un jour négatif. Il est très difficile de trouver des images positives dans les médias institutionnels. Ce n'est pas un hasard.

Le désir sexuel est en grande partie créé par la culture. Il a aujourd'hui prit des proportions énormes. La nature a produit l'attirance sexuelle afin que nous nous reproduisions, pas pour passer nos vies à courir après. - Le poète Philip Larkin a écrit :

*Les rapports sexuels ont commencé en 1963*
*(Ce qui était un peu tard à mes yeux)*
*Entre la fin de l'interdiction de Chatterley*
*Et la première LP des Beatles*


## LE MONDE DE WEISHAUPT

Rappelez-vous quand l'expression «la maternité et la tarte aux pommes» se référait à quelque chose de pur et d'inattaquable? Nous avons vu ce qu'ils ont fait à la maternité. La tarte aux pommes n'a pas été épargnée non plus. Dans le film «American Pie», le protagoniste se masturbe dans une tarte aux pommes. Voyez-vous comment aucun symbole de ce qui est sain et innocent n'est épargné? Voyez-vous comment cela est satanique? Voyez-vous comment ils utilisent le sexe comme arme pour tout dégrader?

E. Michael Jones a écrit un livre de 650 pages sur l'utilisation du sexe pour le contrôle politique. Il est appelé *«Libido Dominandi»*, ce qui signifie «La Domination par le Désir». Il dit ceci à propos du fondateur des Illuminati :

«[Adam] Weishaupt voulait entourer «les puissants de cette terre» [c'est à dire les banquiers kabbalistes] avec une légion d'hommes qui géreraient les écoles, les églises, les académies, les librairies et les gouvernements, en bref un cadre de révolutionnaires qui influenceraient toutes les instances du pouvoir politique et social, et permettant ainsi sur le long terme d'éduquer la société aux idées des Lumières.» (p.17)

C'est notre monde d'aujourd'hui. Les Illuminati sont une secte satanique vouée à supplanter Dieu (c'est à dire l'ordre naturel et spirituel de l'univers) par la volonté des banquiers kabbalistes. Ce complot bizarre est proche de sa consommation.

# La descente dans la dépravation
# des médias américains

Beaucoup de programmes de télévision d'aujourd'hui auraient été considérés comme obscènes il y a 20 ans. Ils présentent un comportement scandaleux et choquant comme s'il était normal, ce qui crée une dissonance cognitive. Ainsi, ils nous conditionnent à accepter la dépravation comme la nouvelle norme sociale.

Jeudi à 20 heures, je me suis assis avec ma femme pour regarder une de ses émissions préférées sur NBC «My Name is Earl», mettant en vedette Jason Lee.

Ma femme aime cette émission car elle traite de la morale ou du «karma». La prémisse est qu'Earl a une liste de gens auxquels il a fait du tort et il croit qu'il sera récompensé s'il fait justice à chacun.

L'épisode de jeudi a pu n'être qu'un écart, mais il m'a laissé bouche-bée ! Il s'agissait d'une attaque sournoise du type que le sénateur Jesse Helms a appelé la «guerre psychologique systématique» que les Rockefeller mènent contre le peuple américain.

L'acte fautif : Earl a eu des rapports sexuels avec la mère de son bon ami Ralph.

Rétrospective : Lui et Ralph font partie d'un groupe de musicien. Un soir, après un concert, ils faisaient la fête à la maison de Ralph avec quelques groupies féminines. La mère de Ralph servait des carrés de riz croustillants. Tout le monde ne portait rien d'autre que ses sous-vêtements.

Finalement, le groupe s'est réparti par paire pour avoir des relations sexuelles. (La nouvelle norme?) Toutefois la partenaire d'Earl s'était endormie. Aucune inquiétude. La mère de Ralph, une femme dans la cinquantaine, s'est offerte à Earl et il était trop ivre pour résister.

Le singe voit, le singe fait. Dites-moi que je suis vieux-jeu, mais cette représentation dégrade notre image de la maternité et de la famille, quelque chose que les médias de masse appartenant aux Illuminati veulent faire. Lorsque la maternité est dégradée, nous sommes tous dégradés.

Les lecteurs m'informent que souvent les thèmes récurrents à la télévision sont l'inceste, le sexe intergénérationnels et gay-lesbien et même la bestialité.

Ralph décide de tuer Earl et donne à son ami 12 heures pour régler ses affaires.

Earl en appelle à la mère de Ralph. Bien sûr, elle va parler à son fils, Ralph va faire quelque chose pour elle, mais, en retour, Earl devra fournir des services réguliers comme palefrenier.

Vous êtes prié de ne pas confondre cela avec un film porno. Cela passe en prime time à la TV regardée par les enfants et leurs parents.

Earl refuse. Résigné à son sort, Earl rend visite à ses parents pour dire au revoir. À sa grande surprise, il trouve Ralph seul avec sa propre mère. Ralph ne porte rien d'autre qu'un peignoir. (Il renversé un peu de jus de tomates sur son pantalon.) Ralph a déterminé qu'il peut éviter de tuer Earl en ayant des relations sexuelles avec sa mère. Lorsque la mère d'Earl se penche pour ramasser quelque chose, Ralph fait des gestes suggestifs. Earl est apparemment si moralement compromis, il ne peut pas intervenir. (De même, je me demande si quelqu'un a exprimé son dégoût à NBC.)

Hors caméra, Ralph pelote les seins de la mère d'Earl. Troublée, elle se précipite et quitte la maison. Ralph décrit comment il est arrivé derrière elle et l'a touché par surprise.

Ralph détermine maintenant qu'Earl peut vivre s'il épouse sa mère. Le mariage a lieu et Earl devrait le consommer. N'ayant pas bu, il ne veut pas.

Les choses ont changé. Maintenant Ralph menace de tuer Earl s'il n'a pas des relations sexuelles avec sa mère. À ce stade, j'ai changé de chaîne.

Un extrait de cet épisode était sur le site Web de l'émission NBC. Écoutez attentivement et vous entendrez Ralph dire à Earl : «Ne me touche pas avec la main avec laquelle tu as caressé ma mère.»

Lorsqu'un homme veut vraiment offenser et en insulter un autre, c'est ce qu'il dit qu'il va faire. Earl a brisé un tabou humain viscéral et l'émission en parle comme si Earl avait cassé la canne à pêche préférée de Ralph.

Maintenant vous savez pourquoi les Américains sont trop paralysés pour réagir. Comme Earl, nous sommes si moralement compromis que nous ne pouvons pas défendre notre Mère la Liberté.

*COMMENTAIRES DES LECTEURS :*

*MICHAEL* : La citation suivante ne provient de nul autre que de «l'initié» Zbigniew Brzeziński. Elle est tirée de son ouvrage «*Out Of Control-Global Turmoil On the Eve Of the 21st Century*» - (1993)

«La télévision donne au jeune téléspectateur un premier aperçu du monde extérieur. Elle définit tout d'abord - et le rend convaincant en combinant l'impact visuel et auditif – le sens d'une vie agréable. Elle établit la norme de ce qui doit être considéré comme la réalisation, l'accomplissement, le bon goût, et la bonne conduite. Elle conditionne les désirs, définit les aspirations et les attentes et établit une distinction entre un comportement acceptable et inacceptable. Avec un public partout dans le monde de plus en plus collé aux récepteurs de télévision, il n'y a rien de comparable, soit dans l'ère de l'orthodoxie religieuse forcée ou même à l'apogée de l'endoctrinement totalitaire, au conditionnement culturel et philosophique que la télévision exerce sur les téléspectateurs...»

# Nos dirigeants sont accros au sexe

*«Viendra un temps où il n'y aura plus de risque à confier des postes de responsabilité dans nos États à nos frères Juifs, nous les mettrons entre les mains de personnes dont le passé et la réputation sont telles que... s'ils désobéissent à nos instructions, ils devront faire face à des accusations criminelles ou disparaître - ceci afin de les obliger à défendre nos intérêts jusqu'à leur dernier souffle.»* - Les Protocoles des Sages de Sion 8

«Nous avons remplacé le dirigeant par une caricature de gouvernement par un président, tiré de la foule, au milieu de nos créatures de marionnettes, de nos esclaves. Tel est le fondement de la mine que nous avons placé sous les peuples goy». - *Les Protocoles des Sages de Sion 10*

Le monde est organisé pour tomber entre les mains des banquiers centraux, comme une pêche mûre se détachant d'un arbre. Les banquiers Illuminati récoltent les fruits de leur complot vieux de plusieurs siècles visant à détruire la Civilisation Chrétienne et piéger l'humanité sur un tapis roulant éternel de cupidité, de sexe, de violence, de trivialité et de politiquement correct.

Ils ont réussi parce que nous n'avons pas de dirigeants. Ils sélectionnent des pervers obéissants sur lesquels ils peuvent exercer un chantage pour accomplir leur dessein. Je me suis toujours étonné que Bill Clinton ait pu trahi la dignité de sa charge et la confiance de 300 millions de personnes pour une fellation. Mais, rétrospectivement, être accro au sexe est la règle plutôt que l'exception quand il s'agit de nos «dirigeants» (c'est à dire nos gestionnaires.)

«Le président Clinton nous a été très utile», confiait un banquier en 1998. «Nous savions quel type de personnage il était avant que nous ne le placions en tant que président. Le révéler fut très utile pour l'abaissement des habitudes morales de la jeunesse. Tout cela tourne à notre avantage. Encore plus agréable furent pour nous les vains efforts déployés par ceux pensant qu'ils pourraient le démettre contre notre volonté. Il est utile pour nous et il ne sera éliminé par personne jusqu'à ce que nous soyons prêts à le voir partir. (Voir mon article : «Les banquiers exigent que nous leur obéissions» en ligne ou dans mon ouvrage «*Illuminati*»)

## LE RABBIN STEPHEN WISE

Le rabbin Stephen Wise était le chef juif sioniste américain le plus éminent des années 1920 jusqu'à sa mort en 1949. Sur le site internet Rockefeller-PBS, il est commémoré comme «l'un des plus grands combattants pour la démocratie et les droits de l'homme de notre génération.»

Dans son livre, «*Stranger at the Party*», (1975), Helen Lawrenson décrit comment, en tant que journaliste de 23 ans pour le *Journal de Syracuse* en 1930, elle fut envoyée pour interviewer «le plus célèbre rabbin d'Amérique.» Elle fit l'erreur de lui dire qu'elle l'admirait : «Avant que je ne puisse réagir il me renversait en arrière sur le canapé et me faisait l'amour... Je ne l'avais pas plutôt réalisé que c'était fini et une fraction de seconde plus tard, quelqu'un frappait à la porte, et criait son nom. «Mon Dieu!» S'écria-t-le rabbin Wise, «c'est le rabbin Bienenfeld», bondissant et boutonnant sa braguette. Et ainsi, non seulement le rabbin de Syracuse fit son entré mais avec lui se trouvait Mme Wise qui, heureusement, n'avait pas la clé de sa chambre d'hôtel.» (P.44)

Plus tard, Wise l'attira dans sa chambre et la força à se mettre à genoux devant lui en disant : «Agenouillez-vous devant moi dans l'attitude de la prière, ma chérie.»

Son culte n'incluait pas de le servir «à ce moment-là», mais elle supposait qu'il se comportait de la même manière dans chaque ville qu'il visitait et elle lui demanda s'il n'avait pas peur du scandale. Il lui répondit que : «chaque homme dynamique a un désir sexuel puissant et devrait tirer le meilleur parti de celui-ci.»

Trois ans plus tard, ils se croisait dans le cadre de son travail pour *Vanity Fair* et elle se retrouvait « [à nouveau] sur son dos, cette fois sur la longue table de son bureau, avec Wise en train de réciter en hébreu : «Levez vos verrous oh vous portes, et soyez ouvertes, les portes éternelles! Et le Roi Glorieux y pénètrera!» Psaume 24:7-10 (45)

Apparemment, il s'agit d'une prière Sabbatéenne (Illuminati) récitée après un rapport sexuel. Le «Roi Glorieux» est évidemment le pénis. Les Sabbatéens étaient un culte juif hérétique satanique qui s'est transformé en l'Illuminisme, le Communisme, la Francmaçonnerie, le Féminisme, le Sionisme et la «libération sexuelle». Ils furent ostracisés par des juifs de la Torah pour leurs orgies sexuelles et d'autres formes d'adultère au 17ème et 18ème Siècles.

Les dirigeants du monde -juifs et non juifs- appartiennent à ce culte satanique du sexe, et au nom du «progrès», y ont initié la société entière. Ils furent responsables de la Seconde Guerre mondiale et de l'holocauste juif. Le rabbin Wise était incapable de sauver ses compatriotes juifs de cette calamité, mais s'avérait plus efficace pour contrecarrer les efforts des autres.

Helen Lawrenson (1907-1982) était une dupe de gauche au bon cœur, le type que les Illuminati apprécient d'avoir sous la main (pour des raisons évidentes.) Le fait est qu'elle est tout à fait crédible. Elle est devenue la rédactrice en chef de *Vanity Fair*, ainsi que l'amante et l'amie de longue date de Condé Nast et de Bernard Baruch. Elle et son mari, l'organisateur Jack Lawrenson, étaient les invités réguliers de la maison de Clare et Henry Luce. Son livre fut publié par Random House en 1975.

## JORGE W. BOOSHE

Selon le livre révolutionnaire courageux du regretté Alan Stang, «*Not Holier Than Thou: How Queer is Bush?*» (2007) l'homosexualité organisée, avec sa croyance dans le sexe-pour-sa-propre-finalité, est un important mécanisme de contrôle Illuminati.

Stang spécule que Bush est un homosexuel et démontre que, malgré ses prétentions familiales Chrétiennes, il a fait progresser l'homosexualisation de la société et «donné à la sodomie organisée un contrôle considérable sur le gouvernement fédéral.» (66)

Stang documente qu'un homme prostitué bien connu, Jeff Gannon, fit des dizaines de visites à la Maison Blanche de Bush en 2003 et 2004 restant souvent la nuit. Apparemment, le président pouvait facilement être soumis au chantage. Et cela ne comprend même pas Margie Schrodinger, la ménagère texane noire dont le nom a disparu de toutes les mémoires. Elle a officiellement accusé le président de viol en 2002, puis s'est commodément «suicidée».

Le livre de Stang est une liste de blanchisserie complète du militantisme homosexuel au sein du Parti républicain. «Il lève le voile sur l'image lisse de bien-être de l'homosexualité renvoyé par les médias. Il est difficile à digérer, mais doit être lu. Pourquoi? Parce que certains homosexuels de leur propre aveu déteste la société et n'ont pas de moralité. Ainsi, ces homosexuels sont des agents particulièrement parfaits pour la subversion Illuminati.

Alan Stang, qui mourut en 2009, était l'un des journalistes les plus importants d'Amérique. Je recommande hautement son livre. A l'heure actuelle, vous devriez savoir que Barack Obama a un passé homosexuel. Ecoutez les interviews avec Larry Sinclair par Jeff Rense. Sinclair, qui prétend qu'il avait des relations sexuelles avec Obama, est ignoré par les médias, mais vous pouvez parier que son numéro est dans l'agenda des Illuminati, si Barack commence à prendre une voie indépendante.

## CONCLUSION

Tous les quatre ans, les masses choisissent quel Illuminati accro au sexe ou pantin elles veulent. Le banquier Illuminati sourit :

«Nous plaçons notre dirigeant proposé devant vous et vous votez pour ce que nous voulons. De cette façon, nous vous donnons le vain exercice du vote afin que vous continuiez à croire que vous avez quelque chose à voir avec le choix de votre président.»

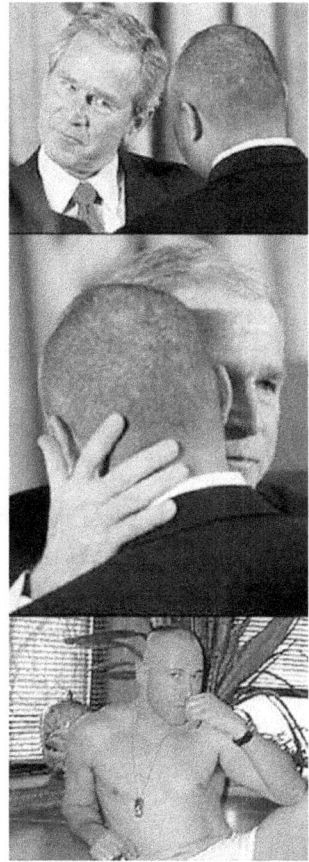

# La Pédophilie est-elle la prochaine frontière à franchir?

L'idole adolescente Miley Cyrus, 15 ans, a présenté ses excuses pour les photos provocantes qui ont parues dans *Vanity Fair* en les appelant «une erreur», mais elles sont encore une autre attaque calculée sur la psyché américaine, qui est progressivement préparée à accepter la pédophilie.

Une société adopte toujours les valeurs de sa classe dirigeante, et l'Amérique (en fait le monde) est gérée par une secte satanique de pédophiles, d'occultistes et de criminels connue sous le nom des Illuminati. Ils représentent l'échelon supérieur de la Franc-maçonnerie qui est en train de mettre la clé de voûte à leur Nouvel Ordre Mondial satanique, qui est l'inverse de la Civilisation Chrétienne.

Cyrus et son père, le chanteur country Billy Ray Cyrus, ne seraient pas devenus des méga-stars sans être des pions des Illuminati. Cela donne Miley en train de faire le signe de Baphomet. (Bien sûr, elle a un alibi de prêt pour l'ignorant de base. Ils ne vont pas vous dire qu'ils font le signe du diable. Le but est de vous amener à le faire vous-même!)

La société continuera à condamner et à punir une certaine pornographie pédophile, tout en conditionnant en même temps le public à son acceptation éventuelle. La pédophilie est l'aboutissement logique des valeurs promues par le Nouvel Ordre Mondial : le sexe pour sa propre finalité sans référence à l'amour, au mariage et à la procréation.

Les écoles enseignent aux enfants à avoir des relations sexuelles dès l'âge de 13 ans et à expérimenter l'homosexualité. MTV a enseigné à une génération de jeunes filles à croire que leur valeur totale provient de la manière dont elles sont «sexy». Avoir un amant adulte serait un symbole de statut élevé.

Des adolescentes «modèles» comme Miley Cyrus (dont la série favorite est «Sex and the City») posent «accidentellement» de manière provocante.

Des organisations gays poussent à abaisser l'âge du consentement, et vous savez à quel point «les droits des homosexuels» sont importants. Les hétérosexuels ont été conditionnés pour imiter le comportement sexuel gay. Par exemple, la cour a été remplacée par le fait de «brancher». La pédophilie est le dernier modèle de comportement gay que nous devons apprendre.

La photographe Annie Leibovitz a dit qu'elle était désolée que ses photos aient été «mal interprétées». Comment une photo d'une adolescente demi-nue de 15 ans sur la couverture d'un magazine national pourrait-elle être mal interprétée? Et, couchée sur les genoux de son père avec son bassin en avant ; comment cela pourrait-il être interprété? Est-ce la façon dont les pères et les filles doivent se comporter? Est-ce que l'inceste et la pédophilie sont la prochaine «nouvelle frontière»?

Un lecteur, Rob, écrit : la photo reproduit le «salut du diable» avec la main droite. La main gauche pointe vers le bas, par conséquent, une main est dirigée vers le haut, tandis que l'autre est dirigée vers le bas - indiquant le dualisme (le mariage des contraires, ou la réconciliation), la philosophie magique kabbaliste «*En haut, comme en bas*» (Le bouc diabolique Baphomet effectue le même signe.) Ce qui est dit est que : «La magie blanche est la même que la magie noire.» En outre, la langue est sortie, il s'agit d'un signe satanique bien connu.»

Il me semble de ces photos sont interprétées correctement.

Oh ils vont ridiculiser et s'indigner, et tout le monde va se précipiter pour voir les photos. C'est que ça dure depuis un certain temps. Le sexe est le plus petit dénominateur commun et la meilleure façon de contrôler et de dégrader l'humanité et de détruire les valeurs morales et familiales.

Les satanistes Sabbatéens qui ont organisé les Illuminati au 18ème siècle sont un culte sexuel païen. Le monde est entre leurs mains. Ils sont déterminés à ce que leurs valeurs soient les nôtres.

# Le «*Times of London*» vante les mérites de l'inceste entre frère et sœur

De Juillet 2008 à Décembre, The Times of London avait une rubrique permanente intitulée : «J'ai eu des rapports avec mon frère et je ne me sens pas coupable» sur sa page internet «Relations».

Une femme y décrit comment à partir de 14 ans, son frère de 15 ans la caressait et à l'âge de 17 ans, a commencé à avoir des rapports réguliers sur une douzaine d'années. Étonnamment, la majorité des plus de 600 commentateurs, ont déclaré que si les relations sexuelles étaient consentantes, si elle se sentait bien et «qu'aucun mal n'avait été causé» c'était OK.

L'article est un exemple de la manière dont les Illuminati changent les normes sociales. Il montre également que «l'establishment», que ce journal a représenté pendant plus de cent ans, n'est pas conservateur comme on le pense, mais luciférien, c'est à dire Satanique.

Du marquis de Sade à Aleister Crowley, le but des Illuminati a toujours été de nier l'ordre naturel et moral. «Fais ce que tu veux sera la seule loi» est leur devise. Leur objectif est de reprogrammer l'humanité pour les servir en détruisant la famille traditionnelle en tant qu'institution sociale.

«Faites ce que vous voulez et ne nuisez à personne!» répéta inconsciemment Bill à Truro, au Canada. «Ce n'est pas à moi de vous juger.» Jana du Somerset : «Je pense que tant que les deux frères et sœurs sont volontaires et conscients de ce qu'ils font, ça ne doit pas poser de problème.»

### AUCUN MAL?

Peu de lecteurs ont reconnu que cette femme avait été blessée. A un âge innocent, ses sentiments sexuels avaient été détournés pour se concentrer sur son frère et non pas sur son futur mari et père de ses enfants.

Cet article pourrait s'avérer être une manipulation de Tavistock. C'est rédigé à la «Joan McFadden» et se lit comme un roman Harlequin : «Je n'ai pas eu peur mais j'ai été surprise lorsque [Daniel] a commencé à me caresser, bien que ma sensation dominante soit celle du plaisir... Mais je ne me suis pas sentie mal et je n'avais certainement pas était forcée. Plutôt j'ai senti que Daniel s'était arrêté longtemps avant que je ne le veuille.»

Rappelez-vous qu'il s'agit d'une jeune fille de 14 ans. Après qu'ils aient commencé à avoir des rapports sexuels, elle admet qu'elle «avait de la difficulté à être physiquement intime avec quelqu'un d'autre» parce que «les rapports sexuels avec Daniel étaient tellement incroyable.»

«Tellement incroyable?»

Son affirmation selon laquelle cela n'a pas affecté leur relation fraternelle ne semble pas crédible : «Parfois, il initiait la chose et parfois c'était moi, mais entre-temps notre relation était aussi facile, détendue et affectueuse que jamais.» Cela me rappelle la façon dont ils idéalisent/désinfectent/ l'homosexualité colportée.

En effet de nombreux lecteurs comparaient l'inceste à l'homosexualité avant qu'elle ne devienne acceptable.

Finalement, Daniel a rencontré sa future épouse «Alison», mais il a fait une étrange proposition à sa sœur. Si elle acceptait, il vivrait avec elle à la place et poursuivrait leur relation sexuelle. «Je sais que cela est censé être mal, mais je n'ai jamais ressenti quelque chose d'aussi bien», a-t-il dit. Néanmoins, après des heures de discussion, ils ont décidé de se «séparer en larmes par la suite».

Elle est devenue une «académique» et est célibataire même si elle a rencontré «Derek» et pense qu'il sera «une relation durable.» Elle confie qu'il est «difficile de savoir que la personne que vous aimez par-dessus tout [Daniel] est hors d'atteinte.»

Pensez-vous que Derek (ou n'importe quel homme véritable) l'épouserait s'il savait qu'elle avait eu des rapports sexuels pendant des années avec son frère et était encore éprise de lui? Tout mariage sera basé sur une tromperie majeure. Que faire si Derek découvre après qu'ils ont des enfants? Un autre mariage brisé?

Les réponses des lecteurs montrent que beaucoup de gens considèrent le sexe comme un plaisir plutôt que comme le cadre du mariage et de la procréation. En conséquence, ils ne peuvent pas voir que, tant en termes sociaux que personnels, l'inceste entre frère et sœur est très dommageable.

## CONCLUSION

Après l'homosexualité, les Illuminati promeuvent l'inceste comme un autre moyen de détruire la famille traditionnelle. Brisez la barrière de l'inceste dans la fratrie et ils feront la promotion de la variété parentale qu'ils pratiquent. Le message est le suivant : ayez des relations sexuelles avec n'importe qui, mais sauf avec votre futur mari et père de vos enfants.

*The Times of London* est la propriété de Rupert Murdoch, un pion des Rothschild. Léon Blum, un autre pion Illuminati qui est devenu Premier ministre français trois fois a écrit la fameuse phrase : «Je n'ai jamais discerné ce qu'il y avait dans l'inceste de vraiment repoussant. Je constate simplement qu'il est naturel et fréquent pour la sœur et le frère d'être amants.» («*Du Mariage*», 1907)

Une élite qui aurait l'intérêt national au cœur ferait la promotion de la famille traditionnelle comme le moyen le plus naturel, sain et épanouissant de perpétuer la société. D'autre part, une élite secrète en guerre avec la société ferait tout pour la détruire. Une jeune femme ne se consacrera pas à sa future famille si la société (par exemple *The Times of London*) lui dit qu'il lui est permis d'avoir des relations sexuelles avec tout le monde, y compris son propre frère.

Comme cette histoire le montre, le sexe est un lien puissant, surtout pour une femme. La promiscuité de quelque nature que ce soit, diminue la chance d'avoir un mariage réussi.

Aujourd'hui aux Etats-Unis, 40% de toutes les naissances ont lieu hors mariage. Cela signifie que près de la moitié de la population ne sera pas élevée dans un cadre stable, sécurisée et en recevant l'amour et les conseils d'un père. Les Illuminati avancent leur objectif de remplacer la famille nucléaire par l'État, ce qui permettra de former les gens à le servir.

*COMMENTAIRES DES LECTEURS :*

*ANONYME* : En tant que victime d'inceste je suis sensible et attentive aux tentatives du culte satanique (je ne les appellerai pas «Illuminati», car cela signifie «les illuminés». Ils appartiennent aux ténèbres) au pouvoir pour essayer de désensibiliser la société par la normalisation de l'inceste, à l'abus sexuel des enfants, et à la pédophilie. Non seulement dans les sujets sur lesquels vous écrivez, mais je le vois également dans les publicités télévisées pour les couches et les autres produits pour bébés. Les publicités montre l'enfant nu sur le pot, ou en train de se rouler nu, ou ses jambes ouvertes dans la couche en exposant «discrètement» son entrejambe. Les mères dans les publicités embrassent leurs enfants sur les lèvres et se roulent avec eux, baisant leur ventre nu de manière érotique.

Votre article ne mentionne pas que la nature a une façon de dire aux êtres humains que la dégénérescence ne peut pas être acceptée. Par la suite, les enfants de l'inceste naissent souvent avec des malformations. Ceux qui pensent que l'inceste entre frère et sœur (ou frère/frère, sœur/sœur) est sans danger, n'ont aucune idée de quel genre de douleur émotionnelle et quelles sortes de tumeurs psychologiques malignes peuvent se développer dans la fratrie qui en est la victime. Après quatre décennies, je suis toujours sur le chemin de la guérison des effets de l'inceste de mon frère dans l'enfance. A quel point la race humaine peut être ignorante.

# La chute morale de Charlotte Roche (et la nôtre)

L'ouvrage répugnant de Charlotte Roche «*Zones Humides*», le best-seller dans le monde en 2008, commence par la phrase, «Aussi loin que je me souvienne, j'ai toujours eu des hémorroïdes» et cela ne s'améliore pas. Il s'agit d'une agression violente dégoûtante sur la femme et les filles, et sur nos sensibilités en général.

Déguisé en «droits des femmes», c'est là la réelle littérature haineuse, le vrai visage du Communisme du Nouvel Ordre Mondial et du Mondialisme. C'est la véritable signification luciférienne de «révolutionnaire» et «progressiste», à savoir la destruction de tout ce qui est naturel, sain et gratifiant.

Si un homme avait écrit au sujet d'une femme dégénérée qui consomme ses sécrétions génitales (et celles des autres), négligeait toute hygiène féminine, il serait considéré comme un misogyne méprisable. Mais si une féministe le fait, elle est célébrée pour enfoncer le dernier clou dans le cercueil de la féminité.

Un lecteur sur Amazon.com a commenté : «Le premier chapitre est si intensément évocateur (décrivant la chirurgie des lésions anales de la protagoniste) que j'ai dû littéralement prendre des pauses entre les pages, craignant de m'évanouir.»

Roche, 31 ans, est créditée de briser les tabous et de donner aux femmes modernes «un nouveau vocabulaire» (afin de décrire leur dépravation dans des termes «positifs».) Elle ne sait pas qu'elle représente réellement l'expression de la haine de soi et du désespoir des femmes qui ont perdu leur identité féminine.

### L'EMBARRAS

Dans une société civilisée, Roche serait considérée comme une idiote embarrassante et devrait se faire examiner. Son manuscrit serait renvoyé. Mais parce que les médias du monde entier sont détenus par une secte occulte appelée les Illuminati, elle est changée en un modèle et son livre est devenu un best-seller.

Anglaise de naissance, Roche a grandi en Allemagne. Elle est une musicienne de garage et un D.J. à la T.V. ayant un long historique de faire des choses dégoûtantes pour attirer l'attention. Selon un site de fan, elle «ferait pratiquement n'importe quoi pour scandaliser elle-même et les autres, y compris se couper elle-même et utiliser le sang pour peindre des tableaux, se raser la tête et expérimenter diverses drogues.»

«*Les Zones Humides*», l'histoire d'Helen Memel, une patiente dans une unité de proctologie de l'hôpital, est une méditation sordide sur son sexe, les fonctions corporelles et la «sexualité». Dans une récente entrevue avec le magazine Salon, Roche révèle la saveur du livre, son expérience et la nature de sa haine d'elle-même et de sa psychose.

«Vous pouvez nettoyer et nettoyer, et vous ne cesserez jamais d'être sale. Ma mère a essayé de m'élever d'une manière très libérée. J'ai été autorisé à avoir des relations sexuelles à un âge très précoce. J'ai été autorisé à ramener les garçons à la maison parce qu'elle ne voulait pas que je baise dans les bois. Elle était une féministe politique très forte, et elle m'a élevé de façon très féministe, m'enseignant qu'en tant que fille, je peux faire tout ce qu'un garçon peut faire, il n'y a pas de problème. Mais pourtant, les choses sexuelles ... elle n'a jamais réussi à m'apprendre que la masturbation est une bonne chose. Bien que ma mère ait été libérée, je sens toujours que si ma culotte est sale je dois la cacher à mon mari.»

«Si je suis vraiment honnête, d'un côté, je veux que les femmes soient libérées, mais de l'autre, j'ai des problèmes terribles. Je pense que je suis trop grosse, même si je suis sans doute trop mince. C'est vraiment difficile, par exemple, de vivre dans une société comme ça, avec de petits seins. Je ne crois même pas mon mari quand il me dit qu'il me trouve jolie. Il doit me le dire 10 fois par jour et je n'arrive toujours pas à le croire. Je pense qu'il veut baiser une blonde avec des gros seins. Vous courrez et vous éprouvez des complexes à propos de tout. C'est tellement difficile de ne pas y penser.

«Et il n'est pas concevable pour moi en tant que jeune féministe de dire que les femmes sont masochistes. Je le suis et toutes mes amies le sont. Nous sommes en face du miroir, nous sommes nues, et nous nous sentons laides. Nous voyons tout comme moche. Nous essayons de lutter contre notre corps pour devenir plus belle et travailler dessus. Ce n'est pas du tout libre et confiant. Je ne veux pas que cela soit comme ça, mais je vois que c'est le cas.»

Sa marque spéciale de folie semble être inspirée par «*Les Monologues du Vagin*».

«Le problème avec les tabous, c'est que vous pensez être la seule. Et Helen veut toujours savoir : Est-ce la même odeur chez d'autres femmes? A quoi ressemble le vagin des autres femmes? Nous sommes toutes complètement isolées. Ce n'est pas un groupe de femmes qui ont leurs menstrues ; nous sommes seules. Mais d'où cela vient-il? Les mères ne pensent toujours pas que c'est une bonne chose d'être une femme.»

Les hypothèses du journaliste sont presque aussi révoltantes que les réponses de Roche : «Les femmes contemporaines sont censées être libérées, hédonistes, vous pouvez sortir et vous enivrer, coucher avec qui vous voulez. Mais si nous n'avons pas les mots pour décrire la gamme des expériences autres que les anciens négatifs, alors rien n'a vraiment changé.... La femme contemporaine est censée être sexuellement disponible, comme vous le dites, mais quand une femme est malade, elle cesse d'exister en tant qu'être sexuel.»

## LE DÉGOUT DE SOI-MÊME

Le féminisme a rendu les femmes redondantes en les privant de leurs identités naturelles en tant qu'épouses et mères. Les femmes comme Roche réagissent avec dégoût de soi. Elles décrivent leurs fonctions corporelles dans les termes les plus dégoûtants. Apparemment, c'est un phénomène très répandu tel que documenté dans un article de *Salon*, «La Grande Vulgarité des Filles».

La féminité repose sur le fait d'être agréable à un homme. La pudeur féminine est également attrayante pour les hommes. Comme indiqué ci-dessus, la dépression nerveuse de Roche repose sur sa rébellion envers les hommes.

«Très souvent, ces derniers temps, les gens sont venus vers moi et m'ont dit : «Vous avez l'air fatigué», et je déteste ça.» Dit-elle. «Les femmes sont toujours censées être en bonne santé et jolies. Mais tout ce qui est malade et fatigué, c'est très humain - et je pense que l'être humain est un grand tabou. Quand les gens disent que le livre traite des tabous, je leur demande, qu'est-ce que vous voulez dire? La merde? La pisse? Les menstruations?»

Oui, nous sommes des animaux. Mais la Civilisation Chrétienne nous a enseigné que nos corps sont le temple de l'âme, et l'âme aspire à Dieu, soit aux idéaux spirituels. Nous devons accorder notre comportement en fonction de nos aspirations spirituelles, de nous perfectionner et d'être beaux aux yeux de Dieu. Ces idéaux sont ce qui nous rend humain, et non pas notre condition animale.

Une culture se tourne vers les femmes pour incarner ses idéaux spirituels et les transférer à la nouvelle génération. L'attaque sur les femmes est une attaque contre la civilisation. Ils veulent définir les êtres humains sous un sens purement naturaliste et matérialiste. Ils veulent que nous nous vautrions dans la merde et en soyons immunisés.

Roche : «Je regarde la chose dégoûtante et la décrit d'une manière très détaillée. Peut-être pour surmonter le dégoût. Vous la regardez aussi longtemps que vous le pouvez et puis ce n'est plus dégoûtant.»

Faisant son devoir satanique, elle nous habitue à la laideur et à ce qui est dégoûtant et obscène.

# Les Droits de l'Homme - Une forme élaborée de discrimination

Les lois des «Droits de l'homme» sont un double langage Orwellien pour donner des «droits» à certaines personnes en les enlevant à d'autres.

Essentiellement, les homosexuels, les athées et les Juifs ont des «droits humains» tandis que les Chrétiens, les Musulmans et les hétérosexuels n'en ont pas. Ces lois donnent du pouvoir aux minorités dans le but de désarmer et de déshériter la majorité. Elles n'ont rien à voir avec la justice, elles sont un outil de coercition de l'État.

Ce n'est pas une hyperbole. Dans les pays où ces concepts maçonniques de «droits de l'homme» et de «tolérance» sont dominants (par exemple au Mexique et en URSS,) les écoles Chrétiennes ont été fermées, les églises incendiées et les prêtres assassinés.

Cette coercition subtile a été soulignée récemment ici, à Winnipeg, lorsque deux lesbiennes mariées ont déposé une plainte contre une doctoresse musulmane. La femme, une égyptienne, a suggéré aux lesbiennes de trouver un autre médecin. Elle n'a pas refusé de les traiter. Elle a juste dit qu'à l'avenir elles devraient trouver quelqu'un d'autre parce que sa religion proscrit l'homosexualité et qu'elle n'avait pas l'expérience nécessaire pour traiter les homosexuels. (La clinique a offert aux deux femmes un autre médecin, mais elles ont refusé.)

La section locale de l'Association Médicale a déclaré que cette doctoresse devra prendre plus de cours «d'orientation». Pourquoi les droits des lesbiennes asexués surpassent-ils les droits religieux du médecin? Parce que les lois sont rédigées par les élites de la Fondation Rockefeller afin de saper l'hétérosexualité et de briser la famille nucléaire. Ces élites se fichent pas mal des homosexuels.

Ils veulent subvertir la société en poussant les hétérosexuels au dysfonctionnement homosexuel. (Ils font la promotion de l'homosexualité tout en faisant paraître l'hétérosexualité comme une pathologie, en mettant par exemple l'accent sur la violence domestique, etc.) Les Commissions des Droits de l'Homme sont occupées par des féministes endoctrinées pour défendre les droits des homosexuels contre les droits religieux.

Un autre exemple : Il y a quelques mois, le Congrès Musulman Canadien a déposé une plainte sur un article publié du journaliste juif Mark Steyn sur la menace de domination du monde par les Musulmans. Les médias ont bombardé la Commission canadienne des droits de l'homme de plaintes indignées sur les violations de la libre expression. La CCDP (Commission Canadienne des droits de la Personne) a consciencieusement refusé d'entendre la plainte musulmane. Pouvez-vous imaginer ce qui se passerait si l'article traitait de la domination *Juive* mondiale?

Au Royaume-Uni, une infirmière a été suspendue pour avoir offert une prière pour la guérison d'un patient âgé (*The Telegraph*, 31 janvier 2009) tandis que le Home Office a reconnu une «Association de Police Païenne» et a permis un congé pour les jours fériés sataniques huit fois par an, y compris le solstice d'été et l'Halloween. («La Police païenne obtient un congé pour le Solstice» BBC, le 16 juillet 2009)

Avez-vous remarqué que, malgré la récession, les athées ont de l'argent à brûler? Ils peuvent se permettre de payer des annonces sur les autobus remettant en question l'existence de Dieu. Cette campagne qui a commencé au Royaume-Uni a atteint le Canada.

«Il n'y a probablement pas de Dieu» disent les annonces. C'est de «la haine» de mon point de vue. Croyez ce que vous voulez, mais ne le placardez pas sur les autobus. Chacun a sa propre conception de Dieu. Pour moi, Dieu est synonyme d'idéaux spirituels comme la vérité, la beauté, l'harmonie et l'amour. Alors ne me dites pas que Dieu n'existe pas. Nous sommes tous en contact avec Dieu que nous croyons ou non en Lui.

Encore une fois, cette campagne athée est juste une façade pour le culte des Illuminati qui financent tous les mouvements «populaires» (comme le féminisme.) Amener les gens à être agnostiques ou athées est une étape vers l'éventuelle intronisation à l'Antéchrist ou à Lucifer.

Cette campagne est un affront envers 72% des Canadiens qui, selon les sondages, croient en Dieu. Comment s'en sortent-ils? Le Congrès juif Canadien m'a attaqué devant la Commission des Droits de la Personne pour avoir écrit que les adeptes du Judaïsme Pharisien étaient des «parias métaphysiques.» Je n'en avais pourtant pas fait la publicité sur les bus!

Il est temps que nous commencions à porter cette haine luciférienne contre Dieu et Son ordre naturel et spirituel (moral) auprès des commissions des «droits de l'homme». Révélons ce qu'elles sont vraiment : un instrument global d'ingénierie sociale et de discrimination.

# La vérité sur «la Diversité»

Nous sommes tous touchés par la «diversité», mais peu de gens comprennent sa véritable nature.

Attention : ça n'est pas joli.

La «Diversité» est un énorme programme à long terme de modification du comportement qui utilise les minorités afin de déshériter la majorité.

En bon français, «la diversité» signifie de reconnaître les différentes races, religions et «orientations sexuelles».

Dans le double langage du Nouvel Ordre Mondial, la «diversité» est une façon détournée de diluer la discrimination contre la majorité blanche Chrétienne hétérosexuelle en Europe, au Canada, en Australie et aux États-Unis.

Alors qu'elle prétend défendre l'égalité, son véritable objectif est de culpabiliser essentiellement les hommes blancs hétérosexuels pour qu'ils renoncent à leur position et au pouvoir. L'objectif est de préparer l'Amérique du Nord et l'Europe pour l'inclusion dans un «gouvernement mondial» géré par le cartel bancaire central basé à Londres.

La puissance de ce cartel privé se mesure au fait que pratiquement toutes les grandes entreprises, tous les établissement d'enseignement et organismes du gouvernement fournissent des «formations à la diversité» (c'est à dire de l'endoctrinement politique) à ses employés. Même si les études montrent qu'il ne présente aucun bénéfice économique, ils dépensent huit milliards de dollars par an à ce sujet. La firme Toyota prévoit à elle seule de dépenser autant dans les dix prochaines années.

Voici un exemple de l'humiliation des Blancs se déroulant dans ces sessions. Cela provient du texte : «*Seeing Ourselves : Exploring Race Ethnicity and Culture*» (199) de Carl James.

Un participant, Greg dit au groupe :

«En ce qui concerne ma race, je suis blanc mais je n'ai jamais vraiment eu à y réfléchir avant. Je ne pense pas que cela ait jamais eu la moindre influence sur les gens avec qui je parlais ou m'associais. Mes deux meilleurs amis sont un noir et un indien (canadien). J'ai été élevé dans une famille qui ne croyait pas dans les préjugés et j'en suis fier. Si je n'aime pas une personne, c'est à cause de sa personnalité, et non de sa race ou de son héritage biologique.»

Maintenant, vous pourriez penser que Greg s'en tirerait avec brio.

Vous ne considérez pas l'ordre du jour caché. L'auteur, un formateur à la diversité, châtie Greg pour supposer qu'il est «la norme». Greg ne parvient pas à reconnaître son «privilège de race», cet «ensemble invisible d'atouts non acquis», c'est «l'héritage colonial blanc.» Les Blancs comme Greg nient «la manière par laquelle ils produisent socialement, culturellement et politiquement des rapports de domination.» (P.44)

En d'autres termes, les Blancs oppriment naturellement les autres peuples. Cela ressemble à du racisme vicieux pour moi.

Pouvez-vous voir ce qui se passe? Ces sessions de la diversité projettent de la culpabilité sur les Blancs, notamment les hommes, afin qu'ils cèdent le pouvoir à des minorités conformes et reconnaissantes qui ne l'ont pas mérité. Il s'agit d'une escroquerie. Toute personne qui s'oppose à cet ordre du jour politique compromet sa carrière. C'est de la persécution politique.

Je veux dire clairement que la race humaine est une seule famille et que Dieu aime tous les peuples de façon égale. Comme Greg, je crois que les gens devraient être jugés sur leur seul mérite, sans distinction de race, de sexe ou d'orientation sexuelle.

Je n'ai aucun problème avec le fait que des «minorités» obtiennent des positions de pouvoir aussi longtemps qu'elles le font de manière équitable. Je me réjouis de la riche contribution des immigrants. Je suis venu au Canada quand j'étais encore un bébé en 1951.

Mais «la diversité» n'est pas une question d'équité ou d'enrichir la société. Elle favorise les minorités, non pour leurs mérites, mais comme un moyen de saper et de contrôler la majorité.

## L'IRONIE

Il est ironique de constater que la clique de banquiers centraux fasse peser cette culpabilité sur les Blancs alors qu'ils sont eux-mêmes responsables de l'impérialisme et des guerres passées et présentes. Ils se sont enrichis par l'esclavage et le commerce de l'opium, et ils contrôlent aujourd'hui le crime organisé par le biais de leurs agents.

La population américaine est constituée à 75% de Blancs et de Chrétiens. Le plan est que les Blancs deviennent une minorité d'ici à 2050 ou plus tôt. Les Blancs sont censés se tenir debout et devenir des invités dans leur propre maison.

Lorsque les Blancs seront une minorité, personne ne se fera le champion de leurs droits. Il y a deux millions de femmes de plus que d'hommes dans les universités américaines. Avez-vous jamais entendu parler de programmes de discrimination positive pour les hommes?

La «Diversité» est pratiquement inconnue en Chine, au Japon, en Israël, en Inde et en Amérique latine. Ces pays sont autorisés à conserver leur caractère racial. Mais parce que les gens d'origine européenne ont un sens d'implication politique matériel et spirituel, ils sont les plus difficiles à absorber dans le Nouvel Ordre Mondial. Ils sont les cibles du programme de la «diversité».

Les banquiers centraux utilisent la tactique du «diviser pour mieux régner» pour saper les quatre piliers de notre identité : la race, la religion, la nation et la famille.

Tout d'abord, ils firent semblant de défendre les travailleurs pour se débarrasser du régime tsariste en Russie. Puis ils ont prétendu se faire les champions des femmes et des homosexuels pour saper les valeurs hétérosexuelles et la famille. Enfin, ils dupent les Blancs afin qu'ils acceptent passivement la discrimination et un statut diminué.

Ils utilisent le même refrain éculé avec (au choix) les travailleurs, les Juifs, les Noirs, les homosexuels, les femmes proclamant qu'ils ont été opprimés pendant des siècles. C'est ainsi que les banquiers mettent leurs hommes (ou femme) de paille au pouvoir.

## CONCLUSION

Malléable et conformiste, les masses adoptent habituellement la norme. Lorsque des gens mal intentionné façonnent la norme, les masses succombent à des comportements déformés et autodestructeurs.

Le cartel bancaire crée l'argent en utilisant notre crédit national. En conséquence, la société a été subvertie par un pouvoir étranger détenant un ordre du jour satanique. Nos élites politiques et culturelles sont composées de traîtres qui, par exemple, ont permis au 11/09 de se produire et d'être couvert. Nous sommes soumis à un flux constant de mensonges de la part de ces pions moralisateurs égoïstes.

Dans un sondage effectué le 18 octobre 2007, par le *Globe and Mail* de Toronto, 63% ont répondu «Non» à la question : «Pensez-vous que les politiques de multiculturalisme au Canada aient été un succès?» L'échantillon portait sur environ 11 000 participants et les lecteurs du Globe ont tendance à être des libéraux.

Les peuples fondateurs de l'Occident ont le droit de conserver leur caractère national et de le voir s'épanouir. Les immigrants doivent s'intégrer, tout en conservant leur patrimoine. Ils ne s'attendent pas à être utilisés pour saper la majorité.

Alors, ne tombons pas dans leur piège du «diviser pour régner» en concentrant notre indignation sur les minorités. Elles sont manipulées autant que nous. Concentrons-nous sur les banquiers centraux et leurs laquais, dans la politique, le système éducatif, les entreprises et les médias.

Je sais que cela va à l'encontre de certains. Demandez-vous d'où vous tenez vos attitudes. Elles vous ont été serinées par les médias et le système éducatif. Nous sommes manipulés et dupés ; il est grand temps de se réveiller.

Puis-je vous rappeler que le terme «politiquement correct» est né au sein du Parti Communiste en URSS dans les années 1920. Ce n'est pas un hasard si le terme fait partie de notre vocabulaire d'aujourd'hui. Les mêmes banquiers qui contrôlaient alors l'URSS, contrôlent secrètement les États-Unis, le Canada et l'Europe d'aujourd'hui.

*GARY :* Merci pour votre récent article sur la diversité. Je viens juste d'être viré d'un emploi au sein d'une entreprise en contrat avec l'état pour avoir refusé de participer au programme de formation de l'entreprise à la diversité. J'ai passé plus de 12 ans dans le même établissement, ai reçu d'excellentes notes annuelles chaque année et ai gagné le respect de mes collègues de travail. Mon supérieur immédiat, le gestionnaire du site et le gestionnaire de programme ont tous essayé de convaincre l'entreprise de ne pas me virer, mais en vain.

Toute personne qui s'oppose à l'endoctrinement de la diversité alors qu'il est employé par une grande entreprise sous contrat commet, comme vous le dites, un suicide professionnel. Lorsque les dirigeants d'entreprises ne se soucient pas de ce que leurs gestionnaires disent au sujet de garder un bon employé, il devient évident qu'elles servent l'objectif des banquiers centraux.

Savez-vous ce qui est intéressant au sujet de la formation sur la diversité dans mon ancienne entreprise? Lorsque l'obligation d'assister à la formation a été reçue dans notre boîte e-mail, tous les hommes de mon groupe râlèrent et se plaignirent à ce sujet. Ils ont tous détesté! Il y a quelque chose à l'intérieur d'un homme, dans ses tripes, qui est révulsé par toutes ces formations sur la diversité. Il est offensant et insultant à l'intelligence d'un homme et à son honneur d'avoir à assister à certaines vidéos de formation stupide qui lui parle comme à un élève de première.

Je suis un homme blanc marié avec des principes Chrétiens. J'ai aussi la chance d'avoir une femme qui a soutenu ma décision. Elle m'a dit à plusieurs reprises la façon dont elle est fière que je sois prêt à perdre mon travail et tous ses avantages pour défendre mes principes.

---------

*ANTHONY :* Un autre article perspicace Henry, qui a vraiment fait mouche à mon sens.

Je suis un étudiant en Australie qui a eu le malheur d'étudier les sciences sociales à une soi-disant université «Catholique» d'ici à Melbourne. Mon infortune est encore plus grande car je suis souvent un des deux seuls hommes dans ma classe. Dès le premier jour, j'ai dû entendre cours après cours, massacré tout ce qui est bon et décent et loué toutes les choses féministes, anti-familles et anti-chrétiennes (c'est vrai, dans une université catholique!) Je regarde les autres élèves en train de laper ce poison et accepter chaque mot comme si c'était l'évangile.

Chacun de mes professeurs sont des femmes et toutes sont des militantes féministes. J'ai gardé mes pensées pour moi-même pendant les deux premières années (aussi dur que cela fut), mais je dû y mettre un terme à la suite d'une conférence où des écrits d'un militant homosexuel questionnant l'innocence des enfants nous étaient présenté. J'ai écrit, dans un journal qui devait être évaluée, que cette sorte d'écriture ne faisait rien pour dissiper les craintes de la nature pédophile de CERTAINS homosexuels.

La réponse (de la part du chef du département de sociologie, rien de moins) était une diatribe de 200 mots (le reste de mon travail était à peine mentionné) me traitant d'homophobe et m'avertissant en termes non équivoques que ce type d'écriture était inacceptable. Tout cela dans un journal qui a été structuré de manière à servir de «réaction critique» aux écrits étudiés! Merci pour la «diversité» et «la liberté de pensée» ...oh, c'est à dire aussi longtemps que vous pensez de la même façon qu'eux.

# Le Canada prostitue ses filles
# à Big Pharma

*Environ un mois après avoir été vaccinés contre le virus VPH causant le cancer du col utérin, Jenny Tetlock, 13 ans, a raté le plus bas obstacle au cours de gym, le premier indice de la maladie musculaire dégénérative qui, 15 mois plus tard, a laissé l'adolescente auparavant en bonne santé à peu près complètement paralysée.* – US News & World Report 2 juillet 2008.

En 2007, le gouvernement Harper a alloué 300 millions de dollars pour vacciner des milliers de filles dès l'âge de neuf ans contre une maladie sexuellement transmissible, le virus du papillome humain (VPH), qui provoque parfois le cancer du col de l'utérus.

Le vaccin (Gardasil) ne fonctionne que sur les filles qui n'ont eu aucune expérience sexuelle. Ainsi, au lieu d'enseigner à ces enfants qu'il est autodestructeur et dégradant de se livrer à la promiscuité sexuelle, le gouvernement les inocule, comme si elles allaient faire le trottoir.

Au lieu de prostituer ces filles, les politiciens prennent leur participation dans Big Pharma, profitant de la promiscuité au nom de la protection «de la santé publique.»

Dans un entretien avec CBC-TV, un représentant de Merck-Frosst, le fabricant du vaccin, a admis que le lobbying est la manière dont les entreprises pharmaceutiques opèrent au Canada. [Apparemment, un ancien conseiller de Harper est devenu un lobbyiste pour Merck.]

La dernière fois que le gouvernement canadien a pris une mesure aussi radicale était au cours d'une épidémie de poliomyélite dans les années 1950. Mais il n'y a pas d'épidémie de cancer du col de l'utérus à présent. En fait, il n'est même pas classé dans le top 10 des cancers touchant les femmes canadiennes. Alors que 400 femmes meurent du cancer du col de l'utérus chaque année, plus de 5000 meurent du cancer du sein.

## LE CAFOUILLAGE ET SES CONSÉQUENCES

Au mieux, cette campagne de vaccination est un gâchis pour Merck. Au pire, elle pourrait avoir de nombreux effets négatifs. Un lecteur d'Argentine a écrit que le gouvernement a essayé en octobre dernier de vacciner les jeunes filles pour la Rubéole mais a été arrêté lorsque certains médecins ont révélé que le vaccin contenait un agent de stérilisation appelée prostaglandine.

Un rapport d'un épidémiologiste de l'Université McGill qualifie le programme canadien de «prématuré et pourrait avoir des conséquences négatives inattendues pour les individus et pour la société dans son ensemble.»

Alors que jusqu'à 50% des femmes contractent une certaine forme de VPH au cours de leur vie, le rapport affirme que la plupart d'entre elles ne développent pas le cancer du col de l'utérus et peuvent être guéries.

«La plupart des infections au VPH sont guéries spontanément. Des recherches récentes utilisant les technologies de détection moléculaire disponibles montrent une disparition des lésions dans l'année pour environ 70 pour cent des personnes infectées, et dans les deux ans pour 90 pour cent d'entre elles. Ainsi, l'infection au VPH et le cancer du col de l'utérus ne doivent pas être confondus : la plupart des femmes qui sont infectées, même avec un «risque élevé» de HPV ne développeront pas un cancer du col de l'utérus.»

Le rapport indique également que les essais cliniques étaient insuffisants pour tester l'efficacité du vaccin puisque les sujets étaient trop jeunes pour être exposées au VPH. Les patientes atteintes du cancer du col utérin sont âgées en moyenne de 47 ans, alors qu'il n'est pas encore clair combien de temps le vaccin reste efficace.

Au cours des six derniers mois de 2006, le National Vaccine Information Center (NVIC) des USA a rendu 385 rapports de réactions indésirables au Gardasil.

«Il y a deux fois plus d'enfants nombreux qui s'écroulent et quatre fois plus expérimentant des picotements, des engourdissements et une perte de sensation après avoir été vacciné au Gardasil par rapport à ceux qui ont subi un DTP (tétanos-diphtérie-coqueluche acellulaire).»

«Il y a eu des rapports de paralysie faciale et de syndrome de Guillain-Barré. Et les médecins qui prescrivent du Gardasil en combinaison avec d'autres vaccins conduisent en fait une expérience sur leurs jeunes patients, car Merck n'a pas publié de données sur l'innocuité de la vaccination simultanée avec un autre vaccin sauf celui contre l'hépatite B.»

En mai 2007, Judicial Watch a rapporté 1600 réactions indésirables au Gardasil dont deux décès.

## L'INSANITÉ

La semaine prochaine à Toronto, 40 000 jeunes filles et leurs parents seront contraints à une inoculation d'une maladie sexuellement transmissible. La raison de cette pression, c'est que trois injections sont nécessaires sur une période de six mois soit l'année scolaire.

«Ma fille de 12 ans fait face à cette décision - son docteur a suggéré que nous la vaccinions tout de suite» a posté une mère sur le site web de CBC-TV. «Je ne suis pas du tout une personne sceptique, mais toute cette campagne me rend très nerveuse.»

A plus de 400 $ pour les trois-doses, c'est le vaccin pour enfant le plus exorbitant existant. Apparemment, Merck va payer ces injections Vioxx au détriment des contribuables canadiens et des adolescentes.

L'hypothèse scandaleuse sous-jacente derrière cette campagne de vaccination, c'est que la promiscuité est la norme. Le Virus du papillome humain ne sera pas transféré si les gens sont sélectifs et monogames (et utilisent des préservatifs.) Ces filles n'ont jamais eu de rapports sexuels. La plupart n'en auront pas pendant des années. Beaucoup n'auront pas un tel comportement et n'auront donc pas besoin de ce vaccin.

Le gouvernement canadien actuel fait semblant d'être socialement conservateur et d'épouser «les valeurs familiales». C'est une drôle de façon de le faire.

Cette vaccination de masse gratuite crée un mauvais précédent. Je ne veux pas spéculer sur l'excuse qu'ils trouveront pour la prochaine. Il s'agit de la forme de socialisme dans le Nouvel Ordre Mondial : l'enrichissement des sociétés en dégradant, en mettant en danger et en droguant la population.

# Le film «Avatar», les Illuminati et la filière Raëlienne

*(Cet article a été écrit pour henrymakow.com par Steve Thomas)*

Y-a-t-il un lien entre la croyance au culte Raëlien que nous avons besoin d'une intervention extra-terrestre pour gouverner la planète Terre et le film de James Cameron AVATAR? Est-il possible que ce culte loufoque manifeste l'ordre du jour des Illuminati, et que le film aux recettes les plus élevées de tous les temps soit une forme de programmation prédictive?

Mes recherches *http://www.henrymakow.com/steve_thomas.html* m'ont permis de découvrir un réseau de plusieurs milliers de célébrités et de politiciens reliés aux Illuminati, qui sont également liées à l'énigmatique Raël Maitreya *http://www.facebook.com/profile.php?id=694189344*, dirigeant du Raelism («la religion athée-alien pour englober toutes les religions») via la page Facebook de son alter ego, «Igor N. Grata.» *http://www.facebook.com/grata?v=wall*

Raël a répondu à mes articles via le mur Facebook d'Igor N. Grata (Journal du Forum public), confirmant la connexion entre Raël Maitreya et Igor N.Grata.

Les noms vont de Rothschild à Rockefeller, en passant par Madonna et McCartney, Olmert avec Onassis, Guilderberg lié avec des Madame *http://www.facebook.com/profile.php?id=1248453480* à des Cardinaux et des Monarques. Pour découvrir comment ce monde est relié, suivez les liens intégrés. (Cette information vérifiable est accessible via un compte Facebook – connectez-vous, cliquez sur le nom/amis/recherche.)

Sur la liste d'amis personnels d'Igor N. Grata, nous trouvons 57 Rothschild & 14 Rockefeller!!!!!

La page Facebook du réalisateur «d'Avatar» James Cameron, contient environ 50 stars de cinéma de renommée mondiale, (Hopkins, Jennifer Aniston, Collins, Johnny Depp...) des musiciens (Dylan, Joel, Twain...), des politiciens (Schwarzenegger, Netanyahu), et «la Reine Elizabeth d'Angleterre. *http://www.facebook.com/queenofengland.elizabeth?ref=sgm*

Trente-quatre de ces 50 liens connus ont chacun une connexion directe au dirigeant Raël Maitreya - via son alter ego IGOR N. GRATA.

## AVATAR - LA CONNEXION RAÉLIENNE

Pour commencer, la page Facebook d'Igor N. Grata fait la promotion du film. Le Raëlisme favorise le dogme selon lequel les êtres humains sur la terre ont été créés génétiquement par des extraterrestres. De même, les créations avatar dans le film sont des «constructions scientifique de laboratoire » placées sur la planète Pandora.

L'intervention des Aliens venant du ciel est l'attente fondamentale rédemptrice du Raëlisme. De même, «l'Avatar» Jake Sully est venu du ciel, un avatar d'humain-alien hybride-sauveur venu pour sauver les Pandoriens des malheurs de l'ignorance et de la guerre. Ainsi, le Raëlisme voudrait nous faire regarder vers le ciel pour y trouver une «rédemption à travers des aliens».

Le monde envoûtant des caractéristiques de Pandore : le panthéisme ; les flux d'énergie planétaires; l'animisme ; une déesse-mère, les arbres sacrés ; la «vision» télépathique, la guérison chamanique etc. - toutes les fonctionnalités de la sorcellerie occulte et du spiritisme.

L'ultime victoire sur Pandora est obtenue par l'intervention d'un puissant dragon rouge avec ses hordes de reptiles ailés et aux bêtes noires aux yeux rouges. Il s'agit d'une référence à l'Apocalypse. *http://www.biblegateway.com/passage/?search=revelation%20 12:3-12&version=NIV*

Les Raëliens condamnent le mariage et la famille comme répressive et promeuvent la promiscuité sexuelle comme libératrice. Dans le film, le seul «sexe» que nous voyons est entre l'alien et son avatar. Le film induit un état d'esprit préparatoire que c'est accept-able d'avoir des relations sexuelles/union intime avec les aliens. Cela relie à l'énergie de Gaia tout être qu'il soit un animal, un homme, un alien etc. Le simple message du film est d'être ouvert à la connexion intime avec les aliens, les étrangers.

## UNE EX-RAÉLIENNE RÉVÈLE LES PLANS GLOBAUX LUCIFÉRIENS

Daniel Vandinja, un ancien Raëlien de niveau élevé, décrit le système de croyance Raëlien, où : «Dieu est un fantasme et l'âme humaine est une blague. La vie éternelle peut être atteinte par le clonage et les vrais Dieux sont extraterrestres, qui viendront sur la terre pour nous sauver de la destruction.»

Dans son livre, «RAEL, *Le Messie Maçonnique*» Vandinja révèle comment le Raëlisme renverse la vérité - Dieu est remplacé par des extraterrestres - Satan et Dieu sont inver-sés. Raël a déclaré : «Toutes les personnes, rendues passionnées par l'amour... devraient adorer Satan plutôt que leur Dieu assoiffé de sang.» Les gens sont encouragés à accueillir les aliens qui requièrent l'asservissement de l'humanité. Cela n'est pas sans rappeler la description biblique de Lucifer cherchant à être comme Dieu, nourrissant une fierté mal placée, ce qui entraîne sa chute du ciel, tandis qu'il cherche à corrompre et à diaboliser la création de Dieu.

En accord avec le mensonge satanique, Jésus est défini de manière blasphématoire comme un «métis étranger». Vandinja décrit les similitudes entre le respect mal placé des Francs-maçons et des Raëlien pour Lucifer, qui, en tant que «porteur des lumière de la raison» (deux groupes dont il revendique la paternité) saura «détrôner Dieu» - en créant finalement des HUMAINS-ALIENS HYBRIDES. Est-ce une dernière tentative de la part de Satan pour échapper à son sort final à cause de sa rébellion contre Dieu? Fait inquiétant, Vandinja cite Raël : «ceux qui agissent contre le Guide des guides, et essayent de l'empêcher d'accomplir sa mission... verront leur vie devenir un enfer.» Nous découvrons la contribution raëlienne à de larges plans pour : le clonage humain ; *http://www.clonaid.com/page.php7 Le dépeuplement et le reboisement ; le contrôle de la météo* ; la technologie Tesla HAARP (les tremblements de terre organisés) ; une monnaie mondiale scripturale avec des puces d'identification personnelle ; une surveillance de 24/24 7/7 à distance par satellite ; une fédération et un gouvernement mondial ; l'éducation mondiale universelle ; le discrédit jeté sur le Christianisme et l'Islam ; *http://apostasie.org/english/acte.php et les soldats citoyen du monde comme* «gardiens de la paix».

Vandinja décrit la vision de Raël d'une «géniocratie» *(http://raelianews.org/news.php?default.0.84)* Où un petit nombre de «génies illuminés» dirigent le monde, décrit dit-il par Thomas Jefferson comme : «les ILLUMINATI, l'aristocratie naturelle, l'Intelligencia.»

Vandinja suggère que Raël à l'intention d'utiliser la technologie de surveillance mondiale pour contrôler la population humaine. Il décrit un changement de paradigme Raëlien-Maçonnique-Illuminati prévu : «la religion NEW AGE, avec le MESSIE MAÇONNIQUE (qu'il a défini comme l'Antéchrist) à sa tête, est le fondement même de ce nouveau Gouvernement Mondial, sans quoi, la dictature du NOUVEL ORDRE MONDIAL est totalement impossible.»

En 1994, Serge Monast, un journaliste canadien a révélé l'existence du «Project Beam Blue» de la NASA ; un spectacle de lumière globale qui fera semblant de manifester le retour du Messie depuis l'espace extra-atmosphérique. En fait, il sera l'Antéchrist. Est-ce que les Illuminati construisent encore un autre canular monstrueux avec le soutien des Raëliens et du film «Avatar» ?

# LIVRE TROIS

# Le Judaïsme, le Sionisme et le Communisme

# Lucifer est-il le Dieu du Judaïsme ?

*(Ceci a été écrit pour Henrymakow.com par Will Newman qui a fréquenté la synagogue juive, et a des parents impliqués dans le Talmudisme, la Kabbale, le B'nai B'rith et la Franc-maçonnerie.)*

En 1976, Walter White Jr., «un patriote inquiet» a mené une entrevue avec un jeune Juif nommé Harold Rosenthal, qui fut l'assistant du sénateur Javits de New York.

Dans l'interview, publiée plus tard sous le titre «La Tyrannie Cachée» l'arrogant Rosenthal se vante (sur bande) que le peuple juif a fabriqué certains «mensonges qui servent à dissimuler leur nature et à protéger leur statut et leur pouvoir.»

Rosenthal démystifie le mensonge communément admis que «les Juifs sont des Israélites, et donc le peuple élu de Dieu.»

Rosenthal a dit en partie : «La plupart des juifs n'aiment pas l'admettre, mais notre dieu est Lucifer - alors je ne mentais pas - et nous sommes son peuple élu. Lucifer est bien vivant. «*(www.mac-quirelatory.com/Interview Wallace1967.htm)*

L'objectif de Lucifer est «d'être comme le Très-Haut» (Isa. 14:14) et d'usurper le rôle de Dieu (Mat. 4:9).

Le but de Lucifer est de tromper le monde entier (Ap. 12:9) en se transformant en ange de lumière (2Co. 11:4). Ceci est bien illustré par les Francs-maçons. Leur mot d'ordre de «rendre les hommes bons meilleurs» produit une image beaucoup plus favorable aux yeux du public que l'alternative la plus précise : «comment devenir démoniaque en 33 étapes faciles.» Les religions juive et franc-maçonne adorent toute deux le même dieu.

## LA LUMIÈRE BRILLANTE

Dans la plupart des synagogues juives, une flamme brûlante et lumineuse représente leur dieu. Le mot hébreu pour Lucifer est «Hillel» (forte concordance # H1966) ce qui signifie «lumière brillante». Curieusement, c'est le nom choisi pour l'organisation étudiante juive. Un texte central dans la Kabbale est intitulé «le Zohar» qui se traduit par le livre de la lumière ou de la splendeur.

L'étoile juive à six branches est le plus haut symbole de l'occulte et possède des noms différents - l'étoile de Moloch/Saturne/Chiun/Remphan. Il est un symbole de l'union du mâle et de la femelle et est identique dans un sens à l'équerre et au compas maçonnique, qui est aussi un symbole à six branches autour de la lettre «G» signifiant l'acte sexuel générateur. En lieu et place de la lettre «G», nous trouvons au milieu יהוה sur de nombreuses étoiles juives.

Le symbole hébreu חי porté autour du cou de nombreux Juifs, symbolise soi-disant la «vie» (lachaim). Le mot signifie littéralement une «chose vivante» ou «bête» (H2416), ce symbole est une idole pour La Bête.

Le nom juif pour dieu est représenté par le tétragramme יהוה (YHVH) pouvant être prononcé Yahvé ou Jéhovah. La signification du nom de Dieu est soulignée à plusieurs reprises tout au long des Écritures.

Traduite en hébreu, la vraie définition de l'Éternel (Yah-Hovah) se révèle. «Yah» (# H3050) signifie «dieu». «Hovah» (# H1942) se traduit par «l'impatience de la convoitise, la chute, le désir, la ruine, la calamité, l'iniquité, la malice, la méchanceté, le malin, le pervers, le méchant.»

Jéhovah est synonyme de Baal :

«Baali (# H1180) De ba'al ; mon maître ; Baali, un nom symbolique pour Jeovah – Baali.»

L'Encyclopédie juive («Adonaï et Ba'al») révèle : «Le nom Ba'al, a apparemment comme équivalent Yhwh.»

Depuis les jours de Jérémie, les Juifs ont oublié le nom de leur dieu et l'ont remplacé par le titre «Baal» ou «YHVH»: Les faux prophètes «qui pensent faire oublier mon nom [de Dieu] à mon peuple... comme leurs pères l'ont oublié pour Baal.» (Jer. 23:27).

YHVH et Ba'al représentent tout deux le dieu de la perversion sexuelle et de la méchanceté, Satan.

Cependant, les Juifs prétendent que ce nom (YHVH) ne doit pas être lu à voix haute, en dépit de l'ordre de Dieu de déclarer son nom par toute la terre (Ex 9:16). Pourquoi ignorer ce commandement?

## PRONONCER LE NOM DE DIEU

Le judaïsme se réclame de l'autorité de l'Ancien Testament, mais ils ne pratiquent pas ce qu'ils prêchent. Ils s'habillent en noir, la couleur de la mort, en dépit de la recommandation des écritures de porter du blanc (Ecc. 9:8), rejettent le Christ comme Messie (qui est prophétisé dans l'Ancien Testament) et refusent de prononcer «le nom de Dieu» en violant les Écritures.

En vénérant leur nom de Dieu (YHVH) sans le prononcer, les Juifs créent un air de mystère et de sainteté autour du nom, tout en améliorant la curiosité entourant sa prononciation et sa puissance. Lorsque les Juifs et les non-juifs curieux voient le tétragramme «sacré» utilisé dans la pratique occulte, ils sont intrigués par la probabilité que ces sorciers aient exploité les pouvoirs mystiques de ce nom.

La sorcellerie Wicca, le Satanisme, le Tarot, le Catholicisme occulte, la Franc-maçonnerie et la Kabbale utilisent leur connaissance du «nom sacré de Dieu» comme un appât
pour recruter des membres dans leur secte. Si le nom n'était pas caché, il manquerait
à ces cultes un outil essentiel dans leurs processus de recrutement. Ils ne pourraient
pas offrir cette connaissance si les Juifs, l'autorité auto-proclamée au sujet de Dieu,
prononçaient ouvertement ce nom.

Les religions à mystères et les convents de sorcellerie ont une dette importante envers le
judaïsme pour le conditionnement du grand public à accepter l'importance et le secret
de ce nom. La louange vocale du nom YHVH est réservé pour les «élus» qui apprennent
la Kabbale (et payent pour le faire) et est interdite pour le «profane». La doctrine judaïque est fondamentale afin de vendre l'occultisme comme une juste pratique.

Satan est l'auteur de la confusion et porte plusieurs noms. Bon nombre des anciennes
divinités païennes étaient Satan et ses anges sous d'autres formes («*Les Deux Babylone*»,
par A. Hislop). Les Juifs emploient un certain nombre de faux noms pour Dieu dans
leurs rituels, qui sont aussi d'autres titres pour Satan et d'autres puissants démons.

De la même manière, le Sataniste et Magicien Noir invoque des démons par leur nom.
Dans la Bible satanique, Anton LaVey (juif) fournit une longue liste de «noms infer-
naux» qui, lors d'une évocation, fournissent à l'impétrant des super capacités humaines
à savoir l'intelligence, la puissance, les compétences dans la manipulation, une créativi-
té accrue, la richesse matérielle, et la satisfaction de diverses convoitises.

## LA PRIÈRE

Dans les synagogues Hassidiques, de nombreuses prières juives sont conduites en yiddish, une langue composite loin de la prononcation prévue de l'Hébreu originel. Ces
prières ne sont rien de moins que des invocations démoniaques déguisées. Elles sont
des sorts hypnotiques, semblables à la langue Enochienne de l'Église de Satan.

Des jeunes Juifs passent d'innombrables heures à se préparer pour leur Bar Mitzvah en
mémorisant les longs chants, la cadence et le ton appropriés. La plupart de ceux qui
passeront leur Bar Mitzvah ne seront pas en mesure de traduire plus d'une poignée de
mots. Ces jeunes hommes et femmes n'ont aucune idée de ce qu'ils disent ou à qui ils
prient. Les Juifs invoquent dans leurs rituels les démons appelés Adonaï, Élohim, El
Shaddai, Zeba'ot, Diyenu (Diana) et bien d'autres.

Les vaines répétitions et les mouvements de têtes, au cours des prières juives aident à
pénétrer dans un état de transe. Un grand nombre de Juifs athées s'engagent dans le
culte pseudo-religieux du statut et de la connaissance. Comme Bill Cooper l'a écrit, «le
CULTE (très différent de l'ÉTUDE) de la connaissance, de la science ou de la technologie
est le Satanisme dans sa forme la plus pure, et son dieu est Lucifer» («Behold a Pale
Horse», 70). Le judaïsme fournit à ses membres les mêmes puissances sataniques que
l'Église de Satan et de la Franc-maçonnerie.

## LE KABBALISME

Les fondations du Kabbalisme sont identiques au Satanisme : l'inversion des rôles de Dieu et Satan. C'est la poursuite cachée (occulte) de connaissances qui permettent d'atteindre des capacités d'un dieu en faisant appel à des prétendus noms de Dieu. Ce sont les noms des anges déchus ou démons/guides spirituels qui sont les gardiens de la connaissance occulte (Gen. 6:4, Jubilés, Enoch). Alors que tous les Juifs ne pratiquent pas ouvertement la Kabbale, ils acceptent tous le nom kabbalistique le plus élevé comme leur dieu-YHVH.

L'infâme Kabbaliste et Sataniste Aleister Crowley a écrit : «Il y a donc 72 anges... ces [noms] sont dérivés du «Grand Nom de Dieu»... Le «Nom» est le Tétragrammaton : IHVH, communément appelé Jéhovah. Il est le Seigneur suprême de l'Univers tout entier... («Le Livre de Thoth», 43). Un certain nombre d'autres prononciations secrètes de YHVH sont utilisées dans l'occultisme, en plus de Yahvé et Jéhovah.

«Des 54 noms sacrés de la Kabbale juive, le principal est YHWH» («Sacred Name of God ? Or Blasphemy» de R. Hathaway www.remnantradio.org/Archives/articles/sacred_name.htm)

Le credo juif, le Chema, déclare : «Notre Seigneur est Un», alors pourquoi invoquer ces autres noms?

## LA DÉMONOLOGIE

Le secret des anciens Égyptiens, et de leurs disciples modernes, les Francs-maçons, c'est l'art de la démonologie pour accéder au pouvoir - principalement par le diable, Jéhovah. Dans le degré de l'Arche Royale, le Franc-maçon «reconnaît que le diable, sous le nom de Jahbulon, est son Seigneur sacré», le nom de Jahbulon est un «composite de Yahvé, Baal, et Osiris.» Il chante «Jahbulon, Jahbulon, Jahbulon, Jéhovah» (Texe Marrs, «Codex Magica» Ch. 4). Albert Pike parle longuement de la signification kabbalistique/maçonnique de IAHOVAH dans son *Moral & Dogma* (pages 66, 213, 401, 467, 519).

Le nom de YHVH a été injecté dans le texte de l'Ancien Testament par les pharisiens et les autres qui pratiquaient le Satanisme Babylonien (le précurseur de la Kabbale et du Talmudisme). Pour ceux qui ne croient pas que le Talmud est satanique, il proclame que le Christ est en enfer en train de bouillir dans les excréments et le sperme (Gittin, 56b, 57a).

Un accord a été conclu entre les Massorètes juifs et l'Église Catholique vers 1000 après J.C. pour remplacer le nom de Dieu dans l'Ancien Testament hébreu par le nom païen de Yahvé/Jéhovah par l'intermédiaire du tétragramme www.remnantradio.org/Archives/Articles/sacred_name.htm

C'est ce qui explique la déclaration de Rosenthal : «Nous sommes étonnés par la stupidité des Chrétiens à recevoir nos enseignements et à les propager comme s'il s'agissait des leurs.»

Selon les propres termes d'Henry Ford, «Le Chrétien ne peut pas lire sa Bible, sauf à travers des lunettes juives, et, par conséquent, la lit mal.» (*«Le Juif International»*, vol. IV, 238).

## LE VÉRITABLE NOM DE DIEU

Le dédain démoniaque pour l'humanité présenté par le Juif luciférien Harold Rosenthal, caractérise le résultat final d'une fusion mortelle : un rituel religieux juif combiné avec le culte de la connaissance et l'égo. Les Juifs en tant que peuple, par le rejet de Dieu et/ou en acceptant Jéhovah, ont été livrés «à un esprit réprouvé... rempli d'iniquité...» (Rom 1:28-31).

Bien sûr, M. Rosenthal était membre d'une élite, une minorité ouvertement Satanique parmi le peuple juif. Les juifs du quotidien ne savent pas que le dieu de leur foi est en fait Satan se cachant derrière un nom mystique. Il est sans conséquence aux yeux de Satan s'il est adoré délibérément ou par des mensonges et des tromperies subtiles (Gen. 3).

Salomon le sage lui demande : «quel est le nom [de Dieu], et quel est le nom de son fils, si tu peux le dire?» (Pro 30:4). Le nom de Dieu est אהיה AHAYAH (parfois traduit par Ehyeh) signifiant JE SUIS. C'est le nom donné à Moïse avec la Loi. «Et Dieu dit à Moïse, JE SUIS CELUI QUI EST : et il dit : Ainsi tu diras aux enfants d'Israël, CELUI QUI EST m'a envoyé vers vous... ceci est mon souvenir pour toutes les générations.» (Ex 3: 14-15). «JE SUIS le Seigneur ton Dieu... Tu n'auras pas d'autres dieux devant moi» (Exo 32:4-5).

# Les Juifs sont définis par une idéologie occulte, et non par la notion de Nation/Race

Les Juifs sont-ils une nation, une religion ou une race? Rien de tout ça apparemment.

Shlomo Sand, l'auteur de «*Comment le peuple Juif fut inventé*» montre que les Juifs d'aujourd'hui ne sont pas les descendants des Hébreux bibliques, mais des peuples de races différentes qui se sont convertis au «Judaïsme» à travers les siècles. Inconnu de la plupart des Juifs, le Judaïsme Talmudique est une société secrète satanique comme la Franc-maçonnerie, pas une religion. C'est pourquoi vous n'avez pas besoin de croire en Dieu pour être juif. (J'ai développé ce sujet dans l'introduction de mon ouvrage «Illuminati».)

D'après Sand, la description des Juifs comme une nation errante et auto-isolée d'exilés, «qui erraient à travers les mers et les continents, avaient atteint les extrémités de la terre et enfin, avec l'avènement du Sionisme, avaient fait demi-tour et étaient revenu en masse dans leur patrie orpheline», n'est rien d'autre qu'une «mythologie nationale».

«Je me suis demandé comment ces grandes communautés juives étaient apparues en Espagne. Et puis j'ai appris que Tariq ibn Ziyad, le commandant suprême des musulmans qui avaient conquis l'Espagne, était un Berbère, et que la plupart de ses soldats étaient des Berbères s'étant convertis au Judaïsme.» (En d'autres termes, ils se sont convertis à une société secrète occulte, qui se faisait passer pour une religion.)

Elizabeth Dilling dit la même chose sur la race dans «*The Jewish Religion : It's Influence Today*», (1964, chapitre IX) Le livre est disponible en ligne.

«Les Juifs d'aujourd'hui sont un pot-pourri de toutes les races d'homme», écrit-elle, «et ils n'ont pas de dérivation généalogique ou raciale provenant des anciens peuples de la Terre Sainte.»

## MON NOUVEAU PARADYGME

Je nourrissais l'idée fausse que les Juifs étaient une race à cause de leur antipathie à l'égard du mariage métissé. Cela a été mis en pratique par Hitler sous la forme d'un traitement des juifs sur une base raciale. Mais je ne pouvais pas expliquer pourquoi les Juifs se différenciaient racialement et discriminaient les autres sur cette base.

Par ailleurs, je ne pouvais pas concilier le fait que les Illuminati, le noyau secret intérieur du Judaïsme recherchaient activement les mariages avec des non-Juifs, et le fait que les autres juifs avaient été sacrifiés au cours des pogroms et pendant l'Holocauste.

Mon paradigme a changé. Ma dernière approche est que, comme son intermédiaire de la Franc-maçonnerie, l'élément déterminant du Judaïsme est une idéologie occulte. La race n'a pas d'importance. Tout le monde peut rejoindre le club : Marilyn Monroe, Sammy Davis, Elizabeth Taylor, Madonna, Britney.

Comme avec American Express, «l'adhésion a ses avantages.»

Et tout comme dans la Franc-maçonnerie, les membres sont ignorants du véritable ordre du jour. Seul les «Illuminés» sont dans le secret. Le reste est manipulé et jetable.

Comme avec la Franc-maçonnerie, l'ordre du jour caché est païen et satanique. Le Judaïsme utilise l'Ancien Testament pour attirer les gens dans la bergerie. Mais ce plan est en réalité défini par le Talmud et la Kabbale qui méprisent l'Ancien Testament.

Le Judaïsme Talmudique se servait de «l'Ancien Testament pour couvrir sa négation de toute loi morale prescrite dans l'Ancien Testament, telle la promotion de la pratique de toutes les abominations occultes démoniaque excoriées par l'Ancien Testament» écrit Dilling.

Dilling montre comment les injonctions de Moïse contre la bestialité, la sodomie, l'adultère, l'inceste, la nécrophilie, etc. dans l'Ancien Testament, sont inversées dans le Talmud. (Chapitre V)

L'image des Juifs en tant que nation-race est une autre façon de les contrôler et de les manipuler. Il est essentiel pour les Juifs (et les Francs-maçons) de comprendre que les meilleures parties de l'idéologie sont pour la consommation publique et pour duper les innocents. A partir de ce réservoir, seul les corruptibles sont informés du véritable programme et autorisés à progresser. Ils font partie des Illuminati.

Mais s'il y a des problèmes, les Illuminati porteront le blâme sur les juifs innocents et les Francs-maçons, la couche externe de dupes qui leur servent de bouclier humain.

## SATANIQUE?

L'ordre du jour caché (Talmudique/Kabbalistique) du Judaïsme et de la Franc-maçonnerie, est de parvenir à supplanter les lois naturelles et spirituelles de l'univers (Dieu) avec la tyrannie des banquiers Illuminati. Ils veulent redéfinir la réalité.

Par exemple, l'homosexualité, la bestialité, l'inceste, etc. sont peu à peu normalisés. Ce qui est sain (par exemple le mariage, la famille) est présenté comme malade ; ce qui est faux (le changement climatique par exemple) est présenté comme vrai ; ce qui est obscène et laid (l'art moderne, le divertissement) est présenté comme beau. C'est le Nouvel Ordre Mondial.

Les banquiers Kabbalistes ont été en guerre contre l'humanité depuis des siècles. Les juifs ordinaires et les Francs-maçons sont en péril à cause de leur association avec ce fléau.

Selon l'Ancien Testament, les Juifs doivent attendre le retour du Messie, avant de rétablir Israël. Mais le Talmud dit que le Messie est déjà là et qu'il s'agit du «peuple juif» lui-même. Par «peuple juif», ils entendent les banquiers Illuminati qui parrainent et dirigent la communauté juive organisée.

Par exemple, le Talmud *Kethuboth* 111a, déclare : «Le Messie est sans aucune métaphore le peuple juif.» (Dilling, chapitre VI)

La Kabbale enseigne que Dieu («En Sof «) n'est pas moral, et n'a pas de caractéristique. Dieu est un composé de la nature. Comme la plus haute expression de la nature, c'est l'homme, il est Dieu. Et comme seul les Juifs sont des êtres humains, et au-dessus du niveau de la bête, les Juifs (c'est à dire les banquiers Illuminati) sont divins.

Selon l'Encyclopédie Juive, la Kabbale enseigne que la relation entre l'homme et Dieu est érotique, «la religion étant identique à l'amour, le plaisir sensuel, et surtout l'ivresse.» (Ch. VI)

La chanson de la Pâque juive «Had Gadia» annonce le jour où toutes les grandes nations du monde se détruisent mutuellement par la guerre, et seul demeure Israël. (Chapitre XIV)

## CONCLUSION

Ne vous faites aucune illusion, l'humanité a été intronisée à un culte satanique basé sur le Talmud et la Kabbale. Peu à peu, nous sommes mis sous sédation et offert en sacrifice à Lucifer par ses disciples. L'humanité est vouée à une vie factice, à l'arrêt du développement, prise dans une boucle fermée d'erreurs répétées.

Les antisémites protègent les Illuminati en blâmant le Juif «racial». Le véritable méchant est le banquier Illuminati et ses laquais de toutes les ethnies et «religions», qui embrassent l'idéologie satanique du Nouvel Ordre Mondial.

# Les Juifs ont toujours exercé un grand pouvoir

Les Juifs ont l'image d'un pauvre peuple assiégé. Même les juifs pensent que c'est vrai. En fait, il y a toujours eu une caste d'élite de Juifs puissants alliés aux aristocrates locaux, servant en tant que conseillers, banquiers, administrateurs, collecteurs d'impôts, responsables, médecins et tuteurs. Ils ont utilisé leurs positions et leurs contacts à travers le monde pour dominer le commerce et devenir très riches. Ils ont grassement récompensé leurs protecteurs.

Leur rôle dans les «Lumières» et l'Impérialisme Occidental a été discrètement occulté. Le Nouvel Ordre Mondial néoféodal perpétue cette alliance intime avec l'élite des Gentils. Le concept de «peuple élu» est idéal pour une ploutocratie minuscule se consacrant à la colonisation de la race humaine.

### «EN DÉFENSE DES JUIFS»

Une lettre célèbre, «En défense des Juifs» (1650) donne une image non filtrée du pouvoir juif et de son influence il y a 350 ans. La lettre a été écrite par le rabbin «Menasseh Ben Israël» (Manoel Dias Soeiro, 1604-1657), un leader de la communauté juive d'Amsterdam afin de convaincre Oliver Cromwell, (1599-1658) de permettre aux Juifs de retourner en Angleterre.

Les arguments de Ben Israël pour le retour des Juifs étaient probablement une formalité car Cromwell a été financé par les banquiers juifs d'Amsterdam. Néanmoins, il en révèle beaucoup sur l'attitude et la «condition» des Juifs de cette époque.

Les Juifs ont toujours utilisé leur «religion» comme une méthode pour gagner des privilèges spéciaux, y compris l'exemption du service militaire et l'obtention de leur propre système judiciaire. Ben Israël déclare à Cromwell que Dieu bénit ceux qui aident les Juifs et maudit ceux qui ne le font pas. La Bible décrète que le Messie ne reviendra pas jusqu'à ce que «le peuple de Dieu» ait été entièrement dispersé aux quatre coins du monde, l'Angleterre notamment. C'est alors seulement que les Juifs pourront retourner en Israël et ne plus jamais se salir les mains dans le commerce.

La lettre indique clairement que les élites des Juifs ont gagné le monde de la manière la plus simple qui soit : ils l'ont acheté. Il argumente qu'ils savent être extrêmement fidèles à l'égard des princes et des nobles et les récompenser généreusement. Il mentionne de nombreux princes qui ont accueilli les Juifs et dit qu'il est facile de juger du commerce qu'ils ont suscité, «le bénéfice que les princes et les républiques récoltent, en donnant la liberté de religion pour les juifs, et en les rassemblant par certains des privilèges spéciaux dans leurs pays : tels des arbres qui donnent par la suite des fruits excellents.»

L'accumulation de la richesse est un signe de «faveur de la Providence», dit le Rebbe, définissant sa religion. «Le profit est le motif le plus puissant, et que le monde préfère à toutes autres choses... » L'échange et le commerce est la profession appropriée des Juifs, en raison de leur dispersion, et parce que Dieu leur a donné un «instinct naturel» qui leur permet de «prospérer dans les richesses et les possessions» qui les rend utiles à leurs princes. Cela engendre «un bénéfice infaillible, la mise à disposition des produits de base et le gain de tous les princes, quel que soit les terres dans lesquelles ils demeurent... »

Les Juifs n'ont pas d'égal quand il s'agit de «commercialisation» et de «concevoir de nouvelles inventions». Où qu'ils aillent, fleurit le commerce. Par exemple, un Juif a inventé le «Scale Spalatro» qui a amené le commerce du Levant à la ville de Venise. [Selon l'Encyclopédie Juive, les Juifs de Split furent fortement favorisé par la république de Venise, et le commerce local et la finance étaient presque entièrement entre leurs mains. Parmi les familles juives notables étaient celles de Pardo et de Macchiero.]

## LES RACINES DU MONDIALISME

Après avoir été expulsés d'Espagne en 1492, Ben Israël dit que les Juifs se dispersèrent en Hollande et en Italie. Ils vivaient déjà dans des endroits aussi disparates que l'Egypte, la Turquie et l'Inde. Il y a trois synagogues à Cochin, en Inde, où les Juifs ont la peau colorée fauve. Les Juifs jouissaient de la liberté et de la prospérité à Bagdad et en Perse. A Constantinople, la capitale de l'Empire Ottoman, «il n'y a pas de Vice-roi, de Gouverneur ou de Bassa qui n'ait un Juif pour gérer ses affaires et prendre soin de sa succession.» Bientôt, ils «grandirent pour devenir les seigneurs des hauts revenus : et influençaient «le plus souvent» «les affaires importantes au sein du gouvernement.»

Le Bassa de l'Egypte prit un Juif pour être son trésorier et en vertu de son influence en distribuant les faveurs, il «devint très riche». Plusieurs millions de Juifs vivent dans l'Empire Ottoman et dans de nombreux cas, «ils sont préférés aux natifs Turcs eux-mêmes.»

A Prague, Vienne et Francfort il y a une «grande multitude de Juifs» favorisée par les Empereurs mais «méprisés du peuple». Un nombre beaucoup plus élevé de juifs se trouvent en Pologne, en Prusse et en Lituanie, Bien que les Cosaques en aient récemment tué 180,000, il en existe toujours un «nombre infini». Tout le commerce est entre les mains des Juifs, «le reste des chrétiens sont soit des Nobles, ou des roturiers et sont réduits en esclavage.»

Il dit que les Juifs sont protégés par tous les princes de l'Italie. Ils ont fait de Venise leur QG, où ils possèdent «environ 1400 maisons» [sociétés de négoce.] Ils sont reçus avec «une grande charité et bienveillance» à Amsterdam, d'où ils tirent un énorme commerce. Ils possèdent «pas moins de 300 maisons, [et] profitent d'une bonne partie des entreprises de l'Occident et de l'Orient Indien.» A Hambourg, il vit une centaine de familles, protégées par le magistrat au cas où elles seraient molestées par les gens.» Les juifs enrichissent les populations indigènes et il y a beaucoup de Gentils qui construisent eux-mêmes de grandes maisons et des palais.

## LE POUVOIR KABBALISTE

Dans chaque génération il y avait un «Ba'al Shem», un adepte de la Kabbale revendiquant des pouvoirs magiques, escroquant les fidèles et vivant dans le luxe. Il était connu comme le «chef de tous les Juifs». Conseillait-il les financiers ?

Au 18ème siècle, le Ba'al Shem de l'Angleterre était Samuel Jacob Falk (1710-1782). En septembre 1762, Adler, un docteur, a publié un compte rendu des activités de Falk dans «*The Gentleman's Magazine*» Il y décrit le kabbaliste comme «un Baptisé Juif et le plus grand voyou et bandit du monde entier.» Le kabbaliste offrit d'enseigner à Adler certains mystères s'il pouvait se procurer «une livre de sang provenant des veines d'un honnête protestant.»

Adler préleva alors son propre sang pour Falk qui l'utilisa pour peindre des symboles occultes et le nom de Dieu et des anges autour de son jardin. Il effectua ensuite des «cruautés sur un bouc trop odieuses pour être décrites.» (Ce témoignage est extrait de «*Sociétés Secrètes et Mouvements Subversifs*», 1924, par Nesta Wester pp 184-188.)

La Kabbale est la base d'un culte satanique, les Illuminati, et les banquiers centraux en font partie. Nos dirigeants politiques, y compris George Bush et Barack Obama, en font également partie.

Comme le dit Nesta Webster, «c'est dans la Kabbale, plus encore que dans le Talmud, que le rêve judaïque de la domination du monde apparait avec la plus grande persistance.» (371) Le Zohar rapporte que le Messie déclarera la guerre à tout le monde: «Ils périront tous lorsque Dieu leur rendra visite dans Sa colère... Le Saint, béni soit-il, exterminera tous les goyim du monde. Israël seul subsistera... »(374)

## CONCLUSION

La demande de Menasseh Ben Israël fut accordée. Bien qu'il n'y eu aucune proclamation officielle, les Juifs furent tacitement autorisés à retourner en Angleterre. L'Empire «Britannique» est devenu un véhicule pour l'alliance de longue date du Juif kabbaliste et de l'aristocrate Gentil pour atteindre la domination du monde. Maintenant, l'impérialisme Américain mène la danse, pour être éventuellement remplacé par un mécanisme de gouvernement mondial.

L'histoire a besoin d'être réécrite en tenant compte des réels conflits d'intérêts qui ont eu lieu entre la main secrète de l'alliance Judéo-Maçonnique contre les forces indigènes du Christianisme, du Nationalisme, de la race et de la famille. La culture d'aujourd'hui présente un caractère kabbalistique : pseudo mystique, totalement subjective, et amorale. Elle rejette Dieu, et divinise l'homme et le sexe à la place.

Une distinction doit être faite entre les riches Juifs et Gentils francs-maçons et les Juifs ordinaires et les Gentils qui sont leurs dupes et leurs pions. Les juifs ordinaires ont souffert autant que les Gentils ordinaires de la vision mégalomaniaque de l'élite franc-maçonne. Les Juifs francs-maçons garantissent la solidarité juive en veillant à ce que tous les Juifs soient blâmés pour leurs péchés. Ils ont financé les «antisémites» qui s'exécutèrent avec joie.

Il s'agit vraiment de la concentration des richesses et du pouvoir entre les mains d'un petit culte adorant Lucifer, et de la mise en servage du reste de l'humanité.

# Les Marranes - Les Crypto-Juifs originels

Après que les Chrétiens aient repris l'Espagne aux Maures au 14ème siècle, ils voulurent «extirper tous les éléments non-Catholiques dans le pays et l'unir sous la domination Catholique.» (Prinz, «*Les Juifs Secrets*», p.25)

Les Juifs vivaient en Espagne depuis le IVème siècle avant J.C. et avaient prospéré sous les Maures. L'Église exigea que les plus de 400 000 Juifs présent se convertissent ou qu'ils quittent le territoire. Parce que des milliers avaient été massacrés au cours des émeutes anti-juives de 1391, plus de 250 000 Juifs acceptèrent de se convertir et devinrent connu sous le nom de «conversos».

Cependant, l'Église s'est vite rendu compte de son erreur fatale. Comme on pouvait s'y attendre, la majorité de ces convertis n'étaient pas sincères. Ils furent appelés les «Marranes» de l'espagnol : «Marranos» (cochons). Mais maintenant, ils étaient exonérés des impôts et des restrictions qui régissaient les Juifs. Ils étaient plus influents et puissants que jamais.

Ils se sont mariés avec la noblesse et s'élevèrent aux plus hautes positions du gouvernement et de l'Église. Le fondateur des jésuites, Ignace de Loyola, était un Marrane, et son successeur Diego Lainex l'était aussi. La plupart des conversos pratiquaient le Judaïsme en secret et étaient considérés comme des «judaïseurs».

Les «Juifs avaient envahi l'Espagne de l'intérieur», écrit Joachim Prinz. Le judaïsme n'était pas seulement incurable, il semblait être invincible... plutôt que de résoudre la «question juive», les conversions de masse avait créé un nouveau problème : une puissante classe moyenne composée de Juifs secrets.» (42).

Les Marranes sont le modèle original pour les Francs-maçons et les Communistes. Ils prétendent appartenir à un groupe déterminé. Mais, comme les Francs-maçons, les Marranes employaient des poignées de main pour se reconnaître mutuellement et se réunissaient en secret la nuit pour répéter leurs dogmes subversifs.

## EXCEPTIONS

Il y avait aussi de nombreuses exceptions, des convertis sincères comme sainte Thérèse d'Avila, la plus grande femme mystique Catholique. Ironiquement, lorsque Ferdinand et Isabelle restaurèrent l'inquisition en 1478, les convertis sincères prirent les devants. «Le plus célèbre d'entre eux est Tomas de Torquemada, qui était issu d'une famille juive, tout comme son assistant tout aussi violent, Diego de Daza.» (39)

L'Inquisition est considérée comme l'un des événements les plus traumatisants de l'histoire juive. Mais elle n'avait aucun pouvoir sur les Juifs. Elle ne visait que les convertis Chrétiens qui n'étaient pas sincères : «Les Marranes... ne comparaissaient pas en tant que Juifs, mais en tant que Chrétiens hérétiques. Le nombre de Marranes qui ont été exécutés est estimé à 30 000. La même Inquisition punissait également les Musulmans («Morisques» de l'espagnol «Moriscos»). Toutefois, aucun Juif non converti ne fut jamais appelé devant les tribunaux.»

Néanmoins, en 1492 Ferdinand et Isabelle expulsèrent tous les Juifs de l'Espagne. Joachim Prinz fait une remarque sur l'incapacité «apparente des Juifs de comprendre ou de prévoir leurs propres catastrophes. Les Juifs, dont l'histoire se compose de tragédies les unes après les autres, ne semblent jamais être préparés pour aucune d'entre elles.» (51)

## LES CONSÉQUENCES

Le même processus fut répété au Portugal. Bien que de nombreux Marranes ibériques renoncèrent à leur religion, bon nombre d'entre eux s'en furent et inondèrent l'Europe et le Nouveau Monde (Amérique) en tant que Juifs qui étaient en mesure de passer pour des Chrétiens, à savoir «les crypto-juifs».

Selon Prinz, ils ont prospéré partout où ils allaient. Leur richesse était «stupéfiante ... A Bordeaux, Avignon, Nantes et Marseille, cela devint un compliment pour caractériser un homme d'affaires chrétien de «riche comme un juif.»

En Angleterre, il n'y avait que 100 familles marranes au début du 17ème siècle, mais «elles étaient parmi les marchands les plus prospère de Londres.» En Allemagne, 40 familles Marranes participèrent à la fondation de la Banque de Hambourg en 1619. La fortune des Marranes d'Altona près de Hambourg, était estimé à près de six millions de marks et quelques-unes des plus belles maisons dans les environs d'Amsterdam appartenaient à des Marranes nouvellement arrivés.» (127)

Tout le monde savait qu'ils étaient Chrétiens par commodité. «La fiction de leur allégeance chrétienne était un arrangement d'affaires... [Leurs] établissements bancaires était une institution Chrétienne avec laquelle les Empereurs, les Ducs, les Évêques, et les chefs de gouvernement pouvaient faire des affaires en toute sécurité.» (130)

Inévitablement, ces banquiers Marranes et les commerçants agissaient de concert. Prinz raconte l'histoire du banquier Marrane (de la Maison de Mendès) Joseph Nassi (1524-1579) qui contrôlait l'Empire Ottoman en tant que conseiller du Sultan Souleymane et plus tard de son fils, Salim. Il essaya de créer un foyer national juif près de Tibériade, mais aucun Juif ne voulait s'y installer. Plus tard, il conçu la «Stratégie Marrane». Il ferait boycotter ou ruiner quiconque persécutait les Marranes. (141)

Lorsqu'un incendie a détruit le port de Venise en 1571, beaucoup soupçonnaient la Maison Mendes d'avoir payé des pyromanes pour y mettre le feu. «Et tandis que la plupart de la ville était encore en flammes, Joseph Nassi conseillait au Sultan d'occuper l'île vénitienne de Chypre, la déclarant une possession turque.» (142)

## CONCLUSION

La véritable histoire du monde est l'histoire de la façon dont certains riches banquiers juifs et leurs alliés non juifs francs-maçons ont conspiré pour établir la dictature de gouvernement mondial en train d'émerger.

Le contour de cette histoire devient visible. Les Juifs ou les Marranes ont toujours dominé le commerce. Leurs alliés naturels étaient les aristocrates locaux, qui leur fournissaient une protection. Des mariages mixtes ont eu lieu. Les familles royales d'Europe sont probablement à moitié juives.

Maintenant, nous assistons à une résurgence du système féodal, où les masses doivent servir ce petit réseau consanguin de super-riches pervers et satanistes. Le système éducatif et les médias enseignent aux serfs à embrasser l'ordre du jour des Illuminati. Des flics brandissant des tasers et les soldats sauront ramener les retardataires dans le droit chemin.

Bienvenue dans le Nouvel Ordre Mondial. Il comporte un certain risque pour les Juifs qui ne font pas partie de cette petite clique. Mais les Juifs n'ont jamais été très bons pour «prédire leurs propres catastrophes.»

# Un croyant de l'Ancien Testament ostracisé par les Juifs

La plupart des gens pensent que le Judaïsme est synonyme de l'Ancien Testament. Mais Uriel da Costa (1585 - 1640) est devenu un juif hérétique célèbre parce qu'il soutenait la loi de Moïse.

Au 14ème & 15ème siècle en Espagne, plus de 250 000 Juifs furent forcés de devenir des Chrétiens sous peine de mort ou d'expulsion. La famille d'Uriel da Costa était parmi ces «Conversos» ou «Marranos». Uriel, un membre de la noblesse et très riche, avait étudié à l'Université Jésuite et était devenu prêtre. Toutefois, il commença à remettre en question sa foi : «La raison me chuchota à l'oreille quelque chose de tout à fait inconciliable avec la foi.»

Il lut l'Ancien Testament et constata qu'il offrait «moins de difficultés.» Il croyait en Moïse et «décida de vivre selon sa loi.» Alors, il renonça à sa charge ecclésiastique et à sa belle maison et s'en fut à Amsterdam, un endroit «où [Il] estimait que les Juifs pouvaient vivre en liberté et accomplir les commandements.» À l'arrivée, lui et ses frères furent immédiatement «soumis à la circoncision.»

De Costa eu un réveil brutal. Le Judaïsme biblique n'existait plus. «Après les premiers jours, j'ai commencé à comprendre que les coutumes et les institutions des Juifs n'étaient pas du tout en conformité avec ce que Moïse avait écrit... Les Juifs ont eu tort d'avoir inventé tant de choses qui s'en écartent... Les sages d'aujourd'hui ont maintenu leurs coutumes et leur mauvais caractère. Ils continuent de se battre obstinément pour la secte et les institutions des mauvais pharisiens.»

Il ne pouvait pas trouver de base pour la plupart des coutumes juives dans la Bible pas plus que l'Ancien Testament ne parlait de la réincarnation ou d'immortalité de l'âme.

Ironiquement pour un homme qui avait quitté son domicile pour trouver la liberté religieuse, la communauté juive d'Amsterdam ne le laissait pas dévier de leur opinion «dans la moindre mesure». Il fut menacé d'excommunication et d'exclusion de la communauté. Il insista sur la liberté religieuse et fut expulsé. «Même mes frères dont j'étais l'enseignant, passait devant moi, tellement effrayées par les autorités qu'elles n'osaient même pas me saluer dans la rue.»

De Costa «croyait faire une chose agréable envers Dieu [par] la défense libre et ouverte de la loi de Moïse» écrit-il dans son autobiographie, *«Exemple d'une Vie Humaine.»*

Mais il a vécu dans l'isolement de la communauté juive et dans une grande solitude. Après sept ans, il chercha la réconciliation. Il décrivit l'humiliation qu'il fut forcé d'endurer. Il fut dépouillé jusqu'à la ceinture, attaché à une colonne et du réciter un psaume, tout en étant fouetté 39 fois. Suite à cela, il s'habilla et se coucha sur le seuil de la synagogue alors que l'ensemble de la congrégation des hommes, des femmes, des enfants et des personnes âgées marchaient sur lui dans la rue.

«Aucun singe n'aurait pu inventer une action plus méprisable, insipide et ridicule», écrit-il.

L'aiguillon de cette humiliation est resté chez De Costa et il ne put se résoudre à la réconciliation. Il ne voyait pas d'autre issue que de se tuer. En tant que suicidé, il ne pouvait pas être enterré dans une tombe marquée dans le cimetière juif.

## CONCLUSION

Ayant fait face à l'intolérance Chrétienne, De Costa a découvert son équivalente juive. Comme de nombreux Marranes, il était écartelé entre deux mondes.

Il appartenait à la tradition des Sadducéens et plus tard des Karaïtes, qui insistaient sur le respect de la loi écrite. Mais ces groupes avaient été supprimés par les Pharisiens qui dominaient le Judaïsme avec la tradition orale satanique (le Talmud) et la Kabbale mystique pseudo satanique.

L'Ancien Testament me frappe par son contenu mélangé. Vous devez le décaper pour y trouver des morceaux d'inspiration. Certes, il contient le même genre de xénophobie que le Talmud. Mais la dénonciation par les prophètes de la corruption et de la décadence sonne juste.

De Costa aurait probablement dû se fondre dans la société Chrétienne. Au lieu de cela, il resta fidèle à son Dieu jusqu'à la fin.

---------

Source: *«Les Juifs Secret»* par Joachim Prinz (1973)

# «Le Judaïsme découvert à partir de ses propres textes» de Michael Hoffman

*«Le Judaïsme Découvert»* la nouvelle œuvre monumentale de Michael Hoffman sur le judaïsme est sous-titrée : «Une Étude de la Religion Anti-Biblique du Racisme, Du Culte de l'Égo, de la Superstition et de la Tromperie.»

Mais qu'est-ce que Michael Hoffman pense vraiment du judaïsme?

Nous sommes en crise. Il est temps que nous écoutions les parias au franc-parler comme Michael Hoffman. L'antisémitisme est en hausse et le livre d'Hoffman explique pourquoi ce n'est pas de «la haine» irrationnelle. Il est plus important pour les Juifs que quiconque d'apprendre qu'ils sont associés à une société secrète satanique se faisant passer pour une «religion».

Deux sondages, l'un du 9 août 2007, et un autre du 3 Janvier 2009, indiquent une forte croissance de l'antisémitisme en Amérique. Le sondage d'août, réalisé pour la Société RAND de Santa Monica contrôlée par la CIA a montré que 35% de la population américaine interrogée affichait des sentiments antisémites modérés à forts tandis qu'un sondage similaire en Janvier 2009 montrait que le pourcentage avait grimpé de 62%. Cela correspond à l'état d'avancement de la crise financière. Sans doute, l'attaque génocidaire d'Israël sur Gaza y a également contribué.

Beaucoup de gens servent d'agents volontaires et involontaires au plan des banquiers centraux pour une tyrannie mondiale (le Nouvel Ordre Mondial.) La collaboration est aujourd'hui un critère de «succès». De plus en plus, le Nouvel Ordre Mondial est appelé «l'Ordre Mondial Juif» en raison du rôle que les entreprises juives y jouent. La plupart des Juifs essayent juste de plaire à leur mère («tu dois réussir mon chéri»), mais ils font partie d'une force sinistre, et s'ils finissent par être blâmés pour cela, personne n'éprouvera la moindre sympathie à leur égard.

Est-ce que le Nouvel Ordre Mondial s'explique principalement par la mégalomanie des banquiers ou par leur adhésion à un ordre du jour collectif juif? Comme beaucoup de banquiers sont des Juifs kabbalistes, la réponse est probablement les deux à la fois. Les banquiers juifs ont élargi leur base de pouvoir en cooptant l'élite décadente Gentille par les mariages mixtes et la Franc-maçonnerie.

Les banquiers Illuminati sont derrière le récent effondrement financier qui est conçu pour faciliter un changement politique. «Les crises économiques ont été produites par nous pour les goyim par nul autre moyen que le retrait d'argent de la circulation.» - (*Protocoles des Sages de Sion*, 20) Comme le Pasteur Lindsey Williams l'a récemment déclaré, à long terme, «ces gens sont là pour posséder et tout contrôler... ils sont là pour nous briser.»

## LE LIVRE D'HOFFMAN

Le livre d'Hoffman est une lecture obligatoire pour la compréhension de l'état d'esprit satanique conduisant à la fois les Illuminati et le Nouvel Ordre Mondial.

Normalement, lire un livre de 1100 pages s'avère une tâche ardue. Mais pas dans ce cas. *«Le Judaïsme Découvert»* est une encyclopédie en un volume constitué de plus de 140 articles lisibles. Le format de 10 x 7 pouces, des grands caractères et l'espacement généreux rendent le livre accessible. Considérez-le comme un somptueux banquet.

Hoffman est le pire cauchemar d'un adepte du Talmud. Les goyim ne sont pas censés apprendre ce genre de choses. Les juifs ordinaires ne sont pas censés les connaître non plus. Hoffman a des assistants de recherche, dont certains sont des Juifs, qui lisent l'hébreu, le yiddish, l'araméen et l'allemand. Il n'est manifestement pas motivé par la «haine», mais plutôt par un désir de désabuser les Juifs et les non-Juifs. Il les voit comme des victimes d'une escroquerie toujours en cours.

Un échantillon des titres d'articles suggère le thème provocateur et la tonalité de l'ouvrage :

> La supériorité des Juifs
> L'infériorité des Gentils
> Les rapports sexuels avec des fillettes sont permis
> Emmanuel Kant
> Le Talmud passé aux rayons X
> La magie sexuelle
> Les meurtres rituels
> Le paganisme Hassidique
> Une vision protestante moderne du Judaïsme
> De la Kabbale à Aggada : une progression sexuelle
> Il n'y a pas de Tradition «Judéo-Chrétienne»
> Le Monde Rabbinique à l'âge pré-moderne
> Le Talmud dans les toilettes
> La Tenue de l'Homme Pharisaïque
> Qui sont les Juifs d'aujourd'hui?
> Le rabbin Juda Loew et le Dr. John Dee de la Reine Elizabeth
> Le gouvernement US jette les bases des tribunaux Talmudiques

## UN ÉCHANTILLONNAGE POUR LA FÊTE

Le judaïsme est une secte secrète satanique se faisant passer pour une religion. L'argument principal d'Hoffman est que le Judaïsme représente la répudiation par les Pharisiens de l'Ancien Testament et de la loi Mosaïque à la fois. Le Judaïsme n'est pas Monothéiste, mais Luciférien. Son objectif est le remplacement de Dieu par la direction secrète juive. Le Talmud et la Kabbale soutiennent tous deux que seuls les Juifs sont des êtres humains. «La raison d'être du Talmud et du Judaïsme Orthodoxe est la supériorité spirituelle et raciale essentielle du Juif sur le non-Juif», écrit Hoffman. Ce modèle a été transféré à l'élite Illuminati.

Je ne sais pas pourquoi cette information devrait offenser les Juifs, dont la plupart se considèrent eux-mêmes comme des «humanistes laïques.» Leur judéité est d'ordre culturel. Ils n'ont que mépris et même de la haine pour les Juifs orthodoxes qui leur retournent le compliment. Toutefois, une plus grande question est de savoir dans quelle mesure la culture matérialiste dominante d'aujourd'hui est une forme de judaïsme? Surtout, si l'on considère l'acceptation généralisée des croyances New Age basées sur la Kabbale (c'est à dire le culte de la divinité humaine, le panthéisme, le culte du sexe et de nombreuses autres pratiques occultes.)

Un essai sur Moïse Hess (1812-1875) suggère que l'histoire et la culture modernes ont été ourdies par des kabbalistes pour renverser la Civilisation Chrétienne et asservir la société.

Hoffman montre comment l'idéologie de Hess était à la croisée du Communisme, du Nazisme et du Sionisme et les nourrissaient toutes les trois. En d'autres termes, les kabbalistes contrôlent l'humanité en contrôlant la thèse et l'antithèse Hégélienne. Avec le Communisme, les banquiers kabbalistes ont essayé de prendre notre pays, notre propriété, notre famille, notre race, notre religion et notre liberté (il s'agit toujours des objectifs du Nouvel Ordre Mondial.) La réaction au Communisme fut le Nazisme, et la réaction au Nazisme était le Sionisme. Tous ces trois monstres ont été construits dans le même laboratoire occulte aidant communément toutes les parties.

C'est un fait révélateur que les nazis aient fait le travail des rabbins en tuant des adversaires «non autorisés» du Judaïsme comme Edith Stein, Irène Némirovsky et Maximilien Kolbe. (Hoffman, p. 650)

En véritable Chrétien, Hoffman dit que le moyen d'arrêter la dialectique hégélienne est d'arrêter de se battre. Dans une référence en temps opportun aux colonisateurs Sionistes et aux résistants Palestiniens, il écrit que les deux groupes de combattants violents «entrainent mutuellement leur ennemi et eux-mêmes dans le sang, et pire que tout, la perte de leur humanité, car ces meurtres provoquent la déshumanisation de la force adverse et la brutalité de la sienne propre... Aucun authentique Chrétien ne s'engage dans ce cycle païen de victime et bourreaux, semblable à l'ouroboros. (Mathew 26:52.)» (86)

## PAYER LE PRIX

Michael Hoffman écrit : «Le cœur du Judaïsme, comme le noyau de la Gnose et de l'Hermétisme Egyptien, est la magie, la manipulation de l'univers, contre la création de Dieu, c'est à dire contre la nature. Gershom Scholem, professeur de Kabbale à l'Université Hébraïque a écrit que la Kabbale embrassait une grande partie de «magie noire, ...un large royaume de démonologie et diverses formes de sorcelleries qui ont été conçues pour perturber l'ordre naturel des choses...» (Hoffman, p.779.)

Le paganisme Babylonien et Égyptien est l'ancêtre du Judaïsme, écrit Hoffman. «Les rabbins considérait l'Égypte dans la crainte en tant que grande puissance magique. L'Égypte Pharaonique est le modèle, la racine et la source des prêtres Talmudiques et Kabbalistiques.» (780) Cela peut expliquer la présence de la pyramide sur le dollar des États-Unis et dans les logos de tant de sociétés.

Hoffman semble conscient des Illuminati, quand il écrit sur son site Internet que «le mal ne doit PAS être attribué à un peuple particulier étiqueté comme «juif», mais plutôt à la spiritualité et à l'idéologie d'origine pharisaïque/rabbinique qui peut, et doit imprégner les gens qui adhèrent à ses principes, qu'ils soient Khazars ou Séfarades, ou bien des WASP comme George W. Bush, ou des Allemands comme l'actuel Pape de Rome.»

L'histoire moderne et la culture reflètent un sort kabbalistique (satanique) et maudit sur la race humaine. Elle est dédiée à l'asservissement de l'humanité par les «Juifs» qui en pratique composent l'Ordre fou des Illuminati.

-----------

# Les Juifs doivent faire face au «côté obscur» du Judaïsme

Stephen Bloom a un amour de l'équité et de la justice typique de beaucoup de juifs libéraux. Un professeur de Journalisme, il a vu l'ouverture d'un emballeur de viande casher par des juifs hassidiques à Postville dans l'Iowa en 1987 comme une occasion d'étudier la dynamique Judéo-Gentille dans ce microcosme. Il en a découvert plus sur le judaïsme et les causes de l'antisémitisme que ce qu'il en voulait peut-être savoir.

Voici sa conclusion tirée de «*Postville : Un choc des Cultures Au Cœur de l'Amérique*», publié en 2000 :

«Au début, j'étais allé à Postville pour apprendre auprès des Hassidiques [juifs orthodoxes], et partager avec eux un sentiment d'identité et d'appartenance. Au lieu de cela, ce que les Hassidim de Postville m'ont offert était un aperçu de la face sombre de ma propre foi, un coup d'œil à des extrémistes juifs dont le comportement fait faire la grimace non seulement aux habitants de Postville, mais m'a aussi fait tiquer.»

«Je ne voulais pas participer à la vision hassidique qui appelle les juifs à s'unir contre les goyim et l'assimilation. Le monde, même dans l'Iowa, était trop généreux pour fonder mes goûts et mes dégoûts uniquement sur la religion. Le mot Hassidique... signifie littéralement «les pieux», mais les Hassidim de Postville étaient tout sauf pieux. On ne pouvait pas devenir amis avec eux... Ils demandent une soumission totale à leur schéma du bien et du mal, Juif contre Chrétien - ou bien vous êtes l'ennemi.» (291).

En d'autres termes, si vous êtes un Juif, mais n'adhérez pas à leur folie, alors vous ne valez pas mieux que les goyim.

## UNE BALLADE MOUVEMENTÉE

L'afflux de centaines de familles Juives Orthodoxes dans une minuscule (pop. 1465) communauté agricole Chrétienne du Nord de l'Iowa était mouvementé dès le début. Oui, les Juifs avaient une vie de famille en apparence saine et pieuse. Mais il est vite apparu qu'ils ne voulaient rien à voir à faire avec leurs voisins chrétiens. Ils étaient là pour faire de l'argent et les non-juifs, (goyim) qu'ils soient les commerçants de Postville ou les travailleurs migrants, étaient à peine différents qu'un troupeau de bovins.

L'usine de conditionnement de la viande, Agriprocessors, a déposé son bilan en octobre 2008 après que le propriétaire Sholom Rubashkin ait été arrêté pour fraude bancaire sur un prêt de 35 millions de dollars. Ceci après que l'État de l'Iowa ait perçu 10 millions de dollars en amendes pour des violations impliquant 9000 violations illégales sur le salaire et le travail des enfants. Puis, en juin, la société a été accusée de falsification de documents pour étrangers en situation irrégulière. Quatre cents ouvriers malheureux du Guatemala à Palau furent arrêtés et emprisonnés.

Lorsque l'usine a fermé, des centaines de travailleurs ont été laissés dans la misère alors que les dindes languissaient à jeun dans des remorques à l'extérieur des portes de l'usine. La ville ayant du mal à retrouver son équilibre, fut probablement soulagée d'être débarrassée de cette arme à double tranchant.

En août, une délégation de rabbins éminents et de fonctionnaires communaux ont passé trois heures en tournée de l'usine, rencontrèrent brièvement le clergé chrétien local et les militants sociaux, et donnèrent à l'opération un blanc-seing. Ils n'ont trouvé aucune preuve pour suggérer, comme un rabbin l'a dit, que «personne ne devrait acheter des choses d'Agriprocessors.»

«Une excursion de trois heures n'a pas pu révéler les violations «flagrantes» des droits du travail des enfants que l'État de l'Iowa et le commissaire du travail avaient reporté... cinq jours seulement après les rabbins quittèrent la ville. Le commissaire du travail a déclaré qu'il n'avait «jamais rien vu de tel» au cours de ses 30 ans dans le domaine... » écrivit le *Jewish Daily Forward* dans un éditorial du 7 août.

«Trois heures ne parvinrent pas à déceler la preuve volumineuse d'abus recueillies par le Forward quand a éclaté l'histoire d'Agriprocessors il y a deux ans. Nous avons trouvé des indications concluantes de harcèlement sexuel, de salaires non payés, de favoritisme et de corruption dans les affectations de postes, de formation à la sécurité insuffisante et des accidents du travail horribles dans le lieu que nous avons appelé une «Jungle casher».

## DANS LE DÉNI

L'éditorial poursuit en suggérant que les rabbins ignoraient les préceptes du «Talmud de Babylone». Cela reflète la naïveté des Juifs assimilés sur la véritable nature du Talmud, qui est le document central du Judaïsme. Le Talmud considère les Gentils comme du bétail et prêche la haine à l'égard des Chrétiens.

Ceci est confirmé par le comportement des Hassidiques de Postville. Stephen Bloom fut placé sous la tutelle d'un «Lazar», un «modèle de Loubavitch, un mensch ainsi qu'un tzad-dik» (un sage).

«Je suis un raciste», a déclaré Lazar à Bloom dès le début. Les Juifs ont persisté à travers l'histoire parce que «nous sommes meilleurs et plus intelligents.» (192)

«Partout où nous allons, nous ne nous adaptons pas à l'endroit ou aux gens, prêchait Lazar... Il en a toujours était ainsi et il en sera toujours ainsi. C'est l'endroit et les gens qui doivent s'adapter à nous.»

Bloom souligne : «les commentaire de Lazar soulignent le mépris du Hassidique pour les non-Juifs, qui ne se limite pas aux Gentils de Postville, mais à tous les chrétiens... les Hassidiques comme Lazar ont un désintérêt total pour tout ce qui n'est pas juif... Le Hassidique mène une guerre sainte culturelle, leur monde est Juif contre non-Juif...

Si vous n'êtes pas d'accord, vous avez tort, et vous devenez une partie du problème. Vous ouvrez la voie à la destruction finale des Juifs, le peuple élu du monde. Il n'y a pas de place pour le compromis... pas de place pour quoi que ce soit, à part la soumission totale et complète.» (196-198)

Cette obligation s'étend aux affaires, qui sont une forme d'agression contre les Gentils. «Je ne me sens pas comme un Juif à moins que je marchande», lui a dit Lazar. «Un Juif doit sentir qu'il a obtenu quelque chose pour le prix le plus absolument le plus bas ou il se sent arnaqué.» Après avoir atteint un accord avec un Gentil, le Hassidique se vantait de ne pas respecter les termes ou de prendre son temps pour payer. Bloom l'a comparé à de la chasse : «Les Hassidiques non seulement [négocient] avec empressement, mais apprécient de confisquer le terrain, l'équipement, et ultimement de tuer.» (211)

Bloom rapporte un incident particulièrement honteux rapporté par un propriétaire de magasin. Un Hassidique prétendit qu'il avait payé à l'avance pour certaines marchandises, il s'en est emparées et a couru hors du magasin.

En dépit d'être boudé par les rabbins, le pasteur Miller a organisé un service œcuménique avec deux autres membres du clergé de Postville des deux autres églises. Aucun Juif ne s'est présenté. «Le révérend Miller s'est froissé» écrit Bloom. (146)

Evidemment, la tolérance, l'œcuménisme, l'antiracisme, la diversité, etc. sont conçus pour les goyim, pas les talmudistes.

## CONCLUSION

Pas besoin d'être un génie pour reconnaître que le comportement Talmudique est la cause réelle de l'antisémitisme.

Mais les implications sont beaucoup plus graves. Meyer Amschel Rothschild était un Talmudiste. Cette haine satanique de l'humanité, et du Christianisme en particulier, conduit le Nouvel Ordre Mondial. Il y a une ligne directe entre la Crucifixion du Christ, qui représentait le Dieu de l'Amour, le 11/09 et le Nouvel Ordre Mondial en termes de dégradation de l'humanité par la guerre et la dépression. Si cette logique est correcte, le destin de l'humanité est d'être crucifiée comme le Christ ou autrement abattue ou réduite en esclavage.

Comme Stephen Bloom et moi-même, 90% des Juifs américains sont laïcs et ignorant du Talmud. Nous trouvons son point de vue odieux. Mais ces attitudes sont l'ordre du jour caché du Sionisme et de la Juiverie organisée. Une élite de Gentils constituées des Francs-maçons a été créée pour faire avancer cet agenda. Barack Obama et la plupart des «leaders» occidentaux lui appartiennent.

Le Nouvel Ordre Mondial met en péril l'humanité et les Juifs assimilés. A mesure que les conditions se détériorent, l'antisémitisme deviendra endémique. Les Juifs doivent reconnaître que le Judaïsme n'est pas une religion mais une conspiration contre l'humanité. Il est également un complot contre les Juifs, dont la sécurité est menacée par son ordre du jour secret.

La société a été endoctrinée pour rejeter les *Protocoles des Sages de Sion* qui expliquent en détail la méthodologie. Ce document n'est pas antisémite, il est satanique. J'ai d'abord reconnu qu'il était authentique lorsque l'auteur glousse de l'humeur «froide et triste» s'étant emparée des villes d'Europe. Il s'agit d'une chose à laquelle aucun «faussaire» ne penserait.

Les Juifs assimilés doivent se dissocier de la communauté juive organisée et se réinventer en tant que peuple, tout en reconnaissant comment, comme les autres peuples, ils ont été trompés et exploités par leurs soi-disant dirigeants. Comme Stephen Bloom, les Juifs assimilés ont un fort sentiment de vérité, de justice et de la grande libéralité de Dieu, ils doivent s'unir à leurs voisins Chrétiens pour remettre l'Amérique sur les rails.

# Une Victime d'inceste dénonce les Illuminati Satanistes

Le 1er mai 1989, une «gentille fille juive» âgée de 29 ans, est apparue sur l'émission d'Oprah et déclaré que sa famille faisait partie d'une secte satanique qui remonte aux années 1700.

Bien qu'ils semblent être de respectables citoyens - avocats, médecins, officiers de police, etc. - ils se livrent à des rituels sataniques de sacrifices humains, à l'inceste et au cannibalisme, souvent dans des synagogues. Ils boivent du sang et mangent des bébés.

Elle décrit les Illuminati qui trouvent leur origine dans le Mouvement Frankiste du dix-huitième siècle. Jacob Frank, né Jacob Leibowitz (1726-1791) dirigeait une importante hérésie satanique qui a secoué le monde juif. Ils croyaient que le Messie reviendrait si le monde se dirigeait complètement vers le mal, de sorte qu'ils encourageaient toute licence sexuelle et le Mal satanique comme le Bien suprême.

Financé par le syndicat bancaire Frankiste des Rothschild, ils subvertirent toutes les religions et les élites nationales en intégrant toutes les couleurs religieuse et politique. Ils investirent la Franc-maçonnerie et sont à présent dans la phase finale d'établir leur gouvernement mondial c'est à dire la «mondialisation».

L'abus que Polin a subi est un exemple typique de la façon dont les familles Illuminati - juives et non-juives - traitent leurs enfants. George W. Bush et Barack Obama peuvent avoir subi un traumatisme semblable et, (comme Polin,) présenter un trouble de multiples personnalités. Vicki est de Chicago et il est impossible de dire combien de Chicagoans entourant Barack Obama font partie de cette secte satanique.

## L'INTERVIEW D'OPRAH

Polin a dit à Oprah qu'elle avait vu des bébés être sacrifiés et consommés pour la «puissance» qu'ils donnent. Ces bébés sont élevés au sein de la famille élargie à cet effet. Elle dit avoir été violée à plusieurs reprises, et déclare ailleurs avoir subi cinq avortements suite à des rapports sexuels avec son père.

Polin déclare que sa famille était «très impliquée» dans ces pratiques. Sa mère fait partie «de la commission des relations humaines de la ville où elle habite, et elle est une citoyenne au-dessus de tout soupçon. Personne ne la suspecte. Personne ne peut soupçonner ceux qui sont impliqués dans ces pratiques. Il y a des policiers qui y participent. Il y a, vous savez, des médecins, des avocats... »

«Je veux dire, aux yeux du monde extérieur, tout ce que nous faisions était bon et juste, et puis c'était la nuit que les choses changeaient, se renversaient. Ce qui était mal, devenait bien, et ce qui était bon devenait mauvais. C'est ce qui permettait à certains d'entre eux de développer des troubles mentaux.»

Le thérapeute de Polin, Tina Grossman a participé à l'émission, mais s'est retiré de la version YouTube. Elle a dit à Oprah qu'elle avait traité plus de 40 survivants dans de nombreux États et au Canada. Ils ne s'étaient jamais rencontrés les uns les autres et pourtant ils racontent les «mêmes choses».

*Mme Grossman* : «Ils décrivent des rituels identiques, la même chose que, en tant que juive, je pourrais reconnaitre en allant à New York ou en Californie et décrire un seder dans un état ou un autre et, en tant que Juif, vous le reconnaîtriez aussi. C'est le système de croyance dans le mal et la puissance que le mal vous donne, et il comporte certains rituels, de sorte que tous les témoignages des survivants sont similaires.»

*Oprah* : «Je vois, mais je suis très surprise parce que la foi juive est la religion juive, et adorer le diable ne fait pas partie de la foi juive. Je veux dire, les Juifs n'adorent pas le diable.»

*Mme Grossman* : «Mais avant l'apparition du Christ et avant qu'il y ait un système de Dieu unique, il y avait le paganisme et cela existe encore dans le monde, et dans de nombreuses cultures, on trouve encore la croyance que la force et la puissance s'acquièrent par la consommation réelle de la chair humaine ou de la chair animale.»

## CONSÉQUENCES

En dépit du fait que Vicki et Oprah aient toutes deux déclaré de nombreuses fois que ce comportement n'était pas typique chez la plupart des Juifs, le B'nai B'rith-ADL a attaqué le spectacle comme «antisémite». Oprah a fait sa pénitence et a évidemment été pardonnée. Vicki a été arrêtée dans la rue et il lui fut déclaré que son témoignage conduirait à «un autre holocauste.» La réponse de Vicki fut de dire que le refus de ces crimes était apparenté au déni de l'holocauste. En juillet 1989, elle a écrit cette déclaration et l'a envoyé à tous les intéressés :

**Vicki Polin**

«Notre société croit le mythe que les Juifs ne peuvent pas être pédophiles, ou maltraiter leurs propres enfants. Il s'agit d'un «mythe», ils maltraitent les enfants. Il y a même ceux qui pratiquent le cannibalisme, et effectuent des sacrifices humains. Croyez-moi je l'ai vu de mes propres yeux. J'en suis venu au point dans ma vie où je sens que j'ai besoin de témoigner. Je continuerai à le faire jusqu'à ce que je sois sûre que ce que j'eu à endurer pendant mon enfance soit cru et considéré par vous et les gens comme vous. Je ferai tout ce qui est possible afin que ce qui m'est arrivé n'arrive pas à quelqu'un d'autre!»

Vicki est devenu une thérapeute elle-même, a déménagé à Baltimore et a ouvert un cabinet. Son site internet, www.theawarenesscenter.org contient des articles sur les Frankistes. J'ai essayé de la contacter sans succès. Mais j'ai trouvé un profil détaillé avec des interviews sur le site de Luke Ford. Il comprend un affidavit d'un rabbin contacté par Vicki en 2004 au sujet d'un exorcisme semblable au culte auquel elle fut éduquée. Elle lui décrit leur intention maléfique en ces termes :

«L'essence de son histoire, c'est qu'il y a actuellement de nombreux rabbins impliqués dans ce culte qui ont rapporté leurs rituels sataniques d'Europe avec eux aux Etats-Unis. Qu'elle est née dans l'une des familles juives faisant allégeance à cette secte. Elle a affirmé avoir fait partie d'un réseau organisé de violence sexuelle envers les enfants géré par le rabbin de sa synagogue, et que les abus sexuel avaient lieu sur des rouleaux de la Torah étalés sur le sol de la synagogue. Que ces abus avaient commencé dans la petite enfance et avaient continué au cours d'une période de plusieurs années, à travers ses années d'adolescence et l'âge adulte, et qu'elle était seulement un des nombreux jeunes enfants, garçons et filles à avoir été utilisés de cette manière. Je n'ai pas demandé plus de détails sur les rituels, mais elle a mentionné le cannibalisme, la défécation et le sacrilège des objets sacrés.» [Par exemple des manuscrits de la Torah]

## CONCLUSION

Nous avons été conditionnés pour considérer la possession satanique de l'humanité comme normale et naturelle, tel un homme ayant été toujours malade, considère la maladie comme normale.

Pensez-vous que plus de 180 millions de personnes ont pu être massacrées au 20ème siècle par simple accident? Qu'Hiroshima, l'Holodomor, l'Holocauste et le 11/09 étaient des accidents? Que le déclin constant de la culture populaire dans la dégénérescence et l'obscénité est une coïncidence? Pensez-vous que l'intégration progressive de l'inceste, de l'homosexualité, de la pédophilie et de l'occulte est aléatoire? Que la destruction de l'enseignement supérieur (dans les sciences humaines) et de la famille est également une coïncidence? L'humanité est sous l'emprise d'un puissant culte satanique.

# Robert Edmundson a «témoigné contre les Juifs»

Nos contrôleurs de l'esprit Sionistes ont éliminé presque tous les écrits de Robert Edmondson. Jusqu'à présent, il n'y avait aucune référence à lui (ou photo) sur Internet. Pourtant, il fut jeté en prison en 1936 et à nouveau en 1942 pour avoir rédigé des centaines de bulletins alertant ses concitoyens à propos d'un complot international financé par les banquiers centraux composés en grande partie de Juifs Communistes. Ce complot faisait partie du Nouvel Ordre Mondial.

Nous pouvons mesurer du degré de subversion Sioniste, lorsque les défenseurs de la Nation sont diffamés et oubliés, tandis que ses traîtres sont récompensés et honorés. Les autres patriotes des années 1930 goudronnée comme «antisémites» comprennent Charles Lindbergh, Henry Ford, Charles Coughlin, Elizabeth Dillling, William Pelley, Louis McFadden et Huey Long.

Robert Edmondson, 1872-195?

Leur sort prouve que, malgré ce que les Américains pensent, les Etats-Unis sont une colonie du cartel des banques centrales juives franc-maçonnes, basées à Londres et que ses dirigeants sont des traîtres. Les Américains ne sont plus «libres» depuis longtemps.

En 1936, Edmondson fut accusé de «diffamation et d'outrage contre le peuple juif.» Pour sa défense, il écrivit : «je ne suis pas contre les Juifs en raison de leur religion, ni en tant que race ou peuple encore moins en tant qu'individus, mais parce que les dirigeants juifs [c'est à dire les banquiers] sont activement anti-américain, qu'ils tentent de neutraliser la philosophie politique américaine et de s'emparer du pays, et je continuerais à être anti-juif jusqu'à ce que la communauté juive répudie cette subversion. Si le mis en cause appartenait à toute autre groupe que la minorité juive, mon attitude serait exactement la même. Il s'agit du problème le plus important et le plus crucial du monde d'aujourd'hui...

«Sachant que la publicité impitoyable est le seul remède aux maux publics, en 1934 j'ai commencé une campagne pour exposer l'anti-américanisme juif et le Communisme Talmudique qui a été appelé le «Code de l'enfer» : un «racket de rabbin» dont sont victimes ses propres partisans ; un «système satanique» international qui a subverti la France, la Grande-Bretagne, l'Allemagne et la Russie, et se trouve responsable de la dépression actuelle et de la prise de contrôle des États-Unis par l'administration juive radicale [de FDR.]» (p.69)

Face à l'exposition, la juiverie organisée recula. Edmondson assigna les «Princes de la communauté juive» Bernard Baruch, Henry Morganthau, le rabbin Wise, Samuel Untermeyer, le maire LaGuardia, James P. Warburg, Walter Lippmann et le juge Samuel Rosenman. Là-dessus l'American Jewish Committee demanda au tribunal de ne pas instruire le dossier car l'acte d'accusation violait la liberté d'expression garantie par la Constitution.

«Les Juifs ont peur de la vérité», écrit Edmondson. «Ils savent que quelques grains de celle-ci feraient sauter le couvercle si elle atteignait le grand public.» (137)

Aujourd'hui plus que jamais, nous sommes victimes d'une ruse malhonnête pathétique qui assimile la défense de notre pays, de la liberté, de la famille et de la religion avec «l'antisémitisme». Nous sommes sous une attaque haineuse impitoyable pourtant nous sommes accusés de «haine» lorsque nous les identifions. Vous souvenez-vous du petit garçon qui disait l'Empereur n'a pas de vêtements? Les Sionistes le mettraient en prison.

## L'AGRESSION DES DIRIGEANTS JUIFS

La majorité des Juifs ne sont pas au courant du programme secret des dirigeants juifs, qui rejoint celui du cartel des banques centrales. Pourtant, la sécurité des Juifs ordinaires est compromise par ce plan vieux de plusieurs siècles pour un gouvernement mondial proche aujourd'hui d'atteindre son objectif. À moins qu'ils ne s'y opposent, ils finiront par en subir le blâme.

S'ils le défendent, ils en font partie. Cela inclut le fait de garder le silence. Par leur silence, les Juifs tolèrent l'anti-américanisme de leurs dirigeants, déclare Edmondson.

En 1954, Edmondson a publié un recueil de ses bulletins intitulé «*Je témoigne contre les Juifs.*» (Toutes les références de page proviennent de ce texte.)

Il cite des documents rares comme une lettre publiée en 1880 dans la *Revue des Études Juives*, financée par James de Rothschild. La lettre, datant de 1489, provient du dirigeant du Grand Sanhédrin à Constantinople. Elle dispense ses conseils auprès d'un rabbin à Arles en France pour infiltrer la société des Gentils.

Le Grand Satrape et les Rabbins instruisaient le rabbin de se convertir au Christianisme comme le Roi de France le leur demandait, mais de «garder la loi de Moïse dans vos cœurs ; faites de vos fils des marchands afin qu'ils puissent dépouiller les Chrétiens de leur [biens] ; des médecins de sorte qu'ils puissent enlever des vies chrétiennes.»

«Faites de vos fils des chanoines et des clercs afin qu'ils puissent détruire les églises... Arrangez-vous pour que vos fils deviennent avocats et juristes, et qu'ils se mêlent des affaires d'Etat afin que, en mettant les chrétiens sous votre joug, vous puissiez dominer le monde et vous venger d'eux.»(71)

Edmondson cite également un discours du 11 mai 1933 à l'Université hébraïque par le célèbre poète juif N.H. Bialik qui confirme un ordre du jour avec lequel les Juifs sont peu au courant. Il dit que les Juifs ont miné le Christianisme par «une connivence juive délibérée... qu'il a été investi dans une large mesure par des cryptos-juifs (les Juifs cachés) qui ont pénétré le Christianisme et parlé en son nom.» (51)

Il affirme que ces crypto-juifs sont également les créateurs de «la Renaissance, du Libéralisme, de la Démocratie, du Socialisme et du Communisme.» (151)

Rappelez-vous qu'il parlait en 1933 : «Les Gentils ont enfin réalisé ce secret -que le judaïsme les a progressivement pénétré et imprégné comme une drogue. La nature Gentille est en révolte, et tente d'organiser la bataille finale... Ils «nous enfumeront» par toutes les fissures et les recoins où nous nous sommes cachés. Ils nous extermineront comme des bacilles et se débarrasseront de nous.» (152) *(Judaism in History - A Jewish Conception* dans «Lignes de Communication» Juillet 1933)

C'est la preuve que des millions de Juifs innocents, y compris mes grands-parents, sont décédés en partie à cause de la mégalomanie démentielle des dirigeants juifs. Ironie du sort, les Nazis ont été financés par les banquiers juifs francs-maçons comme un moyen de provoquer la guerre entre les Gentils, et de forcer les Juifs à soutenir le Sionisme.

## CONCLUSION

Le complot contre la Civilisation Occidentale Chrétienne a si bien réussi, qu'il ne peut même pas être mentionné.

Nous vivons dans une société décadente, superficielle, et hypocrite où les gens vendent leur âme pour de l'argent et du sexe, et où les médias et l'éducation sont consacrés à la propagande et à l'endoctrinement. Refusant la vérité, nous sommes maintenus dans un état de développement arrêté, comme des enfants ou du «bétail». Les peuples du monde et même leurs gouvernements ne sont «que des enfants en bas âge.» *(Protocoles de Sion,* 15)

Nous pouvons être politiquement correct ou nous pouvons admettre que l'humanité est sous l'emprise d'une force malfaisante satanique en train de nous asservir.

# Henry Klein – Un Martyr Antisioniste

Peu de temps avant son «suicide» en 1955, Henry H. Klein, un Juif juste, prononça ces paroles prophétiques :

«Le Sionisme est un programme politique pour la conquête du monde... Le sionisme a détruit la Russie par la violence comme un avertissement à l'égard des autres nations. Il est en train de détruire les Etats-Unis par le biais de la faillite, comme Lénine l'avait recommandé. Le Sionisme veut une autre guerre mondiale, si nécessaire, afin d'asservir le peuple. Notre main d'œuvre est dispersée dans le monde entier. Allons-nous être détruit de l'intérieur ou allons-nous nous réveiller à temps pour l'empêcher?» (Brochure, «*Le Sionisme Règne sur le Monde*»)

Henry Klein (1879-1955)

Comme Robert Edmondson, Klein est un autre héros américain jeté aux oubliettes de l'histoire pour avoir osé défier le cartel Rothschild-Rockefeller.

Il n'y a pas d'entrée Wikipédia pour ce Juif qui a combattu les banquiers francs-maçons toute sa vie en tant que journaliste du NYC, éditeur, auteur, fonctionnaire de la ville et candidat à la mairie. (Il a avoué que les Rockefeller et la plupart des autres magnats sont sous contrôle Sioniste.) Il est devenu un avocat et a défendu bénévolement des patriotes chrétiens au cours du célèbre procès à grand spectacle «Sédition» de 1942-1944.

Klein représente le véritable esprit juif, pas exclusivement Juif, de servir Dieu, le principe inné universel de la vérité absolue et de la justice. Comme d'autres groupes, les Juifs ont été trahis par les Lucifériens (Illuminati) les banquiers centraux en utilisant différents «ismes», y compris le Sionisme, le Communisme, le Libéralisme, le Fascisme, le Socialisme et le Féminisme.

Klein a dédié son autobiographie de 1935 «*My Last Fifty Years*» à sa mère «dont l'instinct et l'esprit ont été transmis à son fils.» Il a pu déclarer en toute sincérité : «Dans un monde gouverné par Mammon, j'ai essayé de servir mon prochain... Si j'ai révélé quelques hypocrites, des menteurs et des farceurs, je sens que je ne n'ai fait en cela que servir Dieu.»

### SIONISME ET BARAMA

La critique du Sionisme de Klein a été confirmée lorsque Barack Obama a prouvé que même un homme de race noire peut devenir président s'il est prêt à être un valet

Sioniste. Son premier acte fut de nommer Rahm Emanuel, un citoyen israélien à double nationalité, comme chef d'état-major. Cela suit une certaine logique puisque la propre citoyenneté d'Obama est mise en doute. Le haut gradé Emanuel est connu pour appartenir au Mossad.

Restez assis et profitez de l'imitation de Barama à face noire de JFK, alors qu'il exécute l'ordre du jour des Illuminati pour infliger plus de guerre et de souffrance sur le peuple des États-Unis.

Au moins, maintenant, les conservateurs sont à l'extérieur de la tente (au lieu d'être trompé à l'intérieur) et les libéraux font la découverte de la véritable signification du «changement».

Ouvrons une parenthèse dans l'histoire de Klein, il y a un élément révélateur dans le *Jerusalem Post* sur la façon dont Rahm Emanuel a appelé son rabbin le jour de Roch Hachana pour lui demander s'il pouvait violer ce jour sain pour tenir une conférence sur le sauvetage des banques se montant à 700 milliards de dollars.

Leaving Tap Dancing class

Le rabbin Asher Lopatin a donné son autorisation «tant que la violation était maintenue au minimum», car «il s'agissait d'une question de vie ou de mort» et «l'orthodoxie moderne s'emploie à rendre le monde meilleur.»

L'auteur juif Arthur Koestler a déclaré une fois en plaisantant que le judaïsme «enseigne aux Juifs comment tromper Dieu.» Le rabbin justifie de violer la loi religieuse pour renflouer les banquiers et l'appelle «rendre le monde meilleur». Cette tromperie est un rappel que les rabbins juifs ne sont que des «savants» et non pas des hommes saints renonçant au monde.

## LES PROCÈS À GRAND SPECTACLE

L'élection de Barack Obama va polariser les Libéraux et les Conservateurs. Nous allons avoir droit à la pratique typique Sioniste-Communiste de freiner la liberté d'expression et de persécuter les dissidents au nom du combat contre le «fanatisme» et l'antisémitisme.

En 1942-1944, FDR a ordonné un procès stalinien à grand spectacle pour punir les patriotes américains et les anticommunistes. Comme la Russie était un allié, il voulait peindre ses critiques comme des nazis et des antisémites. Environ 45 militants disparates, y compris Robert Edmondson, furent inculpés d'incitation à la rébellion parmi les soldats américains et mis en prison. L'enquête fut menée contre eux par le B'nai B'rith, le FBI et les journalistes du *Washington Post* (appartenant aux banquiers juifs Illuminati).

Henry Klein représentait Elmer J. Garner de Wichita, au Kansas, le cousin germain du premier vice-président de FDR John Nance Garner, un patriote américain sourd de 83 ans qui mourut trois semaines après le début du procès. Il avait été détenu en prison [Washington, DC] pendant plusieurs semaines, car il ne pouvait pas payer sa caution, et il est mort seul dans une chambre de Washington avec 40 centimes en poche.

Parmi les autres patriotes persécutés figuraient les suivants : un peintre d'enseignes qui était sourd à 80 pour cent, un ouvrier d'usine de Detroit, un serveur et une femme de chambre. (Ce compte-rendu est redevable à «*Une Parodie de Justice - Le Grand Procès pour Sédition de 1944*». Par Michael Collins Piper & Ken Hoop)

D'autres personnalités plus importantes étaient visées, comme l'ancien diplomate et économiste américain Lawrence Dennis, qui a dit «Pearl Harbor ne saurait suspendre les amendements de la constitution» ; Mme Elizabeth Dilling de Chicago, une conférencière anticommuniste au franc-parler ; Mgr Gerald Winrod du Kansas qui avait concouru pour le Sénat, et William Griffin, un éditeur basé à New York avec des connexions dans l'Église Catholique Romaine.

En emprisonnant ces personnes, FDR espérait intimider ses critiques les plus sérieux, des hommes comme le colonel [Charles] Lindbergh ou les sénateurs [Burton] Wheeler [D-Mont.], [Robert] Taft [R-Ohio] et Gerald Nye [R-N. D.]

## LA DÉFENSE DE KLEIN

Après le décès de Garner, Klein a représenté le colonel Eugene N. Sanctuary, 73, qui a dirigé le bureau presbytérien de la mission à l'étranger de New York. Sanctuary avait écrit une brochure «Le New Deal est-il Communiste?» Dans lequel il établit une comparaison de 35 points de celui-ci avec le programme de Marx de 1848.

Il a également écrit «Le Talmud Démasqué *: Les enseignements secrets rabbiniques concernant les Chrétiens.*» (New York, 1939) et il est l'auteur de plusieurs centaines de chants sacrés et patriotique, y compris *Uncle Sam We Are Standing By You*. Il n'était pas le dangereux révolté que l'accusation et la presse ont dépeint injustement.

«Cet acte d'accusation présumée» a déclaré M. Klein dans son allocution d'introduction au jury, «tombe ... sous une Constitution qui garantit la liberté de la presse et la liberté d'expression à tout moment, y compris en temps de guerre... Ces gens croyaient aux garanties énoncées dans la Constitution, et ils ont critiqué divers actes de l'administration.»

La défense de Klein se définit ainsi :

«Nous allons prouver que les Communistes contrôlent non seulement notre gouvernement, mais aussi notre politique, nos organisations syndicales, notre agriculture, nos mines, nos industries, nos usines de guerre et nos campements armés.»

«Nous allons prouver que cette persécution a été initiée par de soi-disant juifs professionnels qui exerce une prédation sur les autres Juifs en leur faisant peur par la croyance que leurs vies et leurs biens sont en danger, menacés par les pogroms aux États-Unis [et que] l'antisémitisme évoqué dans la soi-disant présente accusation, est un racket perpétré par des racketteurs pour des motifs condamnables.»

«Nous allons démontrer que l'attaque écrite la plus vicieuse sur les Juifs et sur l'administration Roosevelt émanait du bureau du FBI par l'un de ses agents, et que le but de cette attaque était de provoquer d'autres à faire de même. Nous allons montrer que cet agent a également fourni à ses sous-fifres de New York les instruments nécessaires dans le but de «tuer des Juifs.»

«Nous allons montrer que d'importantes sommes d'argent venant d'Hitler ont aidé le financement des campagnes de M. Roosevelt pour sa réélection en 1936 et qu'en ce moment même, les capitaux et les industries britanniques, américaines et allemandes coopèrent ensemble en Amérique du Sud et dans d'autres parties du monde». [Cela met en évidence les Illuminati comme une conspiration mondiale de l'élite contrôlant les deux côtés de chaque conflit.]

Le discours de Klein fut un tournant crucial dans la défense. Lawrence Reilly a écrit que «Klein fit beaucoup dans son bref discours pour torpiller le dossier de Rogge [Procureur] en mettant en lumière les agences cachés responsables de son existence.»

En conséquence directe, Klein était une cible, en particulier parce qu'il était juif. Klein a écrit qu'il avait «subi des tentatives pour m'empoisonner à Washington DC ou autrement pour s'en prendre à moi physiquement à New York. Mon téléphone a été sur écoute pendant plus de 10 ans et mon courrier volé. Des clients et des amis ont été avertis de se tenir loin de moi et la rumeur de laisser Klein mourir de faim a été colportée par la kabbale juive.»

Selon Oliver Revilo, Klein s'est suicidé en 1955, mais il est tout à fait probable qu'il ait été assassiné. Louis McFadden, le président de la Commission de la Chambre des banques (House Banking Committee) a été similairement assassiné en 1936.

## CONCLUSION

Notre société est comme un serpent effectuant sa mue. La vieille peau était la Civilisation Occidentale, la dévotion à Dieu, la patrie, le développement humain et la liberté. La nouvelle peau est une plantation contrôlée par l'ingénierie sociale des banquiers - où les esclaves regardent du porno et ne pensent à rien d'autre qu'au sexe.

Henry Klein a combattu cette mainmise mais l'Amérique ne sait même pas qu'il a existé. Tel est le sort des patriotes dans un pays corrompu par un culte satanique international occupé à transférer son monopole économique en un monopole total sur la politique, la culture et la religion. Le Sionisme, y compris la communauté juive organisée, est un agent inconscient de cette envie démoniaque de posséder tout et tout le monde.

Mais le Sionisme n'est tout simplement qu'une flèche dans le carquois Illuminati, qui comprend la Franc-maçonnerie, la plupart des religions, y compris l'Islam fondamentaliste (les Salafistes/Wahhabites,) les agences de renseignement, les entreprises, les gouvernements, les fondations, les think tanks, les médias de masse, le système éducatif, les associations professionnelles, les universités, les organismes de bienfaisance, les ONG, etc. Essentiellement, ils ont le contrôle sur l'argent et tout le monde fait leurs quatre volontés, en leur donnant l'onction sur tout. Ils organisent la confrontation de leurs différents agents les uns contre les autres afin d'atteindre leur objectif, la dégradation et la réduction en esclavage de l'humanité.

Il est difficile de dire si les Illuminati expriment un besoin juif Pharisien de contrôler le monde, ou une volonté satanique, ou s'il existe une différence entre les deux. Mais une chose est claire. Comme tout le monde, les juifs exceptionnels comme Henry Klein disposent d'une connexion innée à Dieu. Une fois que nous réalisons être victimes d'un canular monstrueux, nous pouvons suivre l'exemple de Klein et exprimer à nouveau son Esprit.

# Hitler fut une aubaine pour Israël

Si Hitler n'existait pas, les Sionistes auraient dû le créer. Peut-être l'ont-il d'ailleurs fait.

Les chiffres (voir «*L'Accord de Transfert*» d'Edwin Black) racontent l'histoire. En 1927, environ 15 000 juifs en Allemagne sur 550 000 se considéraient comme Sionistes. C'est moins de 2%.

La grande majorité des Juifs allemands «rejetaient avec véhémence le Sionisme comme un ennemi de l'intérieur.» Ils étaient Allemands. Quatre-vingt mille avaient combattu dans les tranchées et 12 000 étaient morts. «Nulle part l'opposition des Juifs [au Sionisme] n'était si répandue, fondée sur des principes, et féroce qu'en Allemagne» écrit un historien Sioniste. (168)

Grâce à Hitler, 60 000 Juifs allemands émigrèrent en Israël entre 1933 et 1941. Grâce à un «Accord de Transfert» entre les Nazis et les Sionistes, des biens juifs d'une valeur de 100 millions de dollars furent transférés en Israël sous la forme d'exportations industrielles allemandes utilisées pour la construction d'infrastructures en Israël. L'Accord de Transfert amena des outils, des matières premières, de la machinerie lourde, des appareils, du matériel agricole ainsi que la main d'œuvre et le capital pour financer l'expansion. Beaucoup de grandes industries d'Israël, comme le textile et l'adduction d'eau nationale, ont ainsi été fondées. (373 379.)

Tout ceci au moment où il n'y avait que 200 000 Juifs en Palestine, principalement des juifs religieux antisionistes. Le salaire journalier d'un ouvrier juif en Palestine était de 1$ par jour. Il y avait 800 000 Palestiniens Arabes.

## GRÂCE À HITLER

Grâce à Hitler, le noyau de la communauté juive allemande fut levé et transféré en Palestine ainsi que leur propriété. «Beaucoup de ces personnes furent autorisées à transférer des répliques réelles de leurs maisons et usines - En fait des grossières répliques de leurs existences mêmes.» (379)

En 1937, lorsque les Britanniques ont proposé de diviser la Palestine en deux États, les Nazis se demandaient s'ils n'avaient pas fait une erreur en créant «Un Vatican Juif» voué à la disparition de l'Allemagne. Mais Hitler fit taire tous les dissidents et insista pour que l'accord de transfert se poursuive et soit même élargi à d'autres pays. L'Italie, la Roumanie, la Hongrie et plusieurs autres pays sous l'influence fasciste signèrent des accords similaires. (378)

Hitler haïssait tellement les Juifs qu'il leur a construit un pays. Il aurait pu confisquer tous leurs biens et les chasser à coups de pied, mais cela aurait été perçu comme un acte antisémite.

Que pouvait-il bien y gagner ? Eh bien les Sionistes étendirent effectivement l'expansion du commerce Nazi en revendant des marchandises allemandes à travers le Moyen-Orient. Oui, ils n'ont pas seulement commercé avec les Nazis, ils ont agi comme leurs agents. Les Nazis se sont débarrassés d'un grand nombre de Juifs et ont obtenu beaucoup d'oranges de Jaffa en retour.

Le Congrès Juif Mondial a dû paraitre très offensé parce qu'ils parrainèrent un boycott mondial des produits allemands. Mais cela ne fit qu'attiser l'amitié des vaillants Sionistes pour les Nazis. Et donna aux Nazis un prétexte pour boycotter et persécuter les Juifs Allemands, ce qui aidait leurs copains Sionistes.

## LA COOPÉRATION SIONISTE-NAZIE

Dès que les Nazis parvinrent au pouvoir en 1933, les Sionistes acquirent un statut politique visiblement protégé. Après l'incendie du Reichstag, les Nazis écrasèrent pratiquement tous les partis politiques d'opposition et provoquèrent la fermeture de 600 journaux. Mais pas ceux des Sionistes, ni leurs publications qui étaient colportées à chaque coin de rue, et virent leurs circulations se multiplier par cinq à 38 000 exemplaires.

Le Sionisme était «la seule philosophie politique distincte accréditée par le Troisième Reich.» (174)

L'uniforme Sioniste était le seul uniforme non Nazi autorisé en Allemagne. La même chose avec leur drapeau. L'hébreu était obligatoire dans les écoles juives. Les Juifs encore allemands voulaient rester en Allemagne, «même en tant que citoyens de seconde classe, même méprisés et persécutés.» (175) Les Sionistes méprisaient les Juifs allemands leur disant qu'ils méritaient d'être persécuté pour vouloir s'assimiler.

Les Sionistes se pliaient aux nazis : «Un destin commun et la conscience tribale doivent être d'une importance décisive dans l'élaboration d'un mode de vie pour les Juifs aussi.» (175)

Cela explique comment «une minorité de Juifs allemands [c'est à dire les Sionistes] se chargèrent de 550 000 hommes, femmes et enfants... » Déclare Black. Ce fut la confirmation «de ce que les Juifs de la diaspora avaient toujours craint à propos du Sionisme – d'être utilisés comme prétexte légal et moral pour forcer les Juifs à sortir de la société européenne.» (177)

Cela explique aussi pourquoi Israël se comporte aujourd'hui comme l'Allemagne Nazie. Ils ont un pedigree raciste commun.

Au procès de Nuremberg de l'après-guerre, Julius Streicher a affirmé que les lois de Nuremberg de 1935 ont été calqué sur la loi juive religieuse raciste : «J'ai à maintes reprises insisté sur le fait que les Juifs devraient servir d'exemple à toutes les races, car ils ont créé une loi raciale pour eux-mêmes, la loi de Moïse, qui dit : «Si vous venez dans un pays étranger, vous ne prendrez pas pour vous-mêmes les femmes étrangères.»

Ces lois des Juifs ont été prises comme modèle pour ces lois... Ce fut le début de la juiverie qui, parce qu'elle avait introduit ces lois raciales, a survécu à travers les siècles, tandis que toutes les autres races et les civilisations ont péri.» Procès des Grands Criminels de Guerre devant le Tribunal militaire international de Nuremberg, 14 novembre 1945 - 1 Octobre 1946, Volume 12, Secrétariat du Tribunal de Nuremberg, en Allemagne, p. 315. (Merci à Chris Jon Bjerknes.)

Il est concevable que le Nazisme ait été créé à l'image du Sionisme (et du Communisme.) Certes, le Nazisme et le Sionisme étaient des mouvements Illuminati complémentaires. Non seulement les Nazis ont construit Israël, mais Israël a construit l'Allemagne Nazie en lui fournissant un marché d'exportation. Ils ont travaillé ensemble. Beaucoup de Juifs n'ont pas récupéré tout leur argent quand ils sont arrivés en Israël. Ainsi, les Sionistes ont également participé au pillage des Juifs d'Europe, qui a été appelé «Aryanisation».

## CONCLUSION

De plus en plus d'Israéliens et les Juifs en général, se rendent compte que le Sionisme est une ruse et que le comportement d'Israël ressemble à s'y méprendre à celui de l'Allemagne Nazie. Par exemple, l'universitaire israélien Yeshayahu Leibowitz a dit que tout ce qu'Israël a fait depuis 1967 est «soit stupidement mauvais ou mauvaisement stupide.» Il définit l'armée israélienne comme «Judéo-Nazie.»

Ce n'est pas ici le propos de montrer comment Hitler a été porté au pouvoir par la finance Anglo-Américaine (c'est à dire les Illuminati juifs). Mais il est fort à propos que les Juifs et les Américains considèrent cette leçon : Les événements historiques sont créés pour amener les gens à faire avancer le Nouvel Ordre Mondial.

Les Juifs d'Europe ont été déracinés, volés et massacrés dans le but de construire la capitale du gouvernement mondial de Rothschild en Israël. Les Américains sont en train de mourir en Irak et en Afghanistan et peut-être bientôt en Iran pour éradiquer l'Islam. La tourmente économique rend les gens désespérés afin de mieux leur faire embrasser le gouvernement mondial du «socialisme». Et ainsi de suite...

# Le Sionisme c'est de ne jamais dire que vous êtes désolé

«L'élite juive, les universitaires, les politiciens et les médias se considèrent comme des grands moralistes, avec très peu d'auto-introspection. Leur auto-justice, l'arrogance, et leurs préjugés juifs contre les Chrétiens ont conduit à un énorme sentiment anti-Chrétien.»

Au Canada, c'est ce qu'on appelle un «discours de haine» qui provoquerait des plaintes pour violation des «droits de l'homme» de la part de la communauté juive organisée.

En fait, cette déclaration a été faite par un Juif israélien dans le *Jerusalem Post,* (30 mars 2009) et présentée comme de l'antisémitisme en Norvège. J'ai échangé le terme «norvégien» par les mots «juif» et «Israël» et ait substitué «Juifs» à la place de «chrétiens».

Manfred Gerstenfeld, Président du Centre des Affaires Publiques de Jérusalem commentait «les sentiments antisémites latent dans la société norvégienne», déclenchés par l'Opération Plomb Durci, le massacre israélien des civils de Gaza. Cela montre que les Sionistes demandent carte blanche quand il s'agit de généralisations ethniques sur les autres, mais crient à «l'antisémitisme» pour faire taire les critiques à propos d'eux-mêmes.

Le rabbin Yoav Melchior, le grand rabbin de la Norvège, s'est fait l'écho que cette vision étroite de l'indignation norvégienne lors du massacre israélien de Gaza, était le résultat d'un antisémitisme latent.

Le rabbin a dit qu'il avait eu «très peur pendant la guerre. La haine se propageait rapidement, de façon dangereuse. Cela relevait d'une émotivité aveugle contre Israël et contre les Juifs. C'est profondément ancré au cœur de l'antisémitisme émotionnel de la Norvège. La vague actuelle d'antisémitisme montre ce que les gens retiennent en leur sein.» a-t-il déclaré.

Gerstenfeld, qui a écrit et publié récemment «*Derrière le masque humanitaire : Les pays nordiques, Israël et les Juifs.*» a noté que «compte tenu du fait qu'il n'y a que 700 juifs au sein d'une population de 4,6 millions d'habitants, il y a beaucoup de haine contre Israël et les Juifs.»

Le gouvernement norvégien a fait entendre sa critique d'Israël au cours des derniers mois. Lors du déclenchement des hostilités à Gaza, le Ministre des Affaires Étrangères Jonas Gahr Støre a déclaré que «la Norvège condamne fermement toute forme de guerre qui provoque de graves souffrances pour les civils, et demande à Israël de retirer immédiatement ses troupes.»

En outre, «les Norvégiens sont des pionniers du boycott d'Israël» a déclaré Gerstenfeld, citant de nombreux syndicats norvégiens soutenant les intérêts des Palestiniens aux dépens d'Israël.

Selon Gerstenfeld, «comme la Norvège est un pays très petit avec un langage que la plupart ne comprenne pas, personne ne lui accorde beaucoup d'attention. Leur antisémitisme a complètement volé sous le radar depuis longtemps.» Maintenant que le monde prend conscience de la situation en Norvège, l'élite norvégienne ne s'en tirera plus avec cette arrogance incroyable», a-t-il affirmé.

## L'ÉTAT D'ESPRIT SIONISTE

Cet article illustre deux caractéristiques troublantes trouvées dans la psyché Sioniste (et peut-être juive).

1) les Sionistes ne disent jamais qu'ils sont désolés parce qu'ils ne se trompent jamais. Ils ont suspendu la loi de cause à effet. La critique n'est jamais le résultat de leurs propres actions ou comportements. Elle est toujours due à une haine irrationnelle consanguine ou à des préjugés de la part des autres. «L'antisémitisme» leur donne l'infaillibilité et l'immunité.

Mais aussi longtemps que les Juifs soutiendront Israël, ils seront tenus responsables pour les actions d'Israël. Le Sionisme crée de l'antisémitisme pour forcer les Juifs à soutenir leur programme agressif caché. (Voir mon article «Le Racket de Protection Sioniste» en ligne.) Les Juifs sont utilisés pour construire le Royaume de mille ans de Rothschild, et quand ils ne seront plus nécessaires aux Illuminati, ils seront mis de côté.

Les Sionistes diabolisent et traitent leurs adversaires comme des sous-hommes et des «haineux» parce qu'ils ne veulent pas admettre qu'ils commettent des actes répréhensibles. D'une certaine manière, ils pensent qu'ils sont Dieu et ne peuvent pas mal faire. Ainsi, alors que certains soldats israéliens intègres ont rapporté de nombreux crimes de guerre à Gaza, les FDI ont allègrement conclu que ces rapports étaient «des racontars». Cette distorsion de la vérité pour s'adapter à l'ordre du jour est devenue monnaie courante dans le monde d'aujourd'hui.

2) la menace de Gerstenfeld que «le monde devient conscient de la situation en Norvège» et que l'élite norvégienne «ne s'en tirera plus ainsi longtemps», révèle une tendance autoritaire.

Les Sionistes, comme les Communistes, ne répondent pas à la critique par des réfutations parce qu'ils ne le peuvent pas. Après la marginalisation des critiques, ils répondent avec des attaques ad hominem, le ridicule, les diffamations, les menaces, des actions juridiques, et des attaques sur les moyens de subsistance. Hypocritement, ils pleurent contre «la haine» alors qu'en fait ils sont eux-mêmes une source majeure de haine. Ils jouent un rôle prédominant dans la dynamique émergeante d'un gouvernement mondial totalitaire.

En Occident (les États-Unis, le Canada, l'Australie, le Royaume-Uni, l'Allemagne et la France), ce système totalitaire est synonyme de soutien inconditionnel au Sionisme. La critique d'Israël est interdite. Au Royaume-Uni, un diplomate risque la prison pour exprimer le dégoût des atrocités israéliennes. Le député britannique George Galloway s'est vu refuser l'entrée au Canada en raison de son soutien envers les Palestiniens. Les Canadiens n'ont jamais débattu de cette «accord de sécurité» dans lequel les critiques d'Israël, un pays construit par le terrorisme Sioniste, sont accusés de soutenir le terrorisme.

La manière dont les Sionistes et les Communistes travaillent, la façon dont le Nouvel Ordre Mondial fonctionne, est de contrôler les gens par le contrôle de la pensée et du discours, et, finalement, par l'intimidation.

## CONCLUSION

L'antisémitisme a augmenté en raison de deux facteurs. 1) L'attaque d'Israël sur le Liban en 2006 et à Gaza en 2008. Cette réaction a été sauvagement disproportionnée par rapport à la provocation, inégale en force, et les civils ciblés. 2) La perception que les Juifs sont derrière la crise du crédit.

En effet, la Réserve Fédérale dominée par la communauté juive Illuminati est responsable, selon la secrétaire adjointe au Logement de l'administration Bush, Catherine Austin Fitts.

«Alan Greenspan est un menteur. La Réserve Fédérale et son partenaire de longue date, le département du trésor américain, ont conçu la bulle immobilière, y compris l'implication frauduleuse de l'Amérique dans le cadre d'un coup d'état financier. Notre faillite n'était pas un accident. Elle a été conçue au plus haut niveau.»

La cause de l'antisémitisme n'est pas un mystère. Trop de Juifs ont servi comme des dupes et des agents du cartel des banques centrales mondiales (c'est à dire Rothschild) et leur plan de gouvernement mondial tyrannique. Les Francs-maçons, les Mormons, les Témoins de Jéhovah, et pratiquement toutes les autres religions ou organisations à «succès» le servent également. (Qui que ce soit qui embrasse la diversité, «les droits des femmes et des homosexuels» le changement climatique, etc.)

Mais si l'histoire est une indication, l'indignation populaire va croître, et être canalisée contre les juifs qui jouent peu ou pas de rôle du tout dans ce complot diabolique. Ces Juifs doivent se lever maintenant et, selon les mots de Sam Goldwyn déclarer : «ne m'incluez pas parmi eux.»

# Les Sionistes approuvent l'Antisémitisme

L'antisémitisme se référerait à un préjugé racial contre les Juifs. Maintenant la «haine» est un mot de code pour autre chose : l'opposition au Sionisme, un programme politique que même beaucoup de Juifs trouvent répugnant.

En assimilant l'opposition au sionisme à de la «haine», le judaïsme a donné la permission à chacun d'être antisémite.

En Russie Soviétique, l'antisémitisme était considéré comme «contre-révolutionnaire» et sévèrement punis. De même, l'antisémitisme est aujourd'hui un crime politique dans l'Occident parce qu'il va à l'encontre du Nouvel Ordre Mondial Sioniste.

Par exemple, une journaliste de Winnipeg, Leslie Hughes, a été forcée d'abandonner sa candidature en tant que libérale dans l'élection de 2008 pour avoir fait une remarque sur la prescience israélienne lors de l'attaque du 11/09 dans un article de 2003. Elle citait un journal israélien. Elle donnait des cours sur la tolérance et n'avait pas de sentiments d'hostilité contre les Juifs. Son crime était politique. Elle apprit la nouvelle alors qu'elle était en pleine prospection dans sa circonscription.

Elle a déposé une plainte contre le Congrès Juif Canadien et le Parti Libéral.

Mon écriture met en garde les Juifs, ils sont utilisés pour faire progresser le plan des banquiers centraux pour la dictature du gouvernement mondial. Je tiens à souligner que chaque nation, religion et organisation importante, sont également utilisées.

Néanmoins, le Congrès Juif Canadien m'accuse de «haine contre les Juifs» et veut supprimer mes écrits. L'absurdité d'accuser d'antisémitisme le fils de survivants de l'holocauste souligne la véritable nature «contre-révolutionnaire» de mon crime.

## VOUS ÊTES UN ANTISÉMITE SI...

Le révérend Ted Pike extrapole à partir de la «Loi sur l'examen global de lutte contre l'antisémitisme» de 2004 aux États-Unis pour définir le type d'activité politique qui est criminalisée. («Les véritables motifs derrière le Département Global de l'Antisémitisme»)

1. Toute affirmation «que la communauté juive contrôle le gouvernement, les médias, les entreprises internationales et le monde financier» est antisémite.

2. «De forts sentiments anti-israélien» font de vous un antisémite.

3. Les «critiques virulentes» des dirigeants israéliens, passés ou présents, sont antisémites.

4. La critique de la religion juive, de ses dirigeants religieux ou de ses écrits (en particulier le Talmud et la Kabbale) est antisémite.

5. Le fait de critiquer le Gouvernement et le Congrès américain comme étant sous l'influence indue de la communauté Juive-Sioniste (y compris l'AIPAC) est antisémite.

6. La critique de la communauté Juive-Sioniste pour leur promotion de la mondialisation (le «Nouvel Ordre Mondial») est antisémite.

7. Blâmer les dirigeants juifs et leurs partisans pour avoir incité à la crucifixion romaine du Christ est antisémite.

8. La diminution du nombre des «six millions» de victimes de l'Holocauste est antisémite.

9. Appeler Israël un état «raciste» est antisémite.

10. Affirmer qu'un «complot Sioniste» existe est antisémite.

11. Prétendre que les Juifs et leurs dirigeants ont créé la Révolution Bolchévique en Russie est antisémite.

12. Proférer des «déclarations désobligeantes sur les personnes juives» est antisémite.

13. Nier le droit de la plupart des Juifs athées de réoccuper la Palestine est antisémite.

14. Alléguer que le Mossad était derrière l'attaque du 11/09 est antisémite.

Essentiellement, si vous croyez en la vérité et la justice, vous êtes un antisémite. Si vous croyez en la liberté d'expression, au libre examen et dans le processus démocratique, vous êtes un antisémite. Si vous vous opposez à la tyrannie, la corruption et l'assassinat, vous êtes un antisémite.

Si vous n'êtes pas un antisémite, vous êtes au mieux mal informé, et au pire un vendu.

En fin de compte, le Nouvel Ordre Mondial transformera 90% de la population mondiale et au moins 50% des juifs en antisémites. Est-ce le véritable ordre du jour? De détourner le blâme loin des banksters centraux et de leurs séides francs-maçons non-juifs?

## LA SYNAGOGUE DE SATAN

L'ouvrage d'Andrew Hitchcock «La *Synagogue de Satan*» est une chronologie convaincante du rôle juif dans la conspiration satanique des banquiers centraux, c'est à dire Le Nouvel Ordre Mondial. Avec mon propre livre «*Illuminati*», il fournit une excellente introduction au sujet.

Le seul inconvénient c'est qu'Hitchcock ne fournit pas toutes les références. Par exemple, il cite la liste ci-dessus trouvée sur internet sans faire mention du révérend Pike. Néanmoins, les sources d'Hitchcock peuvent être vérifiées en ligne.

J'ai été impressionné par la quantité de nouvelles informations et la profondeur de vue que j'y ai trouvé. Hitchcock explique comment la «nationalisation» de la Banque d'Angleterre de 1946 fut un tour de passe-passe. Il fournit de nouvelles informations sur l'art de la création monétaire. Il explique avec lucidité l'importance des lois Noahides.

Vous lisez ce livre avec une fureur croissante en voyant le degré de cruauté, de criminalité et de chutzpah de certains juifs. Ces Juifs ne sont pas le peuple élu de Dieu, mais de Satan, une question qui devrait être une préoccupation pour les autres Juifs qui se sont rendus coupables la plupart du temps de naïveté, de complaisance, de conformisme, de lâcheté et d'opportunisme. La même chose peut être dite des Américains et des Canadiens qui soutiennent les crimes de guerre en Afghanistan par leurs impôts.

Hitchcock cite Werner Sombart déclarant qu'à partir de 1820, il n'y eut plus «qu'un seul pouvoir en Europe, celui de Rothschild.» Il déclare que le capitalisme moderne et l'américanisme ne sont rien d'autre que «l'esprit juif distillé.»

## CONCLUSION

Les Sionistes étiquètent tout le monde comme antisémite parce que l'antisémitisme est leur gagne-pain.

Les Juifs nourrissent la fausse idée naïve que le Sionisme est là pour les protéger de l'antisémitisme. En fait, le Sionisme est là pour créer l'antisémitisme, afin de forcer les Juifs à mener à bien l'agenda des Illuminati, c'est à dire le gouvernement mondial des banquiers centraux. L'objectif du Sionisme est de faire des Juifs des parias, afin de mieux les utiliser.

Le Sionisme est la principale source de l'antisémitisme dans le monde d'aujourd'hui mettant en péril tous les Juifs qu'ils prétendent représenter. Imaginez si les Illuminati décidaient de faire des Juifs leurs boucs émissaires. Imaginez si un jour ils révélaient le rôle du Mossad dans le 11/09. Imaginez si la vérité se répandait : «les Juifs ont provoqué le 11/09.» Nous pourrions avoir des pogroms en Amérique. Pourtant, de nombreux Juifs, qui n'avaient rien à voir avec le 11/09, en soutenant obstinément Israël, en souffriront.

Israël est le fief privé des Rothschild ; leur armée privée, leurs services secrets et leur arsenal nucléaire. Tous ces éléments sont utilisés pour faire avancer l'ordre du jour Rothschild d'un gouvernement mondial. A l'avenir, les Juifs Sionistes et leurs partisans auront beaucoup «d'explications à fournir.»

# Le Nouvel Ordre Mondial : Une façade pour la tyrannie Juive kabbaliste

Dans l'édition élargie de «*Sous le signe du Scorpion*» (2002) l'écrivain estonien Jüri Lina révèle les auteurs juifs kabbalistes (francs-maçons) qui sont responsables du Communisme, et par extension du Gouvernement Mondial. Bien que longtemps soupçonné, cela a rarement été confirmé par des sources juives.

La Révolution Bolchévique «fut déclenchée par les mains des Juifs», a écrit M. Kohan le 12 avril 1919 au journal *Kommunist* (Kharkov.) L'article s'intitule : «Les services rendus par les Juifs à la classe ouvrière» et poursuit : «Les masses sombres des travailleurs opprimés et des paysans russes auraient-ils pu secouer le joug de la bourgeoisie eux-mêmes? Non, ce furent les Juifs du début à la fin qui [leur] montrèrent la voie vers l'aurore de l'internationalisme et qui à ce jour règnent sur la Russie Soviétique.» (P.161) Lina cite un document Sioniste trouvée sur le corps d'un Commandant de Bataillon Communiste juif publié dans un journal estonien le 31 décembre 1919 qui suggère que le Communisme était en fait une guerre économique, raciale et religieuse déguisée. «Fils d'Israël! Le temps de notre victoire finale est proche. Nous sommes au début de notre domination du monde et de notre notoriété... Nous avons transformé la Russie en un esclave économique et pris presque toute ses richesses... Nous devons éliminer leurs meilleurs individus et les plus talentueux... Nous devons provoquer la guerre des classes et les dissensions entre les paysans et les travailleurs aveugles [et] ... anéantir les valeurs culturelles que les peuples Chrétiens ont acquises... les fidèles fils d'Israël détiennent les plus hauts postes de la nation et règnent sur les Slaves esclaves.» (p.162)

Le livre de Lina est la démonstration que l'humanité est victime d'un complot satanique à long terme (Juif Kabbaliste, et Franc-maçon) pour l'asservir et la dépouiller. Le cartel Juif et Franc-maçon des banques centrales a utilisé la rhétorique du Communisme (la lutte des classes et la propriété publique) pour conquérir la Russie et la Chine. Ce sont essentiellement des invasions étrangères (juives, franc-maçonnes, et britanniques) déguisées en «Révolutions». Le Nouvel Ordre Mondial est une extension de l'impérialisme Juif Franc-maçon («Britannique»).

Naturellement, les Communistes ne voulaient pas que cette connexion soit établie. Ils interdirent «l'antisémitisme» sous peine de mort. Les patriotes russes étaient considérés comme des «antisémites» et exterminés. Les gens en possession des *Protocoles des Sages de Sion* étaient exécutés.

## LA TERREUR

Le fait que les atrocités communistes soient passées sous silence en Occident et que des «lois contre la haine» soient mises en place, confirme que la même puissance est à l'œuvre. S'ils n'ont pas changé, nous pourrions être en grave danger.

Les exécutions Communistes ont été publiées dans le journal hebdomadaire de la Tchéka. En 1917-18, 1,7 millions de personnes ont été exécutées. De janvier 1921 à avril 1922, 700 000 le furent. Parmi les victimes figurait la crème de la société russe : « Les évêques, professeurs, écrivains, médecins, tous accusés de « pensées antisociales.» Lina écrit que «les yeux des dignitaires de l'Eglise étaient arrachés, leurs langues coupées et ils furent brûlés vivant... L'évêque de Voronej fut bouilli encore vivant dans une grande marmite et les moines contraints de boire cette soupe.» (pp. 110-112)

Lina cite l'Ancien Testament (*Isaïe, le Deutéronome*) comme la source idéologique de cette barbarie. Leur Dieu a commandé aux Juifs de massacrer et d'asservir les goyim et de prendre leurs biens. (P.113) (Lina, cependant, n'est pas Chrétien – appelant le Christianisme la «religion des esclaves.») Il nomme 60 membres supérieurs de la Tchéka meurtrière dans les années 1930. Tous, sauf deux étaient juifs. (290)

La plupart des Juifs d'aujourd'hui n'étaient pas vivants dans les années 1918-1922 et ne font pas consciemment partie de la conspiration Illuminati. La plupart n'ont aucune idée du Talmud ou de la Kabbale. Ils ne se rendent pas compte que le Sionisme et le Judaïsme organisés sont gérés par ces banquiers fanatiques ayant un plan secret.

Les appels constants en faveur d'un gouvernement mondial non démocratique par les politiciens possédés par les banquiers, sont la preuve que ce complot est bien réel. Le Diable opère par la ruse et la séduction. Il fera paraître le Nouvel Ordre Mondial bienveillant. Au moment où la vérité deviendra évidente, il sera trop tard.

## LA RÉVOLUTION N'EST QUE DU GANGSTERISME

Jüri Lina a rendu un service inestimable en révélant la Révolution Russe. Il la place dans le contexte de la Révolution Française qui fut initiée par les mêmes forces. Dans les deux cas, les «révolutionnaires» n'avaient aucun intérêt pour le bien-être du peuple. Bien au contraire, ils démantelèrent tout ce qui était bon et volèrent tout ce qui avait de la valeur :

«Les ouvriers russes devinrent les esclaves des Juifs internationaux extrémistes... autrefois secrète, les archives du Parti Communiste révèlent que Trotski avait 80 millions de dollars dans des banques américaines et 90 millions de francs suisses dans les banques suisses.» (157) En octobre 1918, les banquiers juifs de Berlin reçurent 3 125 kilos d'or russe pillé. (278)

De même Lina décrit comment les banquiers juifs francs-maçons provoquèrent la Première Guerre mondiale. Il cite l'article du rabbin Reichorn daté du 1er juillet 1880 : «Nous allons entrainer les goyim de force dans une guerre, en exploitant leur orgueil, leur arrogance et leur stupidité.» (182)

Le journal franc-maçon britannique *British Israel Truth* publia dans un article en 1906 : «Nous devons nous préparer à de grands changements pour une grande guerre qui s'abattra sur les peuples de l'Europe.» (181)

En 1919, un journal Sioniste a écrit que la Juiverie Internationale a forcé l'Europe dans la guerre afin «qu'une nouvelle ère juive puisse émerger dans le monde entier.» (181)

Nous sommes sous l'emprise d'un pouvoir pernicieux. Le sens véritable des «Lumières» et de la «Révolution» est de renverser l'ordre naturel et spirituel de l'univers et de remplacer Dieu par Lucifer qui représente les prétentions des banquiers juifs Illuminati (francs-maçons). Notre vie sociale, politique et culturelle est orchestrée par eux.

Mais, comme des cafards, ils craignent d'être exposés. Jüri Lina a fait briller la lumière. Son livre peut être acheté pour 30 $ en lui écrivant directement : jyrilina@yahoo.com.

# L'expérience Illuminati de l'URSS – fut une «catastrophe sociale»

A mesure que nous nous dirigeons vers un gouvernement mondial, il est utile de se rappeler de la dernière grande expérience sociale des Illuminati, le Communisme Soviétique, que Jüri Lina décrit comme une «catastrophe sociale.»

Dans son livre, «*Sous le signe du Scorpion*» (2002), l'écrivain estonien dit qu'environ 150 millions de personnes sont mortes suite à la Révolution Bolchévique, subventionnée par le cartel bancaire Illuminati (juif franc-maçon). L'Occident faisait semblant de s'opposer aux bolchéviques, mais en fait, les a défendu et trahi les Russes blancs qui avait été nos alliés au cours de la Première Guerre mondiale. Les bolchéviques auraient perdu, s'il n'y avait pas eu d'intervention occidentale. (322)

On estime à 60 millions le nombre de personnes supplémentaires qui furent assassinés sous le régime Communiste Chinois. Ces régimes sataniques «s'emparèrent des gens par les cheveux» (Winston Churchill) et détruisirent brutalement deux civilisations avancées. Les banquiers centraux Illuminati dirigent encore le monde. Si «le passé est une préface» sommes-nous préparé à subir un traitement brutal similaire? Est-ce la raison pour laquelle la vérité sur ces «révolutions» est supprimée?

## L'HISTOIRE VU DE L'INTÉRIEUR

Jüri Lina affirme que l'URSS était gouvernée par des gangsters juifs. «L'antisémitisme» Soviétique était l'étiquette qu'ils mettaient sur leurs guerres de gangs. L'idéologie Marxiste n'était qu'un écran de fumée. Joseph Staline était un Juif qui parlait yiddish et épousa des femmes juives. Il a été diagnostiqué comme un «paranoïaque hystérique» par un médecin qu'il fit assassiner pour avoir révélé cela.

Il avait un complexe d'infériorité à cause du fait qu'il ne mesurait que cinq pieds un pouce et devait utiliser une estrade pour les apparitions publiques. Il a assassiné sa seconde épouse en 1932 quand elle l'a accusé de génocide. Comme Lénine, un autre Juif (qui est décédé de la syphilis) Staline était aussi bisexuel. (Pp. 284-286). Voilà les phénomènes que les banquiers Illuminati ont portés au pouvoir.

Staline était sous l'influence d'un autre Juif, Lazare Kaganovitch (et épousa sa sœur.) Kaganovitch a joué sur la paranoïa de Staline pour assassiner plus de 20 millions de chefs de partis Communistes, de fonctionnaires, et d'officiers de l'armée, en particulier ceux au courant de ses actes abominables. Staline et Kaganovitch étaient après l'or de leurs rivaux. Au cours de la Grande Terreur de 1934-1938, les agents du NKVD ont commencé à porter un nouveau symbole sur leurs manches, une épée et le serpent.

«Cela symbolisait la lutte des Juifs kabbalistes contre leurs ennemis», écrit Lina. «Il n'y a pas de diable, selon le Talmud. Satan et Dieu sont unis dans Yahvé.» (301)

À l'apogée de la terreur Stalinienne en 1937-38, les exécutions atteignait 40 000 par mois. Alexandre Soljenitsyne estimait qu'un million ont été exécutés et 2 000 000 sont morts dans les camps de la mort. *Literaturnaya Rossiya* estime le total des décès dus aux assassinats et à la famine induite par la maltraitance à 147 millions, cinq millions par an pour la période 1918-1938. Lina souligne que de nombreux morts étaient des femmes et des enfants qui étaient considérés comme des «ennemis du peuple.» Après tout «ils coûtaient de l'argent», c'étaient des «bouches inutiles» aux yeux des communistes.

Des charniers immenses entourent les grandes villes de l'URSS. L'un d'eux contenant 100 000 corps a été trouvé à Kuropaty, à six miles de Minsk. Tous les soirs à partir de 1937 à Juin 1941, le NKVD alignait les personnes jusqu'au site, bâillonnées et les yeux bandés. Pour économiser les balles, les bourreaux essayaient de tuer deux personnes d'un seul coup. (303)

À l'apogée de la terreur, le NKVD commença le gazage des gens dans des camions. L'Occident considérait tout cela comme normal. Bernard Shaw a déclaré que les nations avaient le droit d'éliminer les indésirables. L'ambassadeur américain à Moscou, Joseph Davies, un franc-maçon, était particulièrement enthousiaste au sujet des procès à grand spectacle. (304)

L'URSS perdit encore environ 35 à 45 millions de personnes supplémentaires au cours de la Seconde Guerre mondiale. L'historien Nikolaï Tolstoï prétend que la moitié d'entre elles furent effectivement tuées par les bolcheviks mais mis sur le compte des Nazis. Pendant les campagnes contre-révolutionnaires en 1949 - 1952, cinq autres millions de personnes furent assassinées. (307)

En plus de l'Holomodor (1932-1932) qui tua 15 millions d'Ukrainiens, il y eut une autre famine (moins connue) organisée en Ukraine en 1946-1947 pour mettre fin à une résistance politique. Cette disette tua deux millions d'ukrainien. Un autre million de Russes furent tués ou irradiés en 1954 quand les Communistes testèrent une arme atomique sur les Russes. (318)

## LE GÉNOCIDE SATANIQUE SPONSORISÉ PAR L'OCCIDENT

La révolution bolchevique était totalement organisée et financée par les banquiers Illuminati (Schiff, Rockefeller, Warburg, etc.) et le gouvernement allemand, qu'ils contrôlaient. (206)

Anthony Sutton a révélé que 95% pour cent de la technologie Soviétique provenait des États-Unis ou de leurs alliés. Il a dit que les Communistes n'auraient pas pu tenir «un seul jour» sans l'aide occidentale. Tout en feignant d'être engagé dans une «guerre froide», l'Occident fournissait effectivement des milliards en subventions directes militaires et économiques aux Soviets. Autrement comment pouvait-il y avoir une guerre? (322)

Un quart de million de tracteurs furent nécessaires pour la «collectivisation» de la terre des fermiers Kulak. Grâce au financement de Kuhn Loeb, 80 entreprises américaines participèrent à la construction de trois usines d'énormes tracteurs. Elles furent également utilisées pour la construction de réservoirs.

Dans le cadre du traité de Rapallo signé en Avril 1922, les consortiums allemands construisirent de nombreuses usines d'avions, de locomotives et de munitions à travers l'URSS. Krupp construisait des chars et des sous-marins à Leningrad et à Rostov. Les troupes allemandes répétaient les tactiques Blitzkreig sur le sol russe. Il est clair que les Illuminati parrainent les deux côtés de chaque conflit. Sans cette aide industrielle et économique, l'URSS aurait échoué.

Les politiciens Illuminati de l'Occident et les financiers ne perdirent pas le sommeil à cause des exécutions ni au sujet des 15 millions envoyés au Goulag. (343) Leurs journaux supprimèrent cette information. Ils sont aussi coupables que les bourreaux du NKVD, et tout a été fait aux frais du contribuable.

«L'élite financière Occidentale voulait utiliser l'économie de marché capitaliste comme une enclume et le Communisme comme un marteau pour gouverner entièrement le monde et l'assujettir», écrit Lina.

Finalement, le coût du maintien de l'URSS est devenu prohibitif, et la nouvelle Russie émergea, sous l'égide des francs-maçons Eltsine et Poutine. La même bande de satanistes et d'assassins de masse continue de régner sur notre planète. Nos politiciens sont leurs agents conscients ou inconscients. Cela n'est pas de bon augure pour le Nouvel Ordre Mondial. Une mince patine de droit et de tradition civilisée nous séparent de la barbarie et du chaos vécu en Russie.

Nous vivons dans un paradis de fous. Le prix à payer pour ne pas présenter ces monstres à la justice pour des crimes comme le 11/09 est qu'ils continuent d'infliger leur folie à la race humaine.

# Les «années de vaches maigres» nous conduiront-elles au Communisme?

Tout juste dans les délais prévus, les politiciens marionnettes nous promettent de nous sauver de la crise provoquée par les banquiers marionnettes en créant «un nouvel ordre financier mondial.»

Nicolas Sarkozy et Gordon Brown appellent à une «nouvelle architecture financière internationale pour l'âge global» qui mettra en place la gouvernance mondiale Rothschild sous le couvert de «réforme et de régulation des marchés».

Dans un article «*Le principe de Joseph et la Crise Économique*», Carl Teichrib, un jeune chercheur en agriculture de Manitoba a déclaré que la manipulation

**Carl Teichrib**

des calamités pour réformer la société remonte à l'époque biblique. Joseph, l'un des Juifs de la Cour, est surtout connu pour avoir prédit sept années d'abondance (l'inflation), suivie de sept années de famine (contraction du crédit ou déflation.)

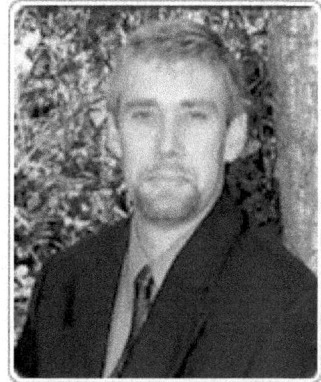

Il est moins bien connu pour l'utilisation de ce «cycle économique» pour établir une forme de Communisme. Toutes les terres cultivées en Egypte devinrent la propriété de la couronne, et les gens cultivaient pour le roi, en lui donnant un cinquième de la récolte.

Teichrib, un fervent chrétien, écrit :

«Dans la *Genèse 47*, Joseph, commandant en second du Pharaon d'Égypte, a averti d'une famine à venir, et a préparé des stock-tas de grains pour aider les gens à traverser la crise. Lorsque la famine a frappé la terre, les gens sont venus vers Joseph pour acheter des stocks de nourriture. Une simple transaction était faite ; les citoyens utilisaient la monnaie nationale pour acheter des céréales.

«Dans les versets 14 et 15, nous trouvons un développement inhabituel. Après que le grain ait été acheté, Joseph retient intentionnellement l'argent, l'empêchant de circuler à nouveau dans l'économie locale. Le résultat prévisible est catastrophique pour le peuple : la crise économique.

«Selon la version King James, «l'argent vint à manquer» (verset 15), et dans la Nouvelle Version Internationale il est dit que «l'argent est épuisé.» L'Egypte expérimenta une déflation intentionnelle, soutenue par le gouvernement au beau milieu d'une calamité naturelle. L'argent s'effondra.

«Ayant besoin de manger, que firent les citoyens? Ils donnèrent à Joseph leur bétail en échange du grain (verset 16-17). En tant que société agraire, l'élevage représentait la ressource de base de la population. Ainsi, en plaçant ce pouvoir entre les mains du gouvernement, l'activité commerciale du peuple fut effectivement abolie.»

«En rapportant cette série d'événements auprès d'autrui, certains m'ont demandé : «Pourquoi les gens ne se sont pas contentés de manger les animaux au lieu de les échanger contre des céréales ?»

«La réfrigération comme mode de conservation n'existait pas. Et tandis que les gens auraient pu sécher une partie de la viande pour une utilisation à long terme, le grain aurait été la source de nourriture la plus précieuse et stable pendant une période de sécheresse. Après quoi, les gens n'avait plus ni argent ni élevage, et un an plus tard, ils étaient sans nourriture.»

«Revenons à Joseph, qui était évidemment en charge des entrepôts, les gens suppliaient leur dirigeant d'accepter leurs terres et eux-mêmes en échange de nourriture (versets 18-19.) La propriété privée fut donc regroupée sous l'état, et les citoyens sont littéralement devenus des esclaves dans leur propre pays (versets 20-21) Dans la version King James la définition va même plus loin : Joseph dépeuple les zones rurales et déplace les gens vers les villes.»

«Il s'agit d'une stratégie magistrale de contrôle de la population. Une fois que la richesse de la nation eut été regroupée sous la bannière du Pharaon par les actions de Joseph – toute la richesse monétaire, la base industrielle, la terre et la productivité, ainsi que les gens comme actifs économiques - alors Joseph institua un nouveau système fiscal agricole (versets 20-24). Comment les gens réagirent? Ils abandonnèrent volontiers le contrôle de leurs richesses, de leurs biens, et d'eux-mêmes (renonçant à leur liberté) en échange de la promesse d'une sécurité imposée par l'État.»

«Pensez que tout cela a commencé par un abaissement de la valeur monétaire. La manipulation de l'argent est, sans doute, la méthode la plus puissante - en dehors de la guerre - pour réorganiser le tissu de la société.

«Suis-je en train de suggérer que notre crise actuelle sera utilisée comme levier pour restructurer notre monde Occidental? Il y a de grandes chances que oui. Pensez à ce que le père de l'économie moderne, John Maynard Keynes, en disait en 1919 :

«Il n'y a pas de moyen plus subtil et plus sûr de renverser la base existante de la société qu'en dévaluant la monnaie.» - John Maynard Keynes, «*Les Conséquences Économiques de la Paix*», (1919), 236.

«Le modèle économique de Keynes est celui que nous utilisons depuis la fin de la Seconde Guerre mondiale. Grosso modo, c'est l'idée que les gouvernements peuvent stimuler l'économie grâce à une gestion des taux d'intérêt - le cœur du crédit et de l'endettement - les programmes fiscaux, et au travers d'autres programmes d'incitation gérés par l'état. Bien que la citation ci-dessus visait principalement des actions inflationnistes, la même conclusion peut être tirée des effets déflationniste.»

Lorsque des banquiers étrangers tiennent les cordons de la bourse de l'Etat, inévitablement l'Etat devient synonyme de ces banquiers. L'État n'a de «public» que le nom. Ceci est le véritable visage du Communisme.

# Le grand-père Juif d'Obama

Si vous cherchez sur Google «premier président Juif de l'Amérique», vous trouverez des liens vers de nombreuses publications juives «kvelling» (terme yiddish pour se vanter) sur la façon dont Barack Obama a été parrainé par les Juifs et sur le fait qu'il est «des nôtres.» C'est peut-être littéralement vrai. Je suspecte que le père de sa mère Stanley «Dunham» était juif. La mère d'Obama «Stanley Anne Dunham» paraissait certainement et agissait comme une juive Communiste. (Ma première belle-mère en était une.)

Comme nous l'avons vu, le modus operandi du culte satanique Frankiste Sabbatéen (Illuminati) est de se marier et d'intégrer toutes les autres religions, idéologies et nationalités. Le grand-père de Reinhard Heydrich était juif. Le grand-père d'Hitler était juif. La mère de Churchill était demi-juive. Sonya Sottomayer parade en passant pour une «Latina», mais sa mère était juive. Ce n'était pas seulement les acteurs juifs d'Hollywood qui changeaient leur nom et leur personnalité. Le but c'est le pouvoir. En contrôlant tous les côtés, ils créent des divisions, le chaos et la guerre. En définitive, le but est de détruire la Civilisation Occidentale et de faciliter l'avènement du Nouvel Ordre Mondial (Communiste, certains disent juif).

Appeler Barack Obama «le Premier Président juif de l'Amérique» est trompeur. De nombreux autres présidents sont connus pour avoir eu du sang juif : Théodore Roosevelt, FDR, Truman, Eisenhower, Johnson et les Bush pour n'en nommer que quelques-uns. Il n'est donc pas surprenant de lire dans Wikipédia que, Stanley Dunham, un vendeur de meubles humbles du Kansas est lié à six présidents des Etats-Unis.

«Les cousins éloignés de Stanley Armour Dunham comprennent six présidents des Etats-Unis : James Madison, Harry Truman, Lyndon Johnson, Jimmy Carter, George H.W. Bush et George W. Bush. [19] Grâce à un ancêtre commun, Mareen Duvall, ...Stanley Dunham est lié à l'ancien vice-président Dick Cheney (un cousin du huitième degré.) [2] Grâce à un autre ancêtre commun, Hans Gutknecht, ...Stanley Dunham est cousin au quatrième degré du président Harry S. Truman.»

Contrairement à son mari, la non-Juive Madelyn Payne Dunham n'est liée à aucun président. Wikipédia en fait des tonnes sur les antécédents «irlandais» de Stanley mais mon instinct m'empêche d'y croire.

D'autres indices. Ruth (un nom juif très répandu) Lucille Armour la mère de Stanley, se suicida alors que Stanley était âgé de huit ans. Son père l'abandonna lui et son frère à leurs grands-parents. Quelle serait la raison pour laquelle une mère de deux garçons se suiciderait?

En tant que vendeur de meubles, Stanley a été décrit comme «sociable, amical, impétueux, difficile et bruyant... et charmeur.»

Stanley Dunham et son épouse Madelyn (non juive) ont élevé Barack à partir de ses 10 ans à Honolulu dans les années 1970. Bien que Madelyn n'ait pas de diplôme universitaire, elle est devenue vice-présidente d'une banque. Madelyn et Stanley sont décrits comme «Méthodistes». Mais Barack a été élevé comme un «Unitarien» qui, comme la Franc-maçonnerie et le Judaïsme, ne demande pas aux membres de croire en Dieu. Il n'est qu'un cheval de Troie de plus pour le Nouvel Ordre Mondial.

La mère d'Obama, «Stanley Anne», est devenue Communiste et a combattu «l'establishment», ne réalisant pas que les Communistes SONT l'establishment. Elle permit à un Communiste dégénéré Frank Davis de prendre des photos pornographiques d'elle-même, que l'on peut trouver sur Internet. (Google Images) Davis se vantait de coucher avec les femmes blanches et certains pensent que Davis est le vrai père de Barack Obama. Certes, Barack Obama Sr. n'a pas perdu de temps, abandonnant la mère et le fils.

«Stanley Anne» était une «idéaliste» moitié juive qui a obtenu son Ph.D. et a travaillé pour le père de Timothy Geitner en Indonésie pour la Fondation Ford. Certains soupçonnent qu'elle travaillait également pour la CIA.

## LE CHOIX DE ROTHSCHILD

Mon intérêt pour les antécédents d'Obama s'est éveillé suite au nouveau DVD de Texe Marrs à propos de Barack Obama intitulé : «Le choix de Rothschild.» Sur le ton d'un sermon à l'ancienne, ce DVD démontre de façon convaincante que le rôle de Barack Obama est de faire basculer l'Amérique dans un Nouvel Ordre Mondial Juif. Toute personne désireuse de comprendre «l'antisémitisme» n'a pas besoin d'aller plus loin que cette vidéo que je recommande aux juifs et aux non-juifs. C'est une honte que l'Amérique n'ait produit qu'une poignée de défenseurs courageux et efficaces comme Texe Marrs.

Bien que les juifs ne représentent pas plus de 2,5% de la population des États-Unis, Marrs montre comment les Juifs (et Israël) dominent les entreprises et le gouvernement, pour ne pas mentionner le divertissement au détriment des Américains. La récente crise du crédit est dépeinte comme le vol pur et simple du contribuable américain par les banquiers juifs. Bien que je me considérais comme bien versé sur le sujet, la vidéo contient beaucoup de nouvelles informations. Par exemple, je ne savais pas que l'ensemble des dirigeants noirs américains sont des Francs-maçons du Prince Hall comme Barack Obama, et donc des instruments des banquiers juifs Illuminati.

La liste comprend le gouverneur de New York David Paterson, Jesse Jackson, Eldridge Cleaver, Louis Farackhan, Al Sharpton., Andrew Young, Julian Bond, Kweisi Mfume et des artistes tels que Count Basie et Nat King Cole.

Les Juifs Illuminati sont des satanistes qui se reproduisent avec des satanistes d'autres horizons et pénètrent toutes les religions, races ou nationalités. Obama est un «Chrétien», un «Musulman» et même un Juif. Il est un Indonésien, un Kenyan et un Américain. Il est noir et blanc. Il est un dirigeant parfait pour un nouveau monde dépourvu de race, de nation et de religion. En fait, il représente une force satanique étrangère, les Illuminati, qui ont l'intention de réduire graduellement l'humanité en esclavage.

Les Illuminati ont usurpé la direction des Juifs de la même manière qu'ils ont usurpé la direction des Noirs, des Chrétiens, des Américains et des Européens en général. Nous sommes tous également coupables.

## «CHANGER LE MONDE»

C'est une tragédie que les aspirations collectives et idéalistes de l'humanité aient été cooptées par les banquiers Illuminati et utilisées pour augmenter leur puissance et leur richesse. «L'égalité» et la «justice sociale» sont des ruses pour couvrir leur véritable ordre du jour : la réduction de la race humaine à la qualité de drones travailleur-consommateur. Maintenant, ils prennent notre race, notre religion, notre identité nationale et sexuelle. Finalement, ils auront notre liberté et nos biens. Peut-être alors, trop tard, comprendrons-nous le message.

# Le lapsus d'Obama qui a révélé ses véritables intentions

Au cours de la campagne électorale de 2008, Barack Obama a provoqué un tollé avec un lapsus. Les Américains veulent être trompés, mais ils exigent un certain niveau de compétence. Ils ne veulent pas que la dure vérité leur soit jetée au visage.

La remarque d'Obama était incendiaire, car il a laissé tomber le masque et montré ses vrais sentiments. Il est un Communiste. Son père et sa mère étaient Communistes et il est fier de son héritage.

Nous avons dépassé l'idée que le Communisme était une rébellion de la classe ouvrière pour la propriété publique et la justice sociale. C'est tout simplement de la poudre aux yeux pour capturer les idéalistes «idiots utiles». Le Communisme est une tyrannie gouvernementale conçue par les banquiers Illuminati, basés à Londres pour absorber toutes les richesses sous la façade de la «propriété publique». Une certaine forme de Communisme sera le visage du Nouvel Ordre Mondial.

### ANALYSE DE LA REMARQUE D'OBAMA

Les Illuminati remodèlent l'humanité en détruisant les quatre piliers de l'identité humaine : la race, la religion, la nation et la famille. C'est aussi la base du programme Communiste.

La déclaration d'Obama diabolise les gens qui résistent à ce programme rapace et maléfique. C'est ce que les Communistes (les Socialistes et les Libéraux) font par réflexe. Ils ont besoin de déshumaniser les personnes qui s'accrochent à Dieu, à leur pays, au patrimoine et à la famille. Ils ont besoin de croire que nous sommes des manants pétris de préjugés, haineux et fanatiques, et des fascistes.

Voici ce qu'il a dit :

«Vous allez dans ces petites villes de Pennsylvanie et, comme beaucoup de petites villes du Midwest, les emplois ont maintenant disparu depuis 25 ans et rien ne les a remplacés. Et il n'est donc pas surprenant qu'ils soient amers, qu'ils s'accrochent aux armes à feu ou à la religion et éprouvent de l'antipathie à l'égard des gens qui ne sont pas comme eux ou nourrissent des sentiments anti-immigrés ou anti-commerce ; il s'agit d'une manière d'expliquer leurs frustrations.»

Obama dépeint la religion comme un préjugé irrationnel alimenté par la frustration économique. «L'antipathie à l'égard des gens qui ne sont pas comme eux» se réfère aux militants homosexuels et féministes qui détruisent l'institution de la famille. «Les sentiments anti-immigrant ou anti-commerciaux» se réfèrent à des politiques qui protègent le caractère national ou racial. «Les armes à feu» se réfère à la nécessité de rendre ces gens-là impuissants.

Obama a réussi à toucher toutes les bases.

Une fausse course présidentielle fait croire aux Américains qu'il y a une chance pour le changement démocratique. Il n'y en a pas. Cela devrait être évident à partir des élections au Congrès où le public a donné aux démocrates un mandat pour mettre fin à la guerre en Irak. Qu'est-il arrivé? Le contraire. Bush a envoyé plus de troupes.

De toute évidence la guerre en Irak ne se terminera pas lorsque les démocrates ou quelqu'un le dira, mais quand les banquiers Illuminati décideront qu'elle devra l'être. C'était la même chose avec le Vietnam.

[Obama a fait campagne sur un mandat pour «Changer». Mais nous savons maintenant qu'il a gardé le secrétaire à la Défense de Bush, Robert Gates, et a ordonné une «Ruée» en Afghanistan.]

### LES MENSONGES DE CLINTON

Le dérapage d'Hillary Clinton au sujet des tirs de snipers en Bosnie a provoqué un tollé pour la même raison. Il a rappelé que les candidats sont des menteurs et que l'entier processus n'est qu'une mascarade.

Lorsqu'on lui a demandé comment elle pouvait «s'opposer» au libre-échange alors que son mari gagne des millions de dollars pour le soutenir, elle a juste ri et haussé les épaules. Pris en flagrant délit à nouveau.

Regardez le choix que les Illuminati ont donné aux Américains. Un Noir Communiste ; une lesbienne tordue, et un fossile qui représente une continuation des politiques désastreuses de l'administration Bush. Qui représente la majorité des Américains honnêtes qui travaillent dur? Qui représente vraiment le changement? Personne.

Obama est liée à la fois à Bush et à Cheney.

Quand les Américains reconnaitront-ils que les Illuminati détruisent leur pays et se moquent d'eux? Les humilient, les ridiculisent et les tuent? Quand vont-ils réaliser que le 11/09 a été perpétré par les Illuminati, que leurs dirigeants et les médias de masse les trahissent? Quand vont-ils réaliser que la démocratie aux États-Unis a été piratée?

Lorsqu'ils le feront, les Américains descendront dans les rues avec des fusils. Et c'est ce que la «guerre contre le terrorisme» signifie vraiment : la création d'un État policier pour opprimer les Américains qui seront ensuite appelés des «terroristes».

C'est alors que les soldats et les policiers devront se demander, à qui va leur loyauté? Au culte satanique basée à l'étranger qui dirige le gouvernement ou à leurs concitoyens.

# LIVRE QUATRIÈME

# L'Histoire Cachée

# Les Catholiques dévoilèrent le complot Juif Franc-maçon en 1936

*Dans la Gazette Catholique de Londres de février 1936, un article retentissant fut publié sous le titre : discours «Le Péril Juif et l'Église Catholique.» L'organe mensuel de la Société Missionnaire Catholique de l'Angleterre citait des discours donnés à une série de réunions secrètes juives à Paris. Quelques semaines plus tard, l'hebdomadaire parisien «Le Réveil du Peuple» publiait un compte-rendu similaire, ajoutant que les déclarations avaient été faites lors d'un récent congrès du B'nai B'rith (ordre maçonnique secret dans lequel aucun Gentil n'est admis) qui s'était tenu à Paris.*

L'article de la «Gazette Catholique» était libellé comme suit :

### «LE PÉRIL JUIF ET L'ÉGLISE CATHOLIQUE»

Personne ne peut nier qu'il y eut et qu'il y a encore un problème Juif. Depuis le rejet d'Israël, il y a 1 900 ans, les Juifs se sont dispersés dans tous les sens, et en dépit des difficultés et même des persécutions, ils se sont imposés comme une puissance dans presque toutes les nations de l'Europe.

Compte tenu de ce problème Juif qui affecte l'Église Catholique d'une manière particulière, nous publions les étonnants extraits suivants à partir d'un certain nombre de discours récemment donnés sous les auspices d'une société juive à Paris. Le nom de notre informateur doit rester caché. Il est actuellement connu de nous, mais en raison de ses relations particulières avec les Juifs à l'heure actuelle, nous avons convenu de ne pas divulguer son identité, ni de donner d'autres détails de la réunion de Paris au-delà des extraits ci-après qui, bien que parfois librement traduits, transmettent néanmoins sensiblement le sens des déclarations originelles. L'éditorial se glorifie du fait que, sans porter atteinte à leur unité raciale et à son caractère international, les Juifs ont pu propager leurs doctrines et accroître leur influence politique, sociale et économique parmi les nations...

--------

«Tant qu'il restera toujours parmi les païens toute conception morale de l'ordre social, et jusqu'à ce que toute la foi, le patriotisme et la dignité soient déracinées, notre règne dans le monde entier ne pourra pas advenir.

«Nous avons déjà accompli une partie de notre œuvre, mais nous ne pouvons pas encore affirmer que l'ensemble de notre tâche est accomplie. Nous avons encore un long chemin à parcourir avant que nous puissions renverser notre principal adversaire : l'Église Catholique...

«Nous devons toujours garder à l'esprit que l'Église Catholique est la seule institution qui a résisté, et qui, tant qu'elle continue à exister, se dresse sur notre chemin. L'Église Catholique, avec son travail méthodique et ses enseignements édifiants et moraux, gardera toujours ses enfants dans un tel état d'esprit, les rendant trop respectueux pour se soumettre à notre domination, et se prosterner devant notre futur Roi d'Israël...

«C'est pourquoi nous nous sommes efforcés de découvrir la meilleure façon d'ébranler l'Église catholique dans ses fondements mêmes. Nous avons répandu l'esprit de révolte et le faux libéralisme parmi les nations des Gentils, afin de les détourner de leur foi et même de leur faire honte de professer les préceptes de leur religion et de prêter obéissance aux commandements de leur Église. Nous avons fait en sorte que beaucoup d'entre eux se vantent d'être athées, et plus que cela, se glorifient d'être les descendants du singe! Nous leur avons donné de nouvelles théories, impossible à réaliser, comme le Communisme, l'Anarchisme, le Socialisme et qui sont maintenant au service de notre objectif... Les gentils stupides ont accepté avec le plus grand enthousiasme, sans se rendre compte que ces théories sont les nôtres, et qu'elles constituent notre instrument le plus puissant contre eux-mêmes...

## LES GENTILS CONSTRUISENT LEURS PROPRES PRISONS

«Nous avons noirci l'Église Catholique avec les calomnies les plus ignominieuses, nous avons sali son histoire et déshonoré même ses plus nobles activités. Nous lui avons imputé les torts de ses ennemis, et ainsi amené ces derniers à se ranger plus étroitement à nos côtés... Tant et si bien, que nous assistons aujourd'hui à notre plus grande satisfaction, à des rébellions contre l'Église dans plusieurs pays... Nous avons tourné son clergé en objet de haine et de ridicule, nous l'avons soumis à l'outrage de la foule... Nous avons fait en sorte que la pratique de la religion Catholique soit considérée comme périmée et une simple perte de temps.

«Et les gentils, dans leur bêtise, ont été des dupes encore plus faciles que nous l'imaginions. On pourrait s'attendre à plus d'intelligence et plus de bon sens de leur part, mais ils ne valent pas mieux qu'un troupeau de moutons. Laissez-les paître dans nos champs jusqu'à ce qu'ils deviennent assez gros pour être digne d'être immolés à notre futur Roi du Monde...

«Nous avons fondé de nombreuses associations secrètes, qui travaillent toutes pour notre but, sous nos ordres et notre direction. Nous en avons fait un honneur, un grand honneur, pour les gentils, afin qu'ils se joignent à nous dans nos organisations, qui sont, grâce à notre or, plus florissantes que jamais. Pourtant, cela doit rester notre secret que ces Gentils qui trahissent leurs propres intérêts les plus précieux, en nous rejoignant dans notre complot ne doivent jamais savoir que ces associations sont notre création et qu'elles servent notre objectif...

«Un des nombreux triomphes de notre franc-maçonnerie est que ces Gentils qui deviennent membres de nos Loges, ne soupçonnent jamais que nous les utilisons pour construire leurs propres prisons, sur les terrasses desquelles nous érigerons le trône de notre Roi de l'Univers d'Israël, et ne doivent jamais savoir que nous leur commandons de forger les chaînes de leur propre servilité à l'égard de notre futur roi du monde.

## L'INFILTRATION

«Jusqu'ici, nous avons considéré notre stratégie dans nos attaques contre l'Eglise Catholique de l'extérieur. Mais ce n'est pas tout. Expliquons maintenant comment nous avons été plus loin dans notre travail, pour hâter la ruine de l'Église Catholique, et comment nous avons pénétré dans ses cercles les plus intimes, et fait même en sorte que certains des membres de son Clergé deviennent les pionniers de notre cause.

«Abstraction faite de l'influence de notre philosophie, nous avons pris d'autres mesures pour assurer une brèche dans l'Église Catholique. Laissez-moi vous expliquer comment cela a été fait.

«Nous avons induit certains de nos enfants à se joindre au corps Catholique, avec l'intimation explicite qu'ils devaient travailler d'une manière encore plus efficace à la désintégration de l'Église Catholique, par la création de scandales en son sein. Nous avons donc suivi les conseils de notre Prince des Juifs, qui le dit avec sagesse : «Que certains de vos enfants deviennent chanoines, de sorte qu'ils puissent détruire l'Église». Malheureusement, les Juifs «convertis» n'ont pas tous été fidèles à leur mission.

Beaucoup d'entre eux nous ont même trahis! Mais, d'un autre côté, d'autres ont tenu leur promesse et honoré leur parole. Ainsi, le conseil de nos aînés a été couronné de succès.

## LA RÉVOLUTION

«Nous sommes les pères de toutes les révolutions - même de celles qui, parfois, arrivent à se retourner contre nous. Nous sommes les maîtres suprêmes de la paix et de la guerre. Nous pouvons nous vanter d'être les créateurs de la Réforme! Calvin était l'un de nos enfants, il était d'origine juive, et avait reçu la confiance de l'autorité juive et fut encouragé par la finance juive dans la rédaction de son projet de Réforme.

«Martin Luther céda à l'influence de ses amis Juifs, et soutenu une fois de plus, par les autorités juives et par la finance juive, son complot contre l'Église Catholique a rencontré le succès...

«Grâce à notre propagande, à nos théories du libéralisme et de nos présentation inexacte de la liberté, l'esprit de beaucoup d'entre les Gentils étaient prêts à accueillir la Réforme. Ils se sont séparés de l'Église et sont tombés dans notre piège. Et c'est ainsi que l'Église Catholique a été très sensiblement affaiblie, et son autorité sur les Rois des nations a été réduite presque à néant.

«Nous sommes reconnaissants aux protestants pour leur fidélité à nos souhaits - bien que la plupart d'entre eux sont, dans la sincérité de leur foi, ignorants de leur loyauté envers nous. Nous sommes reconnaissants pour l'aide merveilleuse qu'ils nous donnent dans notre lutte contre le bastion de la Civilisation Chrétienne, et dans nos préparatifs en vue de l'avènement de notre suprématie sur le monde entier et sur les royaumes des Gentils.

«Jusqu'ici, nous avons réussi à renverser la plupart des trônes de l'Europe. Le reste suivra dans un proche avenir. La Russie adore déjà notre règne, la France, avec son gouvernement maçonnique, est sous notre main. L'Angleterre, dans sa dépendance à l'égard de notre financement est sous notre talon, et son Protestantisme est notre espoir pour la destruction de l'Église Catholique. L'Espagne et le Mexique ne sont que des jouets dans nos mains. Et de nombreux autres pays, y compris les États-Unis, sont déjà tombés dans notre intrigue.

## L'ÉGLISE ÉTAIT LE DERNIER BASTION

«Mais l'Église Catholique est encore en vie.

«Nous devons la détruire sans le moindre délai et sans la moindre pitié. La plupart de la presse dans le monde est sous notre contrôle ; nous encourageons donc d'une manière encore plus violente la haine du monde contre l'Église Catholique. Laissez-nous intensifier nos activités d'empoisonnement de la morale des nations des Gentils. Laissez-nous diffuser l'esprit de la révolution dans les esprits des gens. Ils doivent être amener à mépriser le patriotisme et l'amour de leur famille, de considérer leur foi comme une blague, leur obéissance à leur Église comme une servilité dégradante, afin qu'ils puissent devenir sourd à l'appel de l'Église et aveugle à ses mises en garde contre nous. Faisons en sorte, avant tout, qu'il soit impossible aux Chrétiens en dehors de l'Église Catholique d'être réunis avec cette Église, ou pour les non-chrétiens d'adhérer à cette Église, sinon le plus grand obstacle à notre domination sera renforcée et tout notre travail annulée. Notre complot sera dévoilé, les Gentils se retourneront contre nous avec vengeance, et notre domination sur eux ne sera jamais réalisée.

«Rappelons-nous que, tant qu'il reste encore des ennemis actifs de l'Église Catholique, on peut espérer devenir Maîtres du Monde... Et rappelons-nous toujours que le futur Roi Juif ne règnera jamais sur le monde avant que le Pape de Rome ne soit détrôné, ainsi que tous les autres monarques régnants des autres nations de la terre.»

# Pourquoi les Banquiers aiment la Gauche

Le Comte Cherep-Spiridovitch était un général tsariste qui a lutté contre les Bolcheviks au cours la Révolution Russe de 1917.

En 1926, il publia un livre intitulé «*Le Gouvernement Mondial Secret*», qui montre comment le plan des Rothschild pour la tyrannie mondiale domine l'histoire moderne.

Le fait que «*Le Gouvernement Mondial Secret*» soit généralement considéré comme «de droite» et «antisémite» est révélateur :

1) Il montre que la société a été endoctrinée et subvertie par le complot Rothschild.

2) Il révèle comment la question bidon de l'antisémitisme détourne l'attention d'une véritable menace mortelle pour l'humanité.

3) Il explique le sens véritable de «l'extrême droite» et pourquoi la Gauche est un instrument des banquiers.

### EXEMPLE : LA GUERRE CIVILE AMÉRICAINE

Comparons le traitement de cette guerre dans «*Le Gouvernement Mondial Secret*» avec «*Une histoire des peuples des États-Unis*» de Howard Zinn, un Juif de Gauche qui est incapable de prononcer le mot «Rothschild».

Cherep-Spiridovitch cite un entretien avec le chancelier allemand Otto Von Bismarck en 1876. Bismarck a expliqué que les Rothschild qui contrôlaient l'Europe avait peur que les États-Unis deviennent indépendants d'eux, si elle restait une nation.

«Ils prévoyaient un butin considérable s'ils pouvaient la remplacer par deux faibles démocraties endettées aux financiers juifs à la place de la république vigoureuse, confiante et autonome. Par conséquent, ils [instruisirent] leurs émissaires... d'exploiter la question de l'esclavage et donc de creuser un abîme entre les deux parties de la république.» (180)

Les Illuminati utilisèrent l'ordre Francs-maçons des «Chevaliers du Cercle d'or», formé en 1854 par George W.L. Bickley, afin de répandre les tensions raciales en faisant de l'esclavage une question cruciale. Les membres incluaient l'assassin de Lincoln John Wilkes Booth, le Président Confédéré Jefferson Davis, et son conseiller Judah P. Benjamin, le Secrétaire Confédéré de la guerre, un agent de Rothschild.

Le plan était de diviser Les États-Unis entre l'Angleterre contrôlée par Lionel Rothschild et la France, contrôlée par James de Rothschild. La France devait prendre en charge tout le Sud tandis que le Canada devait annexer le Nord vaincu. En 1863, la France et l'Espagne envahirent le Mexique avec 30 000 soldats. Les États Confédérés en conflit offrirent la Louisiane et le Texas à la France en échange d'une aide.

La Grande-Bretagne et la France étaient prêtes à étouffer la jeune république, mais en furent dissuadées par la Russie, la seule puissance européenne n'étant pas encore sous l'emprise des Rothschild. Le Tsar Alexandre II envoya sa flotte à New York et à San Francisco et déclara qu'une attaque sur Lincoln serait une attaque contre la Russie.

Pendant ce temps Lincoln créa le dollar «billet vert» (greenback) pour financer la guerre et échapper à la dette envers les financiers étrangers. «Ils ont compris tout de suite que les États-Unis allaient échapper à leur emprise» déclare Bismarck. «La mort de Lincoln fut résolue. Rien n'était plus facile que de trouver un fanatique pour le frapper.» (180)

Comparez cela avec la version d'Howard Zinn qui, bien que «socialiste», ne fait aucune mention des bailleurs de fonds européens. Son livre est un feuilleton de l'exploitation des pauvres. Il dépeint la guerre civile comme un choc entre des «élites» capitalistes différentes.

«L'élite du Nord voulait l'expansion économique... Les intérêts des états esclavagistes allaient à l'encontre de tout cela.» (189) A nouveau, «Le gouvernement américain était résolu à conserver le vaste territoire national avec son marché et ses ressources.» (198)

En d'autres termes, le «capitalisme» et non pas les Illuminati Rothschild ont causé cette guerre abominable qui a coûté la vie à 500 000 soldats et fit huit milliards de dollars de dommages. Faut-il s'étonner que ces banquiers, qui sont le véritable establishment, aiment la Gauche? Faut-il s'étonner qu'ils peuplent nos universités avec des Marxistes et des Féministes qui ne se demandent jamais pourquoi ils ont de gros salaires s'ils défiaient *vraiment* l'establishment?

Un autre joueur de flûte est Noam Chomsky, qui attribue tous les maux au capitalisme et à l'impérialisme américain. Autant que je sache, il ne mentionne jamais les Rothschild, les Illuminati, le Council on Foreign Relations ou le Nouvel Ordre Mondial. Il prétend qu'Oklahoma City et le 11/09 n'étaient PAS des opérations montées de l'intérieur.

«Nous effacerons de la mémoire des hommes tous les faits des siècles précédents qui ne sont pas souhaitables pour nous», disent les *Protocoles des Sages de Sion.* «Et ne laisserons que ceux dépeignant toutes les erreurs du gouvernement des goyim.» (Protocole 16)

Le problème n'est pas le capitalisme américain, mais le contrôle du crédit de la nation par un petit cartel international privé. Ce groupe international est derrière l'impérialisme Occidental et toutes les guerres.

Le paradigme gros gouvernement vs grosses entreprises détourne l'attention loin des banquiers Illuminati qui dirigent les deux à la fois. Ce paradigme met le blâme sur le capitalisme et les États-Unis, qui sont sous le contrôle des Illuminati depuis au moins un siècle.

Il enseigne à chaque nouvelle génération à être coupé de leur pays et à pester contre la libre entreprise, aidant ainsi les banquiers à faire avancer leur plan communiste.

## L'ANTISÉMITISME

L'antisémitisme est une autre tactique pour détourner l'attention des plans des Rothschild pour la tyrannie mondiale.

Cherep-Spiritovitch conclut :

«Selon Bismarck, la terrible guerre civile américaine a été fomentée par un complot Juif, et Abraham Lincoln, le héros et le saint national des États-Unis a été tué par la même main cachée qui a tué six Tsars Romanov, dix Rois et des dizaines de Ministres dans le seul but de parvenir à saigner plus facilement leurs nations.» (181)

Il ne parle pas des Juifs en général, mais seulement de ceux qui défendent l'ordre du jour Rothschild Illuminati. Son livre fait un appel aux Juifs justes, et reconnaît que de nombreux non-Juifs sont aussi des vendus.

«Les Juifs devraient dénoncer les satanistes qui corrompent les pays dans lesquels ils ont trouvé asile», dit la préface : «les Gentils devraient dénoncer tous les Judas qui acceptent les pots de vin des Juifs.»

Les banquiers et leurs agents (B'nai B'rith, etc.) détournent ce défi, en amalgamant les Rothschild avec tous les Juifs. Ainsi, ils transforment une question politique, culturelle et économique en un problème racial pouvant être rejeté comme un «préjugé».

La conspiration satanique des banquiers est la source de l'antisémitisme. Plutôt les Juifs sauront s'y opposer ; plus tôt l'antisémitisme disparaîtra.

## CONCLUSION

Un cinglé «d'extrême droite», comme Cherep-Spiritovich est une personne qui défend la liberté individuelle et l'autonomie, la famille, la nation, la race, et Dieu. Les idéaux ostensibles de notre société sont des choses que les Illuminati ont besoin de détruire.

Les classes dirigeantes ont été bernées à croire qu'elles travaillent à la construction du Meilleur des Mondes. En fait, elles sont complices de l'esclavage mental, spirituel et peut-être physique de l'humanité.

# L'Aristocratie Juive de l'Angleterre

Saviez-vous que Simon Cowell, le juge acerbe d'American Idol, est à moitié Juif?

Les Juifs britanniques gardent un profil bas mais ils sont très influents. De même, il n'est guère connu que l'aristocratie britannique est en grande partie demi-juive aussi, et que, selon les termes de L.G. Pine, rédacteur en chef de «Burke's Peerage», «les Juifs se sont si étroitement raccordés aux lignées aristocratiques britanniques que les deux classes sont peu susceptibles de subir une perte qui ne soit pas réciproque.» (219)

Ceci est confirmé par le sociologue et critique britannique Hilaire Belloc qui a décrit l'Empire Britannique comme un partenariat entre la finance juive et l'aristocratie britannique. (Sous l'égide de la Franc-maçonnerie, ils sont les Illuminati.)

«Après Waterloo [1815] Londres est devenu le marché monétaire et la chambre de compensation du monde. Les intérêts du Juif au titre de courtier financier et les intérêts de ce système politique et commercial se rejoignaient de plus en plus. On peut dire qu'au cours du dernier tiers du XIXème siècle, ils étaient devenus pratiquement identiques.» (Les Juifs, 1922)

Ma thèse est que l'Empire Britannique était une procuration maçonnique juive, et que l'Impérialisme Britannique & Américain tire sa raison d'être de la volonté perverse des banquiers kabbalistes de tout posséder et contrôler. Les banquiers Illuminati (c'est à dire la «Couronne») ont colonisé l'Angleterre et les États-Unis ainsi que le monde entier. Le «complot juif» était l'Empire Britannique aujourd'hui reconditionné comme Nouvel Ordre Mondial. Bien sûr, il englobe aujourd'hui tout le monde ayant une participation dans le «mondialisme».

Dans cet article, je vais vous régaler avec l'histoire amusante de Pine à propos de «l'infiltration juive dans l'aristocratie.» («La Noblesse Anglo-Juive» dans «Contes de l'aristocratie britannique», 1956, pp 217-223.)

Pine fait montre d'un franc-parler comme peu de gens en sont capable aujourd'hui. Il dit que pour chaque Rothschild ou Disraeli, il y avait «10 cas de lien avec les Juifs qui sont maintenant oubliés. La raison en est que dans de nombreux cas, l'origine juive est cachée.» (218)

Le mariage de la finance Juive et de l'aristocratie Britannique s'est déroulé littéralement. La Noblesse Spendthrift épousait les filles de riches Juifs. Pin est méprisant à l'endroit de l'aristocratie Britannique : «Un homme n'est généralement pas plus considéré parce qu'il a épousé une femme pour son argent... Un ancien domaine est susceptible d'être vendu à moins que certaines grosses sommes se trouvent. Les sommes sont trouvées par le mariage avec une héritière juive... »

Un exemple remarquable est le mariage du 5ème Comte de Roseberry qui a épousé la fille unique et héritière du baron Mayer de Rothschild avant de devenir plus tard Premier Ministre.

«Elle est restée dans la religion juive, mais ses enfants ont été éduqués en tant que Chrétiens... Les alliances entre les femmes juives et les seigneurs britanniques sont pour la plupart de ce type, l'épouse fournissant de grosses sommes... alors l'aristocrate a le titre et l'ancienne propriété. Les enfants sont capables de provenir d'un large éventail d'ancêtres.»

Pine ne veut évidemment pas approuver ces parvenus : «Il ne fait aucun doute que la pairie britannique est désormais très diluée avec du sang Juif et que ses familles augustes les plus anciennes ont beaucoup de connexions avec ceux qui il y a seulement quelques générations étaient des habitants du Ghetto.»

Mais il est d'avis que l'élite affaiblie de l'Angleterre peut avoir besoin de cette protection contre les «forces de la révolution»:

«Le pouvoir de l'argent est très grand et presque tous les journaux libéraux sont sous influence juive, il s'ensuit que les forces de la révolution quand elles se dirigent contre les nobles sont susceptibles de rencontrer une forte opposition venant des juifs de l'aristocratie...»

L.G. Pine n'avait pas besoin de s'inquiéter au sujet des «forces de la révolution», car elles ont été créées par la finance juive afin de concentrer le pouvoir et la richesse entre ses propres mains. Elles trouveront leur apogée dans le Nouvel Ordre Mondial.

Le «complot juif» peut en effet être l'Empire Britannique, et les «Juifs» peuvent bien en fait être l'aristocratie Britannique maçonnique qui se considèrent comme juive, et l'est souvent. Elle se considère comme l'une des tribus perdues d'Israël, le véritable «peuple élu». Le mot «Brit» découle apparemment de l'hébreu pour «pacte» ou «alliance» (c'est à dire le Pacte Juif avec Dieu.) Les membres de la famille Royale Britannique sont circoncis par un Mohel Juif.

# L'Affaire Dreyfus fut une manipulation de Rothschild

En 1894, un capitaine d'artillerie français, Alfred Dreyfus, fut faussement accusé d'avoir transmis des secrets aux Allemands. Dreyfus, un Juif, semblait confirmer la croyance que les juifs, dirigés par le baron Edmond de Rothschild, constituaient une cinquième colonne et minaient l'indépendance et la culture française.

Dreyfus fut publiquement dépouillé de son grade et condamné à l'emprisonnement à vie à l'île du Diable où il lui fut mis les fers aux pieds. Tout au long de son procès et son emprisonnement, Dreyfus proféra son innocence.

L'affaire Dreyfus est une manipulation complexe ayant pour but de discréditer les opposants à Rothschild. Le véritable espion, Ferdinand Esterhazy, était en réalité à la solde du baron Edmond de Rothschild.

Ils ont délibérément mis en cause Dreyfus de sorte que lorsqu'il fut finalement disculpé, les forces conservatrices et nationalistes furent humiliées et discréditées.

En 1895, la vérité fut divulguée à Georges Picquart le Chef des nouveaux services de renseignement. L'espion était en fait Esterhazy, qui n'était pas un Juif. Néanmoins l'armée s'incrimina elle-même plus loin. Son prestige étant en jeu, elle enterra la nouvelle information et forgea de nouvelles preuves contre Dreyfus. Picquart fut exilé à un poste éloigné.

L'armée était un bastion de fierté nationale. L'antisémitisme, c'est à dire la résistance à la domination juive, y prospérait. Il y avait un fort préjugé contre Dreyfus. Rothschild s'en servi pour se jouer d'eux.

Pendant dix ans, la France fut déstabilisée tandis que les nationalistes (l'armée, les propriétaires fonciers et l'église) affrontaient la famille Dreyfus, les Libéraux et les Socialistes réclamant justice. Le Gouvernement tomba, des émeutiers antisémites parcouraient les rues, des duels avaient lieu, et le monde entier regardait tout cela avec une certaine consternation.

Emile Zola, un protégé de Rothschild et un Franc-maçon, a écrit le fameux «J'accuse» exposant le camouflage de l'armée. Des célébrités signaient des pétitions réclamant justice pour le capitaine d'artillerie juif innocent. Finalement, Esterhazy fut congédié, s'échappa en Angleterre et, en 1899, avoua qu'il était bien l'espion. Néanmoins, le gouvernement et l'armée elle-même creusèrent un trou encore plus profond, en ignorant l'évidence et poursuivant en justice les défenseurs de Dreyfus.»

Finalement, le gouvernement changea et après de nombreux procès et appels, la réalité partielle fut finalement reconnue.

Dreyfus fut disculpé en 1906 et fait «Chevalier de la Légion d'honneur» dans la même cour où il avait été disgracié. Le patriotisme Français et le Catholicisme furent discrédités. Tous les livres d'histoire rapportent un conte moral réconfortant où le Juif innocent est finalement disculpé. Dreyfus était innocent, mais Rothschild ne l'était certainement pas.

## QUELLES SONT LES PROBABILITÉS ?

L'homme coupable de la trahison imputée à Dreyfus, le major Ferdinand Esterhazy, était un camarade de classe du baron Edmond de Rothschild, et était devenu son agent à vie.

En juillet 1894, Esterhazy, le traducteur de l'état-major général français, avait approché l'attaché militaire allemand à Paris, Von Schwartzkoppen, en disant que la contrainte financière l'obligeait à vendre des secrets militaires.

En fait, Esterhazy venait de recevoir une grosse somme d'Edmond de Rothschild en Juin 1894. Ce n'était que l'un des nombreux paiements qu'il devait recevoir de la part de son maitre. (Herbert Lottman, «*Les Rothschild Français La Grande Dynastie Bancaire à Travers Deux Siècles de Turbulence*», 1995, pp. 115-117)

Il existe de nombreuses autres indications que l'ensemble de «l'Affaire Dreyfus» a été orchestré. Au début, les nouvelles de la culpabilité du capitaine Dreyfus furent divulguées par le journal antisémite *La Libre Parole*. L'éditeur, Edouard Drumont, avait mordu à l'hameçon et commença une campagne au vitriol contre l'officier juif. En fait, Esterhazy était aussi un ami de Drumont.

Il est possible que Drumont ait également été financé par les Rothschild. Les *Protocoles des Sages de Sion* reconnaissent le financement des publications antisémites. Il dit aussi que l'antisémitisme est utile au contrôle de «nos frères inférieurs.»

Cela peut expliquer pourquoi les antisémites blâment tous les Juifs au lieu de se concentrer sur les Rothschild et leurs confrères Sabbatéens/Maçonniques. De même, les socialistes ne mentionnent jamais le Rothschild lors de leurs attaques contre le capitalisme.

En janvier 1898, Emile Zola publia son «*J'accuse*» dans le journal *L'Aurore* édité par le Franc-maçon et futur Premier ministre Georges Clemenceau.

Zola fut accusé de diffamation et condamné à un an de prison et une amende de 3 000 francs. En 1902, Zola est mort «accidentellement» dans sa maison, empoisonné par du monoxyde de carbone. Avait-il appris quelque chose qu'il ne devait pas savoir?

Des décennies après «l'accident» de Zola un couvreur de Paris avoua sur son lit de mort avoir procédé volontairement à la fermeture de la grippe sur la cheminée de Zola. Le couvreur déclara qu'il l'avait fait pour des «raisons politiques». (Frederick Brown, «*Zola : Une Vie*»)

Dans les *Protocoles des Sages de Sion*, l'auteur se réfère à leur capacité de faire passer les meurtres des Francs-maçons qui deviennent un obstacle, comme parfaitement naturels. (*Protocole* 15)

Le 16 février 1899, le Président de la République, Félix Faure, décéda subitement dans son bureau. Il venait de rencontrer un défenseur de la cause de Dreyfus et avait argumenté sur le sujet. Il y eut des soupçons d'empoisonnement. Faure fut remplacé par Emile Loubet, un partisan de Dreyfus. La presse de Rothschild concocta une histoire décrétant que Faure était mort tout en ayant des rapports sexuels, et cela est répété dans Wikipédia.

## L'IMPORTANCE DE L'AFFAIRE

Edmond de Rothschild (1845-1934) était l'homme qui a financé la colonisation Sioniste de la Palestine. Comme l'Holocauste, l'affaire Dreyfus disait aux Juifs assimilés qu'ils ne seraient jamais acceptés et devaient avoir leur propre pays. Cela a motivé le journaliste Juif-Hongrois Théodore Herzl, le fondateur du Sionisme.

Selon Wikipédia, «l'antisémitisme et l'injustice révélé en France par la condamnation d'Alfred Dreyfus a eu un effet sur la radicalisation de Herzl, lui démontrant que les Juifs, en dépit de l'assimilation juive et des Lumières, ne pourraient jamais espérer un traitement équitable dans la société européenne.»

C'est un autre exemple de la façon dont les Rothschild incitent secrètement l'antisémitisme afin de duper les Juifs dans l'avancement de leur plan diabolique d'un gouvernement mondial. Le même principe a guidé l'Holocauste juif, où des millions de Juifs innocents ont été sacrifiés.

Le parrainage d'Hitler était seulement quelques niveaux au-dessus de la duplicité du parrainage d'Esterhazy. Dans les deux cas, les «antisémites» sont tombés dans le piège.

Ainsi, les juifs qui veulent s'assimiler agissent comme des agents et des boucliers humains pour l'ordre du jour satanique des Rothschild. Les mêmes Juifs seront bien sûr blâmés.

## CONCLUSION

L'affaire Dreyfus est un autre exemple de la façon dont les événements historiques sont fabriqués par les Rothschild. En regardant en arrière, nous avons : le 11/09 ; l'assassinat de Kennedy, la guerre froide ; la guerre du Vietnam ; la guerre de Corée ; Hiroshima ; la Seconde Guerre mondiale, l'Holocauste juif ; Pearl Harbour et ainsi de suite...

Évidemment, les médias de masse contrôlés par Rothschild les aident à colporter leurs subterfuges. Un autre exemple de leur duplicité est le coup d'état bidon des banquiers en 1933, qui fut utilisé pour donner à leur pion F.D.R. quelque crédibilité. (Voir mon ouvrage «*Illuminati*») Les mouvements sociaux et les idéologies sont également parvenus à faire progresser le Nouvel Ordre Mondial : la libération sexuelle, la libération des femmes, le mouvement des droits civiques, les droits des homosexuels, le féminisme, la diversité, le multiculturalisme.

Nous pouvons en tirer la leçon aujourd'hui en considérant comment les événements actuels avancent l'objectif d'un Gouvernement Mondial.

---

(Je suis redevable à Carol White, «*The New Dark Ages Conspiracy*» (1980) pp. 45-48 pour avoir porté à mon attention la connexion entre Rothschild-Esterhazy.)

# Les Banquiers Illuminati provoquèrent la Première Guerre mondiale

Nous avons récemment supposé que le Nouvel Ordre Mondial correspond à l'Empire Britannique reconditionné, et cet empire était littéralement un mariage de l'aristocratie britannique décadente et de la finance juive virulente.

Webster Tarpley est un historien doué qui évite généralement la mention de banquiers juifs en faveur d'euphémismes comme les «Vénitiens». Par conséquent, il est inhabituel pour lui de faire état sans ambages du fait que le Roi Edouard VII était à la solde des Rothschild et fut responsable de la Première Guerre mondiale.

Edouard VII n'est devenu Roi qu'en 1901 lorsqu'il avait 60 ans. Comme le prince de Galles, il avait été séparé de sa mère, entretenu par une allocation et profondément endetté. Il permit à une «série de banquiers juifs de gérer ses finances personnelles.» Il s'agit notamment du baron Von Hirsch et de Sir Ernest Cassel.

«Edward fréquentait aussi les familles Rothschild et Sassoon. En bref, les finances personnelles d'Edward étaient identiques avec celles du phare de la pensée Sioniste du tournant du siècle» («Le Roi Édouard VII : Le Démiurge Maléfique de la Triple Entente & la 1ère Guerre Mondiale.»)

Tarpley est tout aussi franc en affirmant qu'«Edouard VII, beaucoup plus que n'importe quel autre être humain, est l'auteur de la Première Guerre mondiale... l'événement le plus destructeur dans l'histoire de la Civilisation Occidentale» qui a ouvert la porte au Communisme, au Fascisme, à la Grande Dépression et à la Deuxième Guerre mondiale.

Tarpley tombe dans le piège des historiens officiels attribuant de grands événements à des personnalités individuelles. Ces personnalités sont invariablement les marionnettes des gens qui paient leurs factures.

Tarpley rentre dans quelques détails sur la manière dont le Roi Edward et son secrétaire du Foreign Office Sir Edward Grey, le fils d'un éleveur de chevaux d'Edward, conçurent la Première Guerre mondiale. Tout comme dans la Deuxième Guerre mondiale, il s'agissait de «l'apaisement».

Essentiellement, ils ont trompé l'Allemagne en lui faisant croire que l'Angleterre resterait neutre. Pour éviter la guerre, tout ce qu'ils avaient à faire était de clarifier ce point. L'Allemagne aurait alors reculé et freiné en Autriche.

En Août 1914, le Kaiser Wilhelm réalisa qu'il avait été dupé : «L'Angleterre, la Russie et la France ont convenu entre elles... de prendre le conflit austro-serbe comme prétexte pour mener une guerre d'extermination contre nous... Telle est la situation réelle toute nue, lentement et savamment mise en place par Edouard VII... Le filet a été soudainement jeté sur nos têtes, et l'Angleterre ricanant récolte le succès le plus brillant de sa politique mondiale anti-allemande poursuivie depuis toujours et contre laquelle nous avons prouvé que nous sommes impuissants, alors qu'elle tord le nœud coulant de notre destruction politique et économique par notre fidélité à l'Autriche, à mesure que nous nous tortillons isolés dans ce filet.»

## LE CONTEXTE

L'animosité de l'Angleterre contre l'Allemagne faisait partie d'un programme pour utiliser une guerre catastrophique afin de saper la Civilisation Occidentale, et faire progresser le Nouvel Ordre Mondial Judéo-maçonnique. Trois empires ont disparu dans cet enfer pendant que le Communisme et le Sionisme se sont levés comme un phénix.

L'aristocratie décadente britannique est totalement complice dans le plan des banquiers kabbalistes visant à dégrader et asservir l'humanité. Qui sont ces «aristocrates?» Greg Hallett fait quelques étonnantes, certains pourraient dire ridicules, révélations. Je les présente ici sans jugement, à prouver ou à discréditer à mesure que les preuves émergent.

Edouard VII était le produit mentalement déficient du mariage entre la reine Victoria et son cousin germain Albert. Il était le plus âgé de ses neuf enfants. Il s'est marié en 1863 et a eu cinq enfants légitimes entre 1864 et 1869. Son fils aîné, Clarence, était dérangé mentalement et le principal suspect dans les meurtres de Jack l'Éventreur.

Edouard VII trompait régulièrement et ouvertement sa femme. Il avait des dizaines de maîtresses, certaines dès l'âge de 14 ans. L'une d'elle était d'origine juive Lady Randolph Jennie Jerome Churchill. Hallett estime qu'Edouard VII était le vrai père de Winston Churchill.

Hallett affirme que la reine Victoria a eu des enfants avec Lionel de Rothschild et que deux des sœurs d'Edward, Hélène et Béatrice, étaient des Rothschild. Il affirme que la famille Royale Britannique est «un agent biologique, financier et moral des banquiers internationaux Rothschild. »

«Les croisements de la famille royale britannique au cours des générations ont créé des concubines, des enfants illégitimes et des agents de guerre. La famille royale britannique est ensuite montrée du doigt par ces événements, puis manipulée dans toute les activité que leurs propriétaires exigent... Cela a donné [aux Rothschild] une puissance consommée sur la famille royale britannique, et toutes les autres avec lesquelles ils se sont croisés, c'est à dire toutes les familles royales de l'Europe... » («Les concubines de reproduction» dans l'ouvrage *La Formation Britannique de Staline*, 2007, pp. 1-38.)

## CONCLUSION

Ces révélations semblent farfelues mais il est clair que quelque chose ne va pas avec les membres de la famille Royale. Le fait qu'Edward VII avait un mode de vie dissolu est parfaitement connu. Si le diagnostic d'Hallet que «la famille royale britannique est un sous-ensemble de la famille Rothschild et est utilisée dans le cadre de l'entreprise

Rothschild comme un moyen de faire de l'argent en créant la guerre» cela pourrait expliquer le rôle du roi Edward VII dans le déclenchement de la Première Guerre mondiale.

Les rapports d'homosexualité, de drogue, de pédérastie, de promiscuité, et d'occultisme au sein de l'histoire de l'aristocratie britannique sont compatibles avec ce que nous savons à propos des Illuminati. Ils sont dépravés et pourtant encore en mesure de subvertir l'humanité sans rencontrer de sérieuse résistance.

Quel conte sordide est l'histoire moderne! Au lieu de saisir la grandeur à portée de main, la race humaine est paralysée par un sort morbide.

# La «Grippe Espagnole» fut-elle une épidémie créée par l'homme?

En 1948, Heinrich Mueller, l'ancien chef de la Gestapo, a dit à son interrogateur de la CIA que la peste la plus dévastatrice de l'histoire humaine avait été fabriquée par l'homme.

Il faisait allusion à la pandémie de grippe de 1918-1919 qui a infecté 20% de la population mondiale et a tué entre 60 et 100 millions de personnes. C'est à peu près trois fois ceux qui furent tués ou blessés dans la Première Guerre mondiale, et est comparable aux pertes de la Seconde Guerre mondiale, mais cette peste moderne a basculé dans l'oubli.

Mueller explique que la grippe a commencé comme une arme de guerre bactériologique de l'armée américaine qui infecta les rangs de l'armée des États-Unis à Camp Riley, KS en mars 1918, et se répandit partout dans le monde.

Il dit qu'elle «échappa à tout contrôle», mais nous ne pouvons pas écarter l'horrible possibilité que la «grippe espagnole» ait été une mesure délibérée de dépopulation organisée par l'élite qui pourrait être à nouveau utilisée. Les chercheurs ont trouvé des liens entre elle et la «grippe aviaire».

Il n'y avait rien «d'espagnol» à propos de cette grippe. Selon *Wikipédia* : «Aux Etats-Unis, environ 28% de la population en souffrit et elle fit 500 000 à 675 000 morts. En Grande-Bretagne 200 000 morts ; en France plus de 400 000. Des villages entiers périrent en Alaska et en Afrique australe. En Australie, on estime que 10 000 personnes sont mortes et dans les îles Fidji, 14% de la population mourut en seulement deux semaines, et au Samoa-Occidental 22% furent également décimé. On évalue son effet en Inde à 17 millions de morts, environ 5% de la population de l'Inde à l'époque. Dans l'armée indienne, près de 22% des troupes qui ont attrapé la maladie en moururent.»

«...Une autre particularité de cette pandémie était que la plupart du temps elle tuait de jeunes adultes, avec 99% des décès de grippe pandémique survenant chez les personnes de 65 ans et plus de la moitié chez les jeunes adultes de 20 à 40 ans. Ceci est inhabituel puisque la grippe est normalement plus mortelle pour les très jeunes enfants (moins de 2 ans) et les très vieux (plus de 70 ans).»

### LES SOURCES DE MUELLER

Lors d'une conférence sur la guerre bactériologique nazie en 1944 à Berlin, le Général Walter Schreiber, le Chef du Corps Médical de l'armée allemande, a déclaré à Mueller qu'il avait passé deux mois aux États-Unis en 1927 conférant avec ses homologues. Ils lui avaient dit que le «soi-disant double coup viral» (c'est à dire la grippe espagnole) avait été développé et utilisé pendant la guerre de 1914.

Mais, selon Mueller, «elle échappa à tout contrôle et au lieu de tuer les allemands qui s'étaient alors rendus, elle se retourna sur vous, et le reste du monde.»

(«*Le Chef de la Gestapo : L'Interrogatoire 1948 de Heinrich Mueller par la CIA*». Vol. 2 par Gregory Douglas, p 106) L'armistice avait eu lieu le 11 août 1918.

James Kronthal, l'interrogateur, le chef de l'antenne de la CIA de Berne a demandé à Mueller d'expliquer le terme de «virus à double coup.» Cela me rappelle le SIDA.

Mueller : «Je ne suis pas un médecin, vous comprenez, mais le «double-coup» fait référence à un virus, ou effectivement à une paire d'entre eux qui travaillent comme un boxeur. Le premier coup attaque le système immunitaire et rend la victime sensible, de manière fatale, au second coup qui est une forme de pneumonie... [Schreiber m'a dit] qu'un scientifique britannique l'avait réellement développée... Maintenant vous voyez pourquoi de telles choses sont de la folie. Ces choses peuvent se modifier et ce qui démarre comme une épidémie limitée peut se transformer en quelque chose de vraiment terrible.»

Les victimes de la grippe espagnole survinrent dans le contexte d'une discussion sur le typhus. Les Nazis avaient délibérément introduit le typhus dans les camps de prisonniers de guerre russes et, avec la famine, cela tua environ trois millions d'hommes. Le typhus se propagea à Auschwitz et dans d'autres camps de concentration – contenant des prisonniers de guerre russes et polonais.

Dans le contexte de la guerre froide, dit Mueller : «Si Staline envahit l'Europe... une petite maladie par ci par là détruirait les hordes de Staline et laisserait tout intact. Par ailleurs, une petite bouteille de germes est tellement meilleur marché qu'une bombe atomique, n'est-ce pas? Vous pouvez tenir plus de soldats dans votre main que Staline n'en peut commander et vous n'avez pas à les nourrir, les vêtir ou leur fournir des munitions. D'autre part, la menace de guerre... fait des merveilles... pour l'économie.» (108)

Mueller est-il crédible? À mon avis il l'est. Gregory Douglas est apparemment un pseudonyme pour son neveu à qui il a laissé ses papiers. Normalement un canular ne ferait pas des milliers de pages. L'interrogatoire comprend 800 pages. Les mémoires font 250 pages. Les archives microfilmées de Mueller couvrent apparemment 850 000 pages. Enfin, les travaux que j'ai lu sont incroyablement bien informés, cohérents et pleins de révélations plausibles.

## CONCLUSION

Le culte de «l'Élite» ne fait aucun secret de son désir de diminuer la population mondiale.

Il est possible que la Première Guerre mondiale ait été une déception pour l'Élite en termes de nombre de personnes tuées.

La grippe espagnole a tué trois fois plus de personnes que la guerre. Il est difficile de le dire si l'épidémie de «grippe espagnole» a été intentionnelle ou non. Mais apparemment l'armée américaine a un dossier sur l'expérimentation de drogues ou de produits chimiques ainsi que des bactéries sur des soldats imprudents. Est-ce qu'une telle expérience a pu devenir «hors de contrôle»?

Récemment, nous avons eu la grippe porcine. Est-elle le signe avant-coureur de quelque chose de plus mortel? Espérons qu'elle ne le soit pas, mais nous devrions être conscients de ce précédent choquant de pandémie grippale de 1918.

# Le maitre d'Hitler était Britannique

*Une réunion entre F.W. Winterbotham, chef de la section aérienne des services secrets britanniques (MI6), et l'agent SIS le baron de Ropp, à droite, sur la côte baltique de l'Est Prussien en 1936.*

Le Baron William de Ropp était-il le maitre britannique d'Hitler ?

« Lorsque Churchill fut interrogé lors d'une séance au parlement au sujet de l'échec britannique à soutenir les efforts de l'armée allemande pour renverser Hitler, il répondit que le gouvernement avait délibérément refusé de traiter avec les dirigeants nationalistes allemands, car ils étaient considérés comme une menace encore plus grande qu'Hitler.

Le nom du «Baron William de Ropp» n'est pas très connu. Il n'y a qu'une seule photo de disponible et un court article dans *Wikipédia*. Pourtant, il fut l'agent britannique qui pourrait bien avoir été le maitre d'Hitler.

Les audaces militaires et diplomatiques d'Hitler, qui étonnèrent le monde, reposaient en fait sur une connaissance avancée des intentions britanniques fournie par de Ropp. Son implication tend à confirmer le fait que les Illuminati ont créé Hitler pour déclencher une guerre mondiale.

D'après Ladislas Farago, William de Ropp était « un des opérateurs clandestin les plus mystérieux et les plus influents » de son temps. Né en Lituanie en 1877, éduqué en Allemagne, il s'installa en Angleterre en 1910. Après avoir combattu dans l'armée britannique au cours de la Première Guerre Mondiale, il s'établit en Allemagne et contacta son compatriote Balte, le théoricien Nazi Alfred Rosenberg qui l'introduisit auprès d'Hitler.

Farago indique : « Une proche collaboration se développa entre le Führer et de Ropp. Hitler, le considérant comme son conseiller confidentiel sur les affaires Britanniques, s'ouvrit auprès de lui au sujet de ses plans grandioses... une confiance dont aucun autre étranger ne jouissait. » («*The Game of the Foxes*» p.88)

De Ropp travailla de manière rapprochée avec Rosenberg qui dirigeait la section des relations étrangères du Parti Nazi. Les Nazis le considéraient comme leur agent en Angleterre lorsqu'il organisa un soutien à la cause Nazi au sein d'une branche puissante de l'élite Britannique connue sous le nom de « Cliveden Set ». Il organisait des visites pour les dignitaires et s'occupait d'échanger des informations stratégiques. Grâce à ce climat de confiance, la Luftwaffe exposa naïvement ses secrets aux Britanniques. Cela faisait partie du plan Illuminati («l'Apaisement») pour faire croire à Hitler que l'Angleterre soutiendrait sa conquête de la Russie Communiste.

Dans son ouvrage «*King Pawn or Black Knight*» (1995) Gwynne Thomas écrit : "Le dirigeant Nazi s'enticha immédiatement de lui, particulièrement lorsqu'il découvrit que de Ropp détenait des connexions puissantes au sein de la société anglaise et était bien informé de ce qui se passait à Londres. De Ropp non seulement bénéficiait de la confiance d'Hitler, mais devint même son porte-parole auprès des britanniques importants qu'Hitler souhaitait influencer... il existe des preuves irréfutables que le rôle de De Ropp fut essentiel à la collecte de fond auprès de la City de Londres pour financer plusieurs campagnes électorales Nazies. Ce qui permit au Parti Nazi d'être à la fin de l'année 1933, pleinement établi et sous contrôle. » (p. 25)

Ainsi, un agent britannique a financé, conseillé et représenté Hitler. Jusqu'à quel point Hitler lui-même n'était-il pas un agent « Britannique » ?

## UNE LIGNE SUBTILE

Après avoir favorisé l'arrivé au pouvoir d'Hitler, les Illuminati le maintinrent aux commandes en sabotant l'opposition allemande.

Le 4 mai 1938, Ludwig Beck, le Chef d'État-Major allemand appela au renversement d'Hitler, avertissant que le pays se dirigeait vers un désastre.

Le 10mai 1938, le Premier Ministre Chamberlain participa à une conférence devant le comité Cliveden, déclarant que la Grande-Bretagne cherchait à signer un traité avec l'Allemagne et l'Italie, tout en favorisant le démantèlement de la Tchécoslovaquie. En vertu de cet accord Britannique, l'armée allemande cessa toute résistance à l'égard des projets de guerre d'Hitler.

En 1939, De Ropp précisa les intentions Britanniques en cas d'une attaque Allemande sur la Pologne.

«Il fut annoncé à Rosenberg que les Britanniques mèneraient une guerre défensive, c'est-à-dire qu'ils ne s'impliqueraient pas dans la défense de la Pologne, ni n'engageraient de représailles en cas d'attaque allemande contre ce pays. En particulier, il avait été conclu qu'il n'y aurait pas de bombardements aériens du territoire allemand et les allemands acceptèrent la réciproque, une décision qui se maintint tout au long de la période appelée « drôle de guerre ».

Cet accord entre De Ropp et Rosenberg laissait l'opportunité de rapidement mettre un terme à la guerre, car disait De Ropp : « ni l'Empire Britannique, ni l'Allemagne ne souhaite risquer leur avenir pour sauver un état qui a cessé d'exister. »

Ainsi, en trahissant les polonais, les Illuminati d'Angleterre parvenait à donner aux Nazis une frontière commune avec Staline. Ce n'était qu'une question de temps avant qu'une guerre n'éclate entre les deux.

Le plan était à présent de piéger Hitler avec une guerre sur deux fronts en provoquant une attaque de l'Occident. De Ropp lui avait suggéré la possibilité que les Britanniques et les Français se retirent.

Après le début de la guerre, De Ropp déplaça sa base opérationnelle en territoire neutre en Suisse, mais d'après Ladislas Farago : « il fut plusieurs fois consulté par Hitler au cours de la guerre ». (89)

Souvenons-nous que William de Ropp était un agent britannique. La question demeure : Hitler était-il consciemment un agent britannique (c'est-à-dire Illuminati) lui-même. Mon avis est que les Illuminati financent des gens égarés dont les but naturels s'accordent avec leurs plans. Mais il est également possible qu'Hitler ait été un agent conscient et que de Ropp fut son gestionnaire.

Dans l'ouvrage présenté par Lyndon Larouche : « *The New Dark Ages Conspiracy : Britain's Plot to Destroy Civilization* » (1980), l'auteur Carol White écrit : « La vérité sur Hitler est qu'il n'a pas seulement été créé par le réseau britannique et ses alliés, mais que le gouvernement Britannique dirigé par Winston Churchill a continué à utiliser Hitler pendant la Guerre. Si ce fait n'était pas clairement compris par les forces alliées, il était fortement supposé par l'Allemagne elle-même. » (p.126)

White établi la liste des nombreuses offres de l'armée allemande auprès du gouvernement Britannique concernant le renversement d'Hitler. Toute furent refusées.

« Lorsque Churchill fut interrogé lors d'une séance au parlement au sujet de l'échec britannique à soutenir les efforts de l'armée allemande pour renverser Hitler, il répondit que le gouvernement avait délibérément refusé de traiter avec les dirigeants nationalistes allemands, car ils étaient considérés comme une menace encore plus grande qu'Hitler. » (p. 144)

Comme le but des Juifs Illuminati était de détruire l'Allemagne en tant que puissance indépendante dans le monde, cela est très révélateur. Les Illuminati ont protégé Hitler. Il fut leur homme de main.

## HANFSTAENGL

« Putzi » Hanfstaengl (1887-1975) est un autre personnage mystérieux qui se présente lui-même comme un agent américain dans ses mémoires. Il est possible qu'il ait eu des accointances Illuminati, certainement une mère Juive, une « Heine ». Il frayait avec FDR et d'autres membres de l'élite américaine à Harvard et plus tard à New-York, où il prit la direction des affaires de son père dans le domaine de l'art.

Il s'installa en Allemagne dans les années 1920 et fut présenté à Hitler par l'attaché militaire américain à Berlin, Truman Smith. Smith lui demanda de « garder un œil sur Hitler ».

Hanfstaengl devint un membre du cercle rapproché d'Hitler, adoucissant souvent le Führer en jouant du piano. Plus prosaïquement, Hanfstaengl finança l'expansion du journal Nazi en un quotidien. Il composa des marches Nazies en les basant sur des hymnes football-

listiques d'Harvard. Il cacha Hitler après le putsch raté de la Brasserie et sa jolie femme empêcha le Führer affolé de se suicider. Hanfstaengl fut le directeur de la presse étrangère d'Hitler de 1933 à 1937. Disons-le à nouveau, cet homme était un agent américain.

Truman Smith mérite également d'être mentionné. Bien qu'il ait été un membre du département d'État américain, il participa à l'organisation du soutien Nazi aux États-Unis. Il organisa la visite de Charles Lindbergh au sein des installations de la Luftwaffe. Plus tard, à Washington, il mena l'opposition politique et militaire à la participation des US à la Seconde Guerre mondiale. (Farago, pp. 556-557)

Fondamentalement, le rôle joué par Hanfstaengl et Smith s'apparente à celui endossé par le Baron de Ropp. Ils ont encouragé Hitler (et les allemands en général) à croire qu'il était soutenu par l'établissement Anglo-américain (c'est-à-dire les Illuminati) dans sa croisade téméraire contre la Russie.

## CONCLUSION

Le Baron William de Ropp, Hanfstaengl et Smith sont une des preuves évidentes que la Deuxième Guerre mondiale fut fomentée par les Illuminati pour détruire les états nation de l'Europe et justifier la création d'Israël. Sous le terme Illuminati je me réfère à la société secrète satanique au sein de la Franc-maçonnerie qui se charge de mettre à exécution les plans du cartel des banques centrales.

Des informations télévisées en passant par les films, d'internet aux salles de classe, notre perception de la réalité est créée par le cartel bancaire Juif Illuminati (kabbaliste). L'histoire n'est que la pièce de théâtre écrite par ces psychopathes pour dégrader et réduire en esclavage l'humanité, tout cela afin d'accroitre leur propre pouvoir et leur richesse.

# Hitler et Bormann étaient des traitres

*Hitler était le plus brillant agent secret de l'histoire. Comme le charmeur de rat, il conduisit un peuple ciblé au désastre.*

Par le passé, j'ai présenté la preuve que Martin Bormann, l'homme qui signait le chèque du salaire d'Hitler, était un agent Soviétique (Illuminati) ; mais je n'étais pas certain qu'Hitler ait été la dupe de Bormann ou un traitre conscient.

Le témoignage du Général Reinhard Gehlen, chef des services de renseignements allemands en Russie, suggère que la dernière option est la bonne.

Dans ses mémoires, « *The Service* » (World Pub.1972) Gehlen déclare que lui et le l'Amiral Canaris, chef de l'Abwehr, en était venu à suspecter qu'il y avait un traitre au sein du commandement suprême allemand. Tous deux s'étaient rendu compte que les Soviétiques recevaient « des informations détaillées et rapides... sur des décision rendues au plus haut niveau. »

Ils soupçonnaient tous deux Martin Bormann, l'adjoint du Führer et chef du Parti Nazi.

« Nos soupçons furent largement confirmés lorsque, indépendamment l'un de l'autre, nous découvrîmes que Bormann et son groupe opéraient un réseau non surveillé de transmission radio et l'utilisaient pour envoyer des messages codés à Moscou.

Lorsque les agents de l'OKW reportèrent cela, Canaris demanda une enquête ; mais des instructions lui parvinrent qu'Hitler en personne avait interdit la moindre intervention : il avait été informé à l'avance de ces Funkspiele, ou « faux messages radio », et les avait approuvé. » (p.71)

Malgré le fait que des informations vitales continuaient de fuiter, Gehlen et Canaris laissèrent les choses ainsi. « Aucun de nous n'étaient dans la position de dénoncer le Reichsleiter (Bormann) avec la moindre chance de succès. »

Dans son ouvrage « *Hitler's Traitor* » Louis Kilzer estimait que Bormann valait à lui tout seul cinquante divisions Soviétiques.

Après la guerre, Gehlen, qui dirigeait le BND (l'agence de renseignement ouest alle-mande) parvint à confirmer la trahison de Bormann. « Au cours des années 1950, je parvenais à recueillir deux rapports séparés en provenance de l'autre côté du rideau de fer, précisant que Bormann avait été un agent Soviétique... »

Le fait qu'Hitler protégeait Bormann confirme qu'il était aussi un traître actif. Les deux servaient les banquiers francs-maçons Illuminati, c'est à dire le syndicat Rothschild, basé à Londres. Les Illuminati étaient également derrière Staline et le Communisme, sans mentionner Churchill, et Roosevelt.

En fabriquant la guerre, les Illuminati ont répandu le chaos sur l'humanité dans le but ultime d'établir une dictature mondiale

Pensez au 11/09, au « Patriot Act », au TSA. Derrière le voile de la démocratie et de la lutte contre le terrorisme, ils construisent un état policier.

## LES BÉVUES DÉLIBÉRÉES D'HITLER

Au cours de l'hiver 1941-42, Gehlen et ses généraux avaient conclu que la campagne de Russie avait échoué « non parce qu'elle ne pouvait pas être remporté militairement ou politiquement, mais parce que les interférences continues d'Hitler avaient produit tant de gaffes élémentaires que la défaite était devenu inévitable. » (98)

Malgré le fait qu'Hitler ait couvert le traître Bormann, Gehlen n'était pas parvenu à l'évidente conclusion, que les « bévues élémentaires » d'Hitler étaient délibérées.

Dans son livre, Gehlen détaille certaines de ces bévues.

L'État-Major voulait concentrer ses ressources pour capturer Moscou. Hitler insista pour disperser les efforts sur trois fronts.

L'État-Major s'aperçut que les Soviétiques allaient capturer la Sixième Armée à Stalingrad, et demandèrent un repli stratégique. Hitler mit son veto à cela et 200 000 des meilleures troupes allemandes (et son irremplaçable armement) furent tués et capturés.

Pour remplacer ces pertes, l'État-Major voulait recruter des millions de volontaires au sein des rangs anticommunistes, c'est à dire les russes, les ukrainiens, les lithuaniens, etc.

« Après 20 ans d'injustice arbitraire et de terreur, le rétablissement des droits humains élémentaires comme la dignité de l'homme, la liberté, la justice et le droit de propriété, unissaient chaque habitant de l'Empire Soviétique dans un élan de soutien commun envers les Allemands. » (81)

La Wehrmacht commença à construire un régime nationaliste autour du dissident russe charismatique, le général Vlasov.

En effet, un tel mouvement, était le pire cauchemar de Staline, d'après son fils qui devint prisonnier de guerre.

« La seule chose que mon père craignait est l'émergence d'un régime nationaliste s'opposant à lui. Mais c'est une étape que vous n'avez jamais franchie. » Déclara Yakov à ses interrogateurs Nazis. « Parce que nous savons que vous n'êtes pas venu pour libérer notre pays, mais pour le conquérir. » (80)

Staline savait qu'il pouvait avoir confiance en Hitler, un compagnon de route Illuminati, pour accepter sa chute. Hitler n'essaya même pas de tromper les slaves au sujet de ses sinistres intentions, et au lieu de leur soutien, gagna leur haine implacable.

## CONCLUSION

La Deuxième Guerre mondiale fut la mystification la plus énorme de l'histoire. Un culte de juifs sataniques et de francs-maçons, financés par le syndicat Rothschild, est responsable de la destruction de plus de soixante millions de vies.

Hitler prouva par ses actes qu'il était un traitre. Il fut porté au pouvoir par les Illuminati afin de détruire l'Allemagne pour qu'elle se fonde parfaitement dans le Nouvel Ordre Mondial.

Le rôle d'Hitler fut catastrophique pour l'Allemagne. Mais que pouvait bien attendre l'Allemagne d'un vagabond viennois et d'un prostitué homosexuel?

Le parallèle avec Obama est évident. Comme Hitler, il n'est pas un natif des Etats-Unis et a un passé homosexuel louche. Il travaille pour les Illuminati. Sa mission est de détruire les Etats-Unis pour que les américains acceptent le gouvernement mondial.

L'exemple d'Hitler révèle la dimension inattendue de la trahison. Si nous échouons à tirer les leçons des erreurs du passé, nous sommes voués à les répéter.

# Martin Bormann était l'agent de Rothschild—Les preuves accablantes

Le deuxième homme le plus puissant de l'Allemagne Nazie, Martin Bormann, était un agent «Soviétique» (c'est à dire un Illuminati Britannique) qui a provoqué la destruction de l'Allemagne et de la communauté juive européenne.

John Ainsworth-Davis (Center) Rescued Martin Bormann

Ainsi, il remplit deux des principaux objectifs des Illuminati : intégrer l'Allemagne dans un gouvernement mondial par l'anéantissement de ses prétentions nationales, culturelles et raciales, et établir Israël en tant que capitale mondiale des banquiers maçonniques en menaçant de faire disparaître les Juifs européens.

Lorsque j'ai présenté cette hypothèse en 2007, dans un article «Bormann pilotait-il Hitler pour le compte des Illuminati ?» (Disponible en ligne ou dans mon livre «*Illuminati*») un lecteur m'a suggéré l'ouvrage «OPJB» (1996). Il s'agit du compte rendu de la manière dont le Capitaine de Corvette John Ainsworth-Davis et Ian Fleming ont dirigé une équipe de 150 hommes qui ont sauvé Martin Bormann dans un Berlin déchiré par la guerre le 1er mai 1945 à l'aide de kayak de rivière.

Selon ce livre, Bormann a vécu sous une fausse identité en Angleterre jusqu'en 1956 avant de mourir au Paraguay en 1959.

Le titre du livre signifie «Opération James Bond.» Ian Fleming a pris le nom de l'auteur de «*A Field Guide to the Birds of the West Indies*» pour nommer l'opération de sauvetage de Bormann et plus tard, il l'a donné au héros de sa série d'espionnage prenant Ainsworth-Davis pour modèle, qui utilisait désormais le nom de Christopher Creighton.

Si ça n'est pas de la clandestinité à l'air libre! La preuve que l'homme responsable de l'holocauste était un agent britannique se trouve sur les étagères depuis 1996. Le livre comprend une lettre de Ian Fleming datée de 1963 qui confirme que lui et Creighton ont conduit le sauvetage de Bormann. Il comprend également une photographie d'une lettre de 1954 de Winston Churchill donnant la permission à Creighton de raconter cette histoire après la mort de Churchill, «en omettant bien sûr les questions que vous connaissez et qui ne doivent jamais être révélées.»

Selon Creighton, Martin Bormann était effectivement assis dans une galerie privée pour visiteur au procès de Nuremberg où il fut condamné à mort par contumace! (P. 243)

La feuille de vigne qui couvre ce sauvetage était que Bormann aiderait les Alliés à récupérer le pillage perpétré par les Nazi en temps de guerre afin de le retourner à ses propriétaires légitimes. Si vous croyez cela, j'ai quelques marais en Floride... Bormann avait tout le long été un agent britannique Illuminati et fut en grande partie responsable de la défaite Nazie. En fait, la Deuxième Guerre mondiale était une escroquerie monstrueuse de Rothschild sur les Allemands, les Juifs et la race humaine. Le pillage s'est retrouvé entre les mains des Illuminati et a été utilisé pour asservir l'humanité.

## LE VÉRITABLE «JAMES BOND» ÉTAIT UN MEURTRIER DE MASSE ILLUMINATI

Le véritable James Bond aida à tuer des milliers de personnes, principalement des alliés britanniques. Il était hanté par les fantômes des «gens parfaitement fidèles et innocents qui avaient été pris dans nos opérations... » (79)

Il ne faisait tout simplement que «suivre des ordres», qui n'avait aucun sens d'un point de vue patriotique. «Nous n'agissions pas par patriotisme ou au nom de principes moraux élevés. Nous ne faisions pas cela pour l'Angleterre ou l'Oncle Sam. Comme d'habitude, nous faisions ce que l'on nous disait de faire : nous exécutions les ordres.» (170)

Par exemple, Creighton transmis aux Nazis l'heure exacte et le lieu du raid de Dieppe en 1942 qui couta la vie à 3000 Canadiens. Il lui fut dit que les Britanniques voulaient tester les défenses Nazies. Les véritables raisons : convaincre Staline qu'il était trop tôt pour un second front, et renforcer la crédibilité de Creighton lorsque le temps pour le débarquement en Normandie fut venu.

En 1944, il dit aux Allemands que l'invasion devait venir de Normandie. Cette fois, le traître fut trahi. Les Nazis furent informés que Creighton était un agent Britannique ; ainsi ils ont naturellement supposé que cette information était erronée.

Creighton parle aussi de «Operation Tiger» en Avril 1944, un exercice d'entraînement à Slapton Sands, dans le Dorset, qui fut brutalement interrompue par huit torpilleurs allemands. Le bilan : plus de 800 militaires américains se noyèrent. (Le chef de la Gestapo Heinrich Muller a écrit que les Nazis avaient été prévenus par un espion allemand.) Le fiasco fut gardé secret afin de protéger le moral des troupes pour le jour J. Creighton raconte que les survivants furent internés ou tués par une mine marine afin de garder le secret de la débâcle. (P. 25) En dépit du fait que la côte du Dorset ressemblait à la Normandie, les Nazis n'en ont apparemment pas tiré de conclusion logique.

Les agents qui trébuchèrent sur les «véritables secrets de la Deuxième Guerre mondiale» (à savoir le fait que les Nazis avaient été infiltrés et gérés par les «Anglais») furent souvent trahis et trouvèrent la mort en opération. C'est ce qui est arrivé à la petite amie de Creighton, Patricia Falkiner. Morton a avoué que Falkiner était sa pupille : «Il avait fait son possible pour maintenir Patricia hors des opérations... seulement lorsqu'elle avait trébuché sur les secrets les plus vitaux à Bletchley, il avait été forcé de s'en débarrasser... » (p.85)

Creighton a également fait en sorte que Pearl Harbour, un autre exemple de la chicane Illuminati, soit gardé secret. Le 28 novembre 1941, un sous-marin néerlandais, le K-XVII, avait intercepté la flotte japonaise en route vers Pearl Harbour et avait alerté le quartier général de la marine britannique.

Afin de maintenir l'illusion que Pearl Harbour était une surprise, le sous-marin et son équipage furent détruits. Creighton «anéanti l'ensemble du navire avec deux petits cylindres de cyanure introduits dans leur alimentation en oxygène, et une boîte d'explosifs déguisés en whisky... la guerre avait fait de moi un meurtrier de masse démoniaque... » (p. 81)

### «SECTION M» (POUR MORTON) UN PARADIS POUR PÉDOPHILE ?

Officiellement Desmond Morton était le «conseiller» de Winston Churchill. En fait, il était en charge d'une organisation Illuminati top secrète se consacrant à la mise en place d'un gouvernement dictatorial grâce à de multiples magouilles. Il fut financé par la «Couronne», c'est à dire la Banque Rothschild d'Angleterre.

Il reportait seulement à Churchill qui, bien sûr, ne reportait seulement lui-même qu'à Victor Rothschild. Le directeur de la Banque d'Angleterre, Montagu Norman, recommanda Ian Fleming à la Naval Intelligence. Fleming avait 15 ans de plus que Creighton.

La «SECTION M» avait les ressources de la Royal Navy et les Marines à sa disposition et permit le sauvetage de Martin Bormann, et peut-être même celui d'Hitler.

Morton ne s'est jamais marié et il y a des rumeurs que lui et Churchill aient entretenu des relations homosexuelles. Il a accusé Churchill de nourrir des sentiments homosexuels pour FDR. («*Winston Churchill*», par Chris Wrigley, p. 268)

Des agents et des commandos du calibre de Creighton étaient choisis parmi les garçons et les filles en fin d'adolescence qui étaient personnellement connus des Illuminati. Creighton n'avait que 21 ans en 1945. Souvent, les jeunes étaient orphelins ou séparés de leurs parents. Par exemple, les parents de Creighton avaient divorcé, mais Louis Mountbatten et Desmond Morton étaient des amis de la famille. Morton a pris Creighton sous son aile et est devenu son «oncle». Dans les moments de crises, «je le serrais comme je l'avais si souvent serré par le passé.» (85)

Creighton parle de son service dans la section M en termes sinistres : «d'affreuses années de trahison et d'horreur dans laquelle j'avais été forcé» (78) Il parle de «l'influence à la Svengali - et du contrôle que Morton avait exercé sur moi depuis le début de mon enfance.»

À l'âge de 15 ans, Creighton eut l'apparition d'un «Ange Noir» qui le posséda comme un «Ange de la Mort.»

«Je me réveillais au milieu de la nuit, trempé de sueur et il était là, debout au pied de mon lit... Je ne pouvais pas bouger. Avec un sentiment de dégradation totale et de terreur, j'ai réalisé que j'étais impuissant à l'empêcher de me posséder - Comme il le fit souvent dans les semaines, les mois et les années qui suivirent». Se peut-il que Creighton ait été victime d'un pédophile?

Cet Ange Noir était probablement Morton. Creighton continue directement : «Avec le recul je peux voir à quel point j'étais sous la main mise de Morton pendant la plupart de la guerre. De 1940 à 1945, j'étais sa marionnette, manipulée par lui et exécutant ses ordres» (18).

Le test final d'endurance pour «les garçons et les filles était de recevoir 12 coups de canne administrés par un sergent Commando Marine sur leurs fesses nues devant leur classe.» (69)

Il est possible que comme certains des agents du MI-5 et du MI-6 aujourd'hui, les agents de la Section M puissent avoir été des esclaves sexuels mentalement contrôlés.

**DES PIONS DANS LEUR JEU**

Le mode opératoire de Morton était de «la tromperie et de la duplicité», déclare Creighton. Il est étonnant qu'il soit vivant pour raconter l'histoire. Peut-être que c'est parce qu'il avait accepté le bobard que Bormann avait été sauvé en vue d'aider à la restitution du pillage Nazi à ses propriétaires légitimes.

Comme Creighton, nous sommes tous des pions dans leur jeu. Par exemple, Otto Gunther, la doublure de Bormann, était un prisonnier de guerre retrouvé au Canada. Le Dossiers Bormann fut modifié pour s'adapter à Gunther ainsi lorsque son corps fut trouvé mort, les gens crurent qu'il était bien l'adjoint d'Hitler.

Les commandos qui accompagnèrent Bormann au cours de son évasion n'avaient aucune idée de son identité. Beaucoup étaient des juifs «combattants de la liberté.» Quelle ironie!

Les grandes nations, l'Angleterre, les États-Unis, l'Allemagne et la France sont toutes les pions des Illuminati. A quoi bon se vanter de vivre dans une démocratie lorsque l'Ordre des Illuminati possède les politiciens et contrôle l'information?

Pensez aux millions qui sont morts au cours de la Seconde Guerre mondiale, tout cela pour détruire et dégrader l'humanité de sorte que les descendants des Illuminati puissent tout posséder et tout contrôler. Ils sont toujours occupés à nous diviser, pour que nous ne puissions jamais nous unir contre eux.

# Hitler a-t-il trahi Rudolf Hess (et l'Allemagne)?

Selon d'anciens fonctionnaires Nazis, Rudolf Hess suivait les ordres d'Hitler lorsqu'il s'est envolé pour l'Écosse en mai 1941 avec une offre pour inverser les victoires Nazies en Europe de l'Ouest en échange de la paix et d'avoir les mains libres à l'Est.

Lorsque Churchill a rejeté cette offre, Hitler prétendit que Hess était fou et avait agi de sa propre initiative.

Vers 1980, Frank Brandebourg a parlé à la femme de Hess, Ilse. Ainsi qu'à de nombreux autres Nazis qui ont déclaré de façon convaincante que la mission de Hess était effectivement autorisée par le Führer.

«Mon mari n'aurait pas agi sans le consentement du Führer», a déclaré Mme Hess. «Mon mari était totalement loyal à l'égard du Führer.» (263-264)

Néanmoins, les pouvoirs en place ont réussi à dépeindre Hess comme un fou plutôt que comme un idéaliste artisan de la paix.

Ils ont réussi à enterrer le livre de Brandebourg. «Quest : Searching for the Truth of Germany's Nazi Past» *(Une Quête : A la recherche du véritable passé de l'Allemagne Nazie)* fut publié en 1990 par Presidio, un minuscule éditeur de livres militaires, à Novato en Californie. En 2002, Presidio a été acheté par Random House, qui est détenue par Bertelsmann. Vous pouvez parier que Bertelsmann est contrôlée par les Illuminati.

L'ouvrage *«Le Traître d'Hitler»*, de Louis Kilzer, qui démasque Martin Bormann comme un agent Illuminati, a également été publié par Presidio. Les deux livres ont été à peine remarqués et sont maintenant épuisés.

La conviction de Mme Hess a été confirmée par le pilote personnel d'Hitler Hans Baur qui a dit que Hess avait reçu les codes secrets des cartes d'Hitler. (260) l'associé le plus proche de Hess, Ernst Wilhelm Bohle, a dit qu'il avait traduit l'offre d'Hitler en anglais. (271-2)

Le général SS Karl Wolff a déclaré que l'indignation d'Hitler était un «spectacle». Wolff était présent lors d'une réunion avec Hitler au Berghof lorsque les nouvelles de la fuite de Hess pour l'Angleterre furent portées à sa connaissance. «Le Führer s'est jeté dans un accès de colère terrible... il a donné tout un spectacle... le Führer était un acteur accompli, quand il voulait l'être... » (246)

Plus révélateur est le fait qu'Hitler fit punir de nombreux associés mineurs de Hess, mais pas sa famille ni Boehle. Lorsqu'on y songe, Hess n'aurait jamais tenté d'usurper la décision de faire la paix relevant du pouvoir de Hitler, ni quitté l'Allemagne en laissant sa famille en otage.

## LA SIGNIFICATION

Si Hitler a autorisé le vol de Hess le 10 mai 1941 pour visiter le duc de Hamilton, il y a deux interprétations possibles.

La première est qu'Hitler voulait vraiment faire la paix avec l'Angleterre avant d'attaquer la Russie 12 jours plus tard. Pour envoyer l'adjoint du Führer du IIIème Reich sur une telle mission, Hitler devait avoir une assurance raisonnable de son succès.

Nous savons à partir d'autres sources que Hess, Hitler et Churchill et le duc de Hamilton appartenaient tous à un groupe occulte homosexuel - la Société de Thulé en Allemagne et l'Ordre de l'Aube Dorée en Angleterre – étant toutes deux des branches Illuminati. Est-ce que la branche anglaise a conduit les Allemands à penser qu'ils faisaient la volonté de l'Angleterre en attaquant la Russie bolchévique? En d'autres termes, Hitler fut-il trahi et entrainé dans une guerre sur deux fronts?

Si cela est vrai, cela laisse suggérer que les Illuminati gèrent leurs pions à bout de bras, les incitant et les manipulant, plutôt que de les utiliser comme des agents conscients. Barack Obama devrait en prendre note.

## UN AGENT CONSCIENT

Mais il y a une seconde interprétation. Je soupçonne Hitler, étant «un acteur accompli» d'avoir été comme Bormann, un agent conscient des Illuminati. Il savait que les Rothschild (c'est à dire les Francs-maçons Illuminati) géraient l'Angleterre et l'URSS. Il était probablement un Rothschild lui-même, quoique illégitime. Il n'y avait donc aucune chance que l'Angleterre fasse la paix et laisse tomber Staline. Je soupçonne qu'Hitler ait délibérément conduit l'Allemagne dans un piège lorsqu'il a attaqué la Russie. Lebensraum? L'Allemagne régnait déjà sur toute l'Europe.

Non, la loyauté d'Hitler allait au Quatrième Reich, le Nouvel Ordre Mondial. C'est pourquoi il a désavoué Hess. Il aurait pu rendre publique son offre de paix généreuse et dépeindre Churchill comme un fauteur de guerre. Il aurait pu demander à la face de l'opinion publique la libération d'un artisan de la paix.

Au lieu de cela, Hitler protégea Churchill et choisit délibérément de trahir Hess.

Apparemment, Hitler avait besoin de se débarrasser de Hess.

Hess en savait probablement trop et était sur la voie de devancer Bormann à la deuxième place de la hiérarchie nazie.

Il y a des indications supplémentaires dans ce livre attestant qu'Hitler était un agent. Les Russes, qui aurait trouvé le corps d'Hitler n'ont jamais cru qu'Hitler était mort. Ils ont torturé son pilote Hans Baur pendant huit ans pour révéler où il avait emmené Hitler. (49)

Dans le bunker, Hitler chargea l'une de ses secrétaires, Christa Schroeder, de brûler la correspondance secrète contenue dans trois coffres-forts à des endroits différents. Ils contenaient les dossiers de son «réseau de renseignement personnel», un réseau «bien organisé d'informateurs, de conseillers et de confidents... des hommes puissants et compétents... De grandes Fortunes. Des scientifiques. Beaucoup d'industriels importants... le Führer ne pouvait pas avoir construit et atteint son niveau de pouvoir sans l'aide, consciente ou non, de ces gens-là, n'est-ce pas?» (103-105)

Hitler bloqua le développement des armes nucléaires, en l'appelant une «science Juive».

Le général SS Werner Best, qui gérait le Danemark de façon éclairée, informa Brandebourg qu'il était en contact avec les dirigeants anti-communistes en Ukraine en 1939. Si Hitler leur avait promis un certain degré d'autonomie, ils auraient pu rallier deux millions de soldats à la cause Nazie. (195)

## AUTRES RÉVÉLATIONS

L'auteur de la Quête Frank Brandebourg était seulement âgé de 20 ans en 1978 quand il décida de rechercher de hauts dignitaires Nazis en Allemagne de l'Ouest. Sa jeunesse lui valut d'y parvenir. Ces nazis avaient confiance en lui et essayèrent de le recruter pour servir leur cause. Ils avaient désespérément besoin de sang neuf.

Le Général Karl Wolff l'aida en lui donnant son anneau de SS et lui confia qu'un mot de passe pour gagner la confiance était le nom du troisième berger allemand d'Hitler, «Muck».

Il semble qu'Hess ne fut pas le dernier haut dirigeant Nazi d'Hitler à être éliminé.

Lina, la femme de Reinhard Heydrich a dit que son mari se remettait d'une tentative d'assassinat lorsqu'Hitler le fit prendre en charge par son propre personnel médical. Quatre jours plus tard Heydrich était mort. Lina était convaincue qu'Hitler et Himmler craignait son mari. Le général SS Wilhelm Hottl a déclaré qu'Heydrich avait fait l'erreur de dire à Walter Schellenberg qu'il pensait que le Führer «était fou et qu'il devait être remplacé.» (151)

Il est possible que les Britanniques aient dépêché les deux agents tchèques pour tuer Heydrich à cause de cela. Ils devaient protéger leur agent, Adolf Hitler. Heydrich fut le seul dirigeant Nazi assassiné par les Alliés.

Quant à Bormann, Brandebourg a parlé à des dizaines de hauts dignitaires Nazis et presque tous ont laissé entendre que Bormann s'était échappé. En outre, Bormann dirigeait un puissant mouvement Nazi qui visait à reprendre l'ascendant. Ce mouvement s'inscrit dans le cadre des Illuminati.

Médard Klapper, un membre de la garde personnelle d'Hitler, avoua à Brandebourg qu'il avait rencontré Bormann en Espagne en 1952. Le mouvement Nazi d'après-guerre s'appelait Mariborsol (de Martin Bormann & soleil) et avait son siège social à Madrid. Il était financé par des investissements à l'échelle mondiale, «l'immobilier, les usines.

Tous types d'investissements rentables et d'entreprises commerciales, contrôlés par nos gens... » (291)

## CONCLUSION

L'histoire de Rudolf Hess est tragique. Il a été enfermé dans la prison de Spandau, jusqu'à son suicide (son fils dit qu'il s'agit d'un assassinat) en 1987. Il était autorisé à recevoir quatre lettres de sa famille et une visite de sa femme par mois. Mais ils ne furent jamais laissés seuls. «Je n'ai jamais pu toucher mon mari» a raconté Ilse Hess.

Quel était son crime? Il a été incarcéré en 1941, avant que l'holocauste n'ait commencé. Il a servi un homme qui était *l'homme de l'année du Times* en 1938.

Non, son crime était de connaître les Illuminati, et l'ampleur de la collaboration «britannique» dans l'ascension d'Hitler. Son crime était de ne pas savoir que son Führer bien-aimé l'avait piégé, lui et l'Allemagne, pour leur anéantissement mutuel.

# Les Juifs Illuminati furent-ils responsables de l'Holocauste ?

En 1988, Gunther Plaut, un éminent rabbin canadien, a publié un ouvrage révélant que les juifs Frankistes étaient responsables de l'Holocauste. Cette assertion fut validée par rien de moins qu'Élie Wiesel en personne.

« *L'homme qui voulait être Messie* » est une biographie romancée de Jacob Frank (1726-1791) qui dirigea une hérésie satanique contre le Judaïsme orthodoxe. Frank prétendait être le Messie et la réincarnation d'un autre imposteur satanique, Sabbataï Tsevi (1626-1676). Leur but était de détruire l'ordre social (la nation, la famille, la race, la religion, la propriété privée) et d'inverser la moralité de la Torah.

Ce qui avait été interdit serait autorisé : l'adultère, l'inceste, la pédophilie. (Ceci est l'origine occulte de notre « libération sexuelle ») Inspirés par la Kabbale, ils pratiquaient la « sainteté à travers le péché ». Le bien viendrait de l'annihilation de la Civilisation Occidentale et du triomphe du Mal.

Les Rothschild étaient des Frankistes-Sabbatéens. Ce mouvement satanique donna naissance aux Illuminati, au Communisme et au Nouvel Ordre Mondial. Il contrôle le monde aujourd'hui. Mais ironiquement, tandis que beaucoup d'Illuminati prétendent être juifs, ils souhaitent en fait détruire les juifs qui les avaient auparavant excommuniés et vilipendés. *Ainsi, il y a parmi le peuple juif un schisme inconnu, où les hérétiques ont exterminé la majorité et prit le contrôle du reste à travers le Sionisme. Pourtant, à cause de l'antisémitisme organisé par les juifs Illuminati, les juifs s'accrochent par erreur à leurs dirigeants.*

La hiérarchie Nazie était probablement d'origine Frankiste. Nous examinerons les preuves plus tard. Mais premièrement, nous observerons ce que le rabbin Plaut, qui était président du Congrès Juif Canadien, déclare au sujet de leur plan pour l'Holocauste.

## L'HOMME QUI VOULAIT ÊTRE MESSIE

Les Frankistes savent recouvrir leurs traces de pas. Les biographie de Jacob Frank ne sont jamais rééditées et sont donc très chères (300$). Néanmoins, Gunther Plaut fit de plus amples recherches au sujet de Jacob Frank et présenta une perspective et un portrait complexe de Frank le dépeignant sous les traits d'un artiste cherchant le pouvoir pour lui-même.

D'après Plaut, Frank considérait les Juifs comme un obstacle à l'établissement de «l'Ordre Nouveau». Il met ses mots dans la bouche de Frank :

« Oui, les Juifs. Quelqu'un viendra et découvrira qu'il ne peut pas renverser les anciennes valeurs sans détruire le peuple qui croit vraiment en elles, et ce qui est pire, les pratiques. Et tandis qu'il est convaincu que les Juifs se tiennent en travers de son chemin, il trouvera un moyen de tous les tuer. De tous les détruire, de les exterminer comme de la vermine. » (141)

Dans sa préface, Elie Wiesel dit que Plaut « offre une interprétation d'un autre personnage (c'est à dire Hitler) qui à un niveau différent s'allia avec le Diable pour détruire notre peuple. »

Plaut fait dire à Frank : « les juifs devraient être tués parce qu'ils croient en une morale traditionnelle et perpétue ainsi le statuquo dans le monde. » (151)

Mais la haine satanique de Frank pour Dieu s'étend naturellement à toutes les religions : « Je suis venu pour porter la révolution dans le Monde. Les Musulmans, les Catholiques, les Russes ou les Grecs Orthodoxes, les Juifs – Je suis venu pour libérer les peuples de leur esclavage envers la loi, et initier une nouvelle religion. Le fait de tromper leurs prêtres et leurs acolytes est un bienfait pour l'humanité, vous comprenez. » (151)

Jacob Frank

## LES NAZIS

Les Frankistes s'emparèrent du pouvoir en prétendant souscrire à chaque religion et idéologie, et en s'alliant par le mariage avec des satanistes générationnels. En coulisse, ils avancèrent leurs hommes clefs et manipulèrent les évènements. Ainsi, ils gagnèrent un contrôle secret sur les gouvernements et l'économie.

Ils sont reconnus par le fait qu'ils prétendent être Chrétiens ou Juifs ou Musulmans etc. Un exemple typique est John Kerry qui prétendait être un catholique irlandais, alors qu'en fait son père était un juif Frankiste (qui travaillait pour la CIA) et sa mère une Forbes. La mère de Barack Obama était probablement une juive Frankiste/Illuminati. Un autre exemple concerne les Rothschild anglais qui épousent des non juives et prétendent pourtant être juifs. Ils sont des Illuminati satanistes.

Les Frankistes menèrent une guerre contre les juifs en dénonçant le Talmud et accusant les juifs orthodoxes de sacrifier rituellement des enfants chrétiens. Les Frankistes furent responsable de nombreux pogroms. Est-il possible que la haine psychotique d'Hitler pour les juifs soit due à son origine Frankiste ? Son grand-père était supposément juif. (Un juif, Frankenberger, payait pour l'entretien d'Hitler enfant.)

Dans le livre «*Adolf Hitler : le fondateur d'Israël*» (1974), l'auteur Heineke Kardel cite le Juif allemand Dietrich Bronder :

«D'ascendance juive, ou reliés aux familles juives étaient : le dirigeant et Chancelier du Reich Adolf Hitler ; son représentant et ministre du Reich Rudolf Hess ; le maréchal du Reich Hermann Goering ; les dirigeants du Reich du parti NSAPD Gregor Strasser, le Dr. Joseph Goebbels, Alfred Rosenberg, Hans Frank, Heinrich Himmler ; le ministre du Reich Von Ribbentrop (qui entretenait une proche amitié avec le célèbre Sioniste Chaïm Weismann, le premier chef d'état d'Israël qui mourut en 1952) ; Von Keudell ; les commandants Globocnik (le destructeur des juifs) ; Jordan et Wilhelm Hube ; les grand dirigeants des SS Reinhard Heydrich, Erich Von Dem Bach-Zelewski et Von Keudell II, qui joua également un rôle actif dans la destruction des juifs. (Chacun d'entre eux étaient membre de la société secrète de l'Ordre de Thulé) » (Bronder, «*Avant qu'Hitler ne vienne*», 1964)

De plus, Churchill, F.D.R. et Staline étaient aussi des juifs Illuminati Frankistes. Vous pouvez ainsi maintenant voir comment la deuxième guerre mondiale a été en partie organisée pour accomplir l'objectif de Frank d'exterminer le peuple juif.

Les Frankistes peuvent sans doute expliquer la présence de 150 000 soldats à moitié Juifs dans l'armée allemande. http://www.kansaspress.ku.edu/righit.html

## CONCLUSION

En blâmant les «Juifs» pour le Nouvel Ordre Mondial, les patriotes tombent dans le piège des Illuminati. Les patriotes et les juifs ensemble ont besoin d'un nouveau paradigme. Le peuple juif, et en fait toutes les religions et les nations, sont conduits par les satanistes Frankistes (Illuminati), leur laquais et leurs dupes.

Quel que soit ce que nous pensons de la juiverie Européenne, comme l'allemande, la polonaise, la russe, elle représentait une civilisation hautement développée. Le but de la guerre et de la révolution était de détruire la Civilisation Occidentale. Ainsi les Frankistes (Illuminati) se chargèrent des deux côtés et les poussèrent à la guerre pour accomplir leurs propres fins. Dans le processus, ils exterminèrent les juifs qui s'étaient traditionnellement toujours opposés à eux.

Nous restons dans le déni jusqu'à ce que nous reconnaissions que la culture et la politique sont contrôlées par des satanistes se consacrant à la destruction de la Civilisation Occidentale. Nous ne pouvons pas le voir parce que nous «regardons à travers les lunettes qu'ils nous ont placées sur le nez.»

# L›Holocauste a-t-il été conçu par un Juif Nazi?

Ironiquement, le seul membre de la hiérarchie Nazie qui répondait aux critères de l'Aryen idéal était probablement en partie Juif. Plus ironique encore, Reinhard Heydrich (chef de la Gestapo et du SD) est considéré comme l'architecte de la «Solution Finale», le plan d'extermination de la juiverie Européenne.

J'ai récemment fait remarquer qu'un culte hérétique Juif Satanique, les Frankistes Sabbatéens, ont comploté pour exterminer le peuple Juif depuis le 18ème siècle. La caractéristique de ce culte, c'est qu'ils se lient avec les membres des autres nations et adoptent leurs idéologies et leurs religions, y compris le Judaïsme. Les antécédents de Heydrich correspondent à ce profil.

Les Frankistes Sabbatéen sont les progénitures des Illuminati, responsables du Communisme, du Fascisme, du Sionisme, du Socialisme, du Libéralisme, du Néoconservatisme et du Nouvel Ordre Mondial.

Comme mes lecteurs le savent, mon hypothèse est que la Seconde Guerre mondiale était un canular, et que les dirigeants de tous les côtés étaient des Illuminati (francs-maçons) Juifs Frankistes Sabbatéens. Le but était de détruire la Civilisation Occidentale par l'élimination de ses dirigeants naturels, et de dégrader et démoraliser la population. L'objectif est un gouvernement mondial secret dirigé par ce culte satanique. En d'autres termes, FDR, Churchill, Hitler et Staline ont pu être de mèche. Heydrich a peut-être été assassiné en 1942 parce qu'il en savait trop et représentait une menace.

## LA BÊTE BLONDE JUIVE

La question de la Judéité de Heydrich repose sur son grand-père. Son père, était-il Bruno Heydrich, le rejeton du premier ou du deuxième époux de sa mère? Les défenseurs de la pureté Aryenne d'Heydrich (comme Edouard Calic) déclarent que le premier mari d'Ernestine Linder, Karl Julius Reinhard était le père de Bruno. Mais le consensus, c'est que son deuxième mari, Robert Suess, un Juif, était en fait le père de Bruno Reinhard.

Bruno Reinhard était un chanteur d'opéra Wagnérien, compositeur et chef d'orchestre

Blond Beast

qui voulait être accepté comme un non-Juif. Il avait épousé la fille de son professeur, une vraie Aryenne, et avait ouvert une école de musique à Halle accueillant 120 élèves. Mais il ne pouvait pas surmonter le soupçon qu'il était juif. Le fait qu'il était un Franc-maçon soutient le point de vue qu'il était en fait un Frankiste.

Brian Rigg, auteur de l'ouvrage «*Les Soldats Juifs d'Hitler*», écrit : «Quand Heydrich était un enfant à Halle, les enfants du quartier se moquaient de lui en l'appelant «Isi» (Izzy), une abréviation pour Isidore, un nom à connotation juive. Ce surnom bouleversait Heydrich. Quand il a servi dans la marine, beaucoup de ses camarades croyaient qu'il était juif. Certains l'appelaient le «Moïse blond». Les personnes qui ont vécu à Halle ont affirmé que tout le monde croyait que son père, le musicien Bruno Heydrich, était un Juif. La demi-Juive Alice Schaper, née Rohr, qui prenait des leçons de piano chez Bruno, a affirmé : «Nous savions tous qu'il était juif… Il ressemblait tout à fait à un Juif typique.» En ville, Bruno était appelé Isidore Suess derrière son dos. Avec de telles rumeurs qui circulaient, il n'est pas surprenant que [Reinhard] Heydrich se soit senti constamment accablé par ces allégations, surtout lorsqu'il fut amené à servir comme général SS.»

Les Illuminati ont créé à la fois le Communisme et le Nazisme, afin de détruire la Russie et l'Allemagne. Un mouvement mettait l'accent sur la guerre des classes, l'autre sur la guerre des races, mais tous deux avaient en commun la guerre. Hitler ne se souciait pas de la pureté raciale. Son propre grand-père était Juif.

«Tout au long de la carrière politique d'Hitler, il a commis plusieurs exemptions à son idéologie», écrit Brian Rigg. «Hitler a accordé des dérogations à des milliers de Mischlinge (moitié juifs) allant ainsi à l'encontre de ses lois raciales.»

## HEYDRICH LE MISCHLINGE

Heydrich (1904-1942) fut l'une de ces exemptions. Heinrich Himmler était le patron de Heydrich. Il déclara à son médecin, Felix Kersten, qu'Heydrich était en partie Juif et qu'Hitler le savait. Hitler expliqua que ses «origines non-Aryennes étaient extrêmement utiles, car il nous serait éternellement reconnaissant pour l'avoir gardé et ne pas l'avoir expulsé et obéira ainsi aveuglément. Ce fut effectivement le cas.» («*Les Mémoires de Kersten*»1957, p 97.)

Heydrich était doublement impitoyable pour prouver sa loyauté. Heydrich a accepté des tâches «dont personne d'autre ne voulait se charger».

Himmler reprit : Heydrich «était convaincu que les éléments juifs de son sang étaient blâmable ; il détestait le sang qui lui avait porté tant de préjudice. Le Führer ne pouvait vraiment pas choisir meilleur homme que Heydrich pour la campagne contre les Juifs. Il n'avait pas la moindre pitié pour eux.» (99)

Joachim Fest a écrit que le chef de l'Abwehr Wilhelm Canaris fut capable de résister à Heydrich par l'obtention de «documents prouvant les antécédents juifs de son adversaire…» («*Le visage du Troisième Reich*», p. 105)

Heydrich était en charge des unités Einsatzgruppen, les camions qui suivaient la Wehrmacht et gazaient les Juifs. Il a créé le système des camps de concentration et planifié la «Solution Finale» à la Conférence de Wannsee en janvier 1942.

Bien qu'il soit mort à l'âge de 38 ans, la liste des autres «réalisations» de Heydrich est formidable. Calic lui attribue l'incendie du Reichstag (1933) et la «Nuit des longs couteaux» (1934). Fest lui attribue la fabrication de preuves qui ont conduit à la purge de l'armée Soviétique en 1937-39, et des généraux traditionnels de la Wehrmacht. Il a ouvert la voie à l'Anschluss et à l'incorporation fragmentaire de la Tchécoslovaquie. Il a organisé le pogrom antisémite connu sous le nom de «Nuit de Cristal».

Mais je soupçonne qu'il constituait une menace pour Hitler et Himmler. Et tout comme Churchill avait aidé Hitler à se débarrasser de Hess (faisant de la place pour Bormann), le Premier Ministre Britannique et Franc-maçon s'occupa également de Heydrich. Les Britanniques envoyèrent des agents tchèques tendre une embuscade à Heydrich et les médecins d'Hitler l'achevèrent.

L'histoire de Reinhard Heydrich est un autre rappel que les choses ne sont pas ce qu'elles semblent être. L'architecte de la «Solution Finale» avait du sang juif et pourraient bien avoir été un Illuminati Frankiste Sabbatéen. Les protagonistes de la Seconde Guerre mondiale faisaient tous partie de cette secte satanique. L'objectif, asservir l'humanité par un gouvernement mondial dédié à Lucifer.

# La complicité de Staline dans «l'Opération Barbarossa»

L'inaction de Staline, malgré sa connaissance à l'avance de l'invasion de la Russie par «l'Opération Barbarossa» d'Hitler en 1941, est l'un des grands mystères de la Deuxième Guerre mondiale.

Tout comme dans les évènements improbables de Dunkerque, où Hitler permis l'évacuation de 335 000 soldats alliés, l'explication réside dans la collusion des dirigeants des pays belligérants : Hitler, Churchill, Roosevelt et Staline.

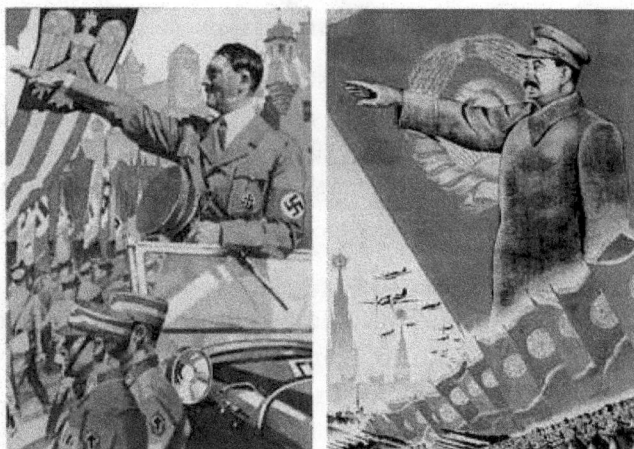

**Hitler & Stalin: Illuminati Twins**

Les banquiers Illuminati utilisent la guerre pour faire avancer un agenda satanique de gouvernement mondial. Les dirigeants en temps de guerre appartenaient à l'Ordre des Illuminati et avaient été choisis pour imposer une autre calamité sur la race humaine. Leur comportement étrange peut s'expliquer par le désir de prolonger la guerre.

Selon l'auteur David Murphy, Staline disposait d'informations précises en ce qui concerne Barberousse ; pourtant «il les rejeta et refusa de permettre à son armée de prendre les mesures nécessaires pour répondre de peur qu'ils ne «provoquent» les Allemands.» («*Ce que Staline savait : L'énigme de Barbarossa*» 2005, p.19).

### UNE CONNAISSANCE ANTICIPÉE

Les Services de renseignement russes avaient bien pénétré les rangs Nazis. Il y avait des centaines de rapports précis dès août 1940 désignant la future invasion Nazie. L'un des plus définitifs provenait de l'espion Victor Sorge, un journaliste entretenant de proches relations avec l'ambassadeur d'Allemagne au Japon.

Le 5 mai 1941, Sorge envoya à Moscou un microfilm d'un télégramme du Ministre des Affaires étrangères Ribbentrop en disant : «L'Allemagne va commencer une guerre contre l'URSS au milieu de Juin 1941.» Dix jours plus tard, Sorge signala la date exacte, l'aube du 22 Juin. (87)

Pour toute récompense, Staline fustigea Sorge le traitant de «petite merde», de proxénète et de profiteur de guerre. Après l'arrestation de Sorge, les japonais proposèrent un échange de prisonniers avec la Russie. Staline déclina l'offre et laissa mourir cet espion doué.

Le 17 Avril 1941, «Starshina» un agent des renseignements de la Luftwaffe signala que les objectifs à bombarder avaient été sélectionnés et l'autorité d'occupation organisée. (100) Le 18 Avril, un sous-officier Nazi déserta avec l'heure exacte de l'attaque nazie : 4 heures du matin le 22 Juin. Le lendemain, Churchill averti également Staline du plan Nazi. (262)

Comment Staline pouvait-il ignorer tous ces avertissements alors que les Nazis avaient neuf armées se composant de 150 divisions, 4 500 000 soldats et 650 000 véhicules amassés près de sa frontière?

Sommes-nous censés croire que Staline, un criminel impitoyable, avait accepté la «parole d'honneur» d'Hitler que cette concentration de troupes était destinée à l'Angleterre, et était gardé hors de portée des bombardiers? (258)

Le refus de Staline de permettre une mobilisation ou de prendre des contre-mesures ont contribué à la perte de 20 millions de vies russes.

Il n'avait pas seulement laissé son pays nu en 1941. Staline avait porté atteinte aux défenses de l'URSS depuis au moins cinq ans.

## LE VÉRITABLE TRAITRE

En 1937, Staline procéda à une purge dans l'Armée Rouge, tuant le maréchal Mikhaïl N. Toukhatchevski et décimant les corps d'officiers. Murphy a écrit : «Des milliers d'officiers ayant une expérience de combat et de l'enseignement supérieur furent exécutés, envoyés au Goulag ou libérés du service. Ces actions... continuèrent jusque dans les premiers jours de l'invasion allemande.» (Xvi)

De manière significative, le prétexte pour exécuter des milliers de patriotes officiers russes était de fausses lettres de «trahison» envoyées par Reinhard Heydrich, le chef adjoint de la Gestapo ; encore un autre exemple de la collusion Illuminati.

Le véritable ennemi était la crème de la virilité de Russie, les patriotes et nationalistes qui étaient éduqués et constituaient une menace pour les fanatiques au pouvoir.

Tout au long de l'année avant l'invasion, Staline permis à la Luftwaffe de faire des centaines de vols de reconnaissance à l'ouest de la Russie, interdisant à son armée de l'air d'interférer. Pourquoi diable aurait-il fait cela?

En outre, l'Allemagne Nazie avaient reçu des millions de tonnes de matières premières de Russie en échange de l'armement. Ces renseignements sont disponibles sur *Wikipédia* :

«L'Allemagne a reçu un million de tonnes de céréales, un demi-million de tonnes de blé, 900 000 tonnes de pétrole, 100 000 tonnes de coton, 500 000 tonnes de phosphates et des quantités considérables d'autres matières premières vitales, ainsi que le transit d'un million de tonnes de graines de soja de la Mandchourie. Ces fournitures et d'autres furent transportées à travers des territoires soviétiques et polonais occupés. Les Soviétiques devaient recevoir un croiseur naval, les plans du cuirassé Bismarck, de lourds canons de marine, d'autres engins navals et une trentaine d'avions de guerre allemands derniers cris, y compris le Me-109 et Me-110 et les bombardiers Ju-88. Les Soviétiques reçurent également des équipements pétroliers et électriques, des locomotives, des turbines, des générateurs, des moteurs diesel, des navires, des machines-outils et des échantillons d'artillerie allemande, des chars, des explosifs, des produits chimiques du matériel de guerre et d'autres articles.»

Des convois de trains de minerai de fer passaient de la Russie à la Pologne occupée par les Nazis dans la nuit de l'invasion. *Wikipédia* conclut : «Les importations de matières premières soviétiques en Allemagne au cours de la durée de la relation économique des pays se sont avérées essentielles à l'Opération Barberousse.»

Une fois tout en place, Hitler et Staline prirent le commandement de leurs armées respectives ; prenant des décisions désastreuses qui pourraient bien avoir été délibérées.

Par exemple, à la fin de juillet 1941, le Groupe Central Armé était sur le point de s'emparer de Moscou, à seulement 200 km. Mais Hitler insista pour que les unités blindées critiques soient détournées vers l'Ukraine. Ce ne fut que le 2 octobre que l'offensive contre Moscou fut reprise, et d'ici là le temps avait changé. (233)

De même, au cours de cette diversion contre Kiev, Staline refusa d'autoriser ses troupes à se retirer sur une position défensive. La bataille se termina le 26 septembre avec la destruction de cinq armées Soviétiques, la capture de 665,000 hommes et d'une énorme quantité de matériel. (233)

## CONCLUSION

Le Communisme et le Fascisme étaient des jumeaux maléfiques, conçu dans le même sein Illuminati, fabriqués à partir de pièces interchangeables, pratiquement des images miroir. Tous deux étaient les façades pour le même monopole du capital.

A en juger par leurs actions, Hitler et Staline, étaient déterminés à étendre la durée de la guerre et à la rendre aussi coûteuse que possible.

Non, la véritable guerre était entre les Illuminati et la race humaine. Les banquiers Illuminati sont un groupe relativement restreint. Ils divisent pour mieux régner, ainsi l'humanité se dégradera et se détruira elle-même. Ils le font en plaçant leurs pions au pouvoir et en utilisant les médias pour évoquer l'illusion d'un véritable conflit.

# L'holocauste Polonais était-il également un canular?

Pas une semaine ne se passe sans que les irréductibles d'internet n'élaborent une énième
tentative pour démystifier l'holocauste juif
en tant qu'un «holo-canular»

Dans le même temps, personne ne remet
en question le fait que trois millions de Polonais non-Juif furent tués par les Nazis.
Les Juifs étaient au-dessous des Polonais
dans l'échelle des «untermenschen» (sous-
hommes.) Les Polonais recevaient environ

A Polish priest, Father Piotr Sosnowski,
before his execution, near Gdynia, late 1939

650 calories par jour dans les rations par rapport à 450 pour les Juifs.

Les irréductibles s'attendent-ils à ce que nous croyions que les Nazis exterminaient les
Polonais et en quelque sorte épargnaient les Juifs?

La Pologne était un pays Catholique et a subi un traitement particulièrement brutal de
la part des Satanistes Nazis Illuminati.

Dans un discours du 22 août 1939, Hitler a déclaré que son objectif était de «tuer sans
pitié tous les hommes, les femmes et les enfants d'origine polonaise. Seulement de cette
manière pouvons-nous obtenir l'espace vital dont nous avons besoin... » (Gumkowski,
«La Pologne sous l'occupation Nazie» p 59.)

Dans «Les survivants oubliés : les Chrétiens polonais se souviennent de l'occupation
allemande» (2004), Richard Lukas écrit :

«Les Allemands tuaient leurs victimes polonaises de diverses façons - fusillade, gazage,
pendaison, torture, travaux forcés, injections létales, coups et famine. Les premières victimes des chambres à gaz d'Auschwitz étaient des Polonais et des prisonniers de guerre
russes. La détermination Nazie d'effacer l'intelligentsia polonaise entraîna l'effacement
de 45% des médecins et des dentistes polonais, 40% des professeurs, 57% des avocats,
30% des techniciens, et une majorité de journalistes de premier plan.» (P. 5)

Dès les premiers jours d'occupation, les Nazis débutèrent une campagne systématique
d'extermination des Polonais. Les prisonniers de guerre Polonais furent abattus ; des
statues et des sites culturels rasés et 200 000 enfants polonais qui présentaient des
caractéristiques Aryennes furent envoyés en Allemagne pour «germanisation».

## LE CONTEXTE

L'holocauste juif a eu lieu dans le cadre du «Generalplan Ost» («Plan Général de l'Est»), le génocide planifié de plus de 50 millions de Slaves, 75% de la population de la Pologne, de l'Ukraine et de la Russie occupées par les Nazis. Les Nazis avaient l'intention de «Germaniser» quelques-uns des 25% restants, et de garder le reste comme des serfs agricoles qui n'étaient même pas censés apprendre à lire.

Les Nazis réussirent à tuer 20 millions de Russes, dont 7 millions de civils par une variété de moyens. Trois millions de prisonniers de guerre russes sont morts sous les balles, l'infection délibérée de typhus et la famine.

Je déplore la persécution de ceux qui remettent en question les détails de l'holocauste juif. Rien ne jette plus de doute sur l'holocauste que ces tentatives pour contrôler la pensée et la parole.

À mon avis, les véritables objections des négationnistes concernent l'exploitation politique de l'holocauste par les Sionistes et le statut immérité, et l'immunité contre toute critique qu'il leur donne. Ils seraient plus sages d'aborder cette question directement plutôt que de prétendre que l'holocauste juif n'a pas eu lieu.

Ils pourraient neutraliser sa valeur de propagande en attirant l'attention sur la collaboration Nazie-Sioniste et en parlant du rôle des Juifs dans les meurtres de masses stalinistes. (Voir en ligne, «Les Juifs de Staline» de Steve Plocker)

## DANS UN CONTEXTE PLUS LARGE

Le traitement des Juifs en Europe Nazie dépendait de la relation Nazie envers les nations d'accueils et les alliés. Par exemple, les 5000 Juifs danois furent pour la plupart indemnes parce que les Nazis voulaient de bonnes relations avec les Danois nordique, et se ménager l'accès à leurs produits agricoles. Contrairement aux Polonais, qui avaient 3,3 millions de Juifs, les Danois étaient très protecteurs à l'égard de leurs Juifs.

La persécution Nazie a été tenue en échec aussi longtemps qu'Hitler souhaitait la paix avec l'Angleterre, ou de bonnes relations avec la Russie. Cependant l'invasion de la Russie le 22 juin 1941 a marqué le début d'une lutte à mort génocidaire. Dans cette zone de guerre, des Slaves et des Juifs qui étaient impropres à la main-d'œuvre esclave, (soit environ 80% du total) étaient destinés à l'extermination.

Dans l'esprit Nazi, tous les Juifs représentaient le péril bolchévique. «Le National-Socialisme allemand et le bolchévisme juif ne pouvaient coexister» fut-il annoncé aux soldats allemands. «C'est une guerre d'extermination.» Il n'y avait tout simplement aucun moyen pour les Juifs d'échapper au sort des Russes et des Polonais. En Juillet 1942, les premiers camps d'extermination, Belzec, Sobibor et Treblinka furent ouverts.

## LE RAVITAILLEMENT

Au cours de l'hiver 1940-41, il y avait des pénuries alimentaires et les gens grognaient dans toute l'Allemagne. Les Nazis réalisèrent que la nourriture était la clef de l'appui du peuple.

Selon les historiens Deborah Dwork et Jan van Pelt, les Nazis ont calculé que «des dizaines de millions de Russes devaient mourir afin de préserver les rations à base de viande allemandes. La nourriture allemande ne devait pas aller vers l'est à l'armée d'invasion, mais plutôt aux [2.5 millions] de soldats allemands qui seraient nourris aux dépens de la population locale.» («*L'Holocauste : Une histoire*» p 265.).

Les Nazis «regardaient à l'est pour devenir le grenier de la nouvelle Europe... un véritable grenier [caractérisé par] la faible densité de peuplement... des fermes prospères et des petites villes attrayantes.» Ils envisageaient «la déportation de 41 à 51 millions de personnes qui comprenait 80-85% de tous les Polonais... Il était tacitement entendu qu'ils allaient être tués.»(266)

Goering fit remarquer à Ciano le ministre italien des Affaires Étrangères en décembre 1941 : «Cette année, entre 20 et 30 millions de personnes mourront de faim en Russie. C'est peut-être bien qu'il en soit ainsi, car certaines nations doivent être décimées.» (190)

Dans le même temps, les Alliés soumettaient la population civile allemande à une campagne de bombardement meurtrier. En Juillet 1943, 50 000 personnes moururent dans la tempête de feu de Hambourg appelée «Opération Gomorrhe.» 800 000 s'enfuirent de la ville par la suite.

La Deuxième Guerre mondiale fut une époque de sauvagerie et de nettoyage ethnique inégalés. Je ne vais pas tenter un inventaire complet ici. C'est tout simplement invraisemblable que les Juifs, qui étaient vilipendés par la politique Nazie officielle, soient parvenus à se soustraire à cette tendance de génocide.

Je suis pour une détermination des faits, mais, dans un contexte historique, nier l'holocauste juif n'a pas de sens et discrédite ses défenseurs.

# Katyn : L'histoire héroïque qu'Hollywood ne racontera pas

«Defiance», encore un autre film sur la victimisation juive et son héroïsme est sortis dans 1800 salles américaines en 2008.

Cette histoire de partisans juifs combattant des Nazis vient s'ajouter à un genre cinématographique sur l'holocauste allant croissant qui comprend «Le Choix de Sophie», «La Liste de Schindler» et «Le Pianiste».

Mais une incroyable histoire de génocide juif continue d'échapper à Hollywood. C'est l'exécution de 20 000 prisonniers de guerre polonais, (de fervents catholiques qui représentaient une grande partie de l'élite polonaise), par le NKVD dirigé par des juifs bolcheviks dans la forêt de Katyn en 1940.

Pourquoi Hollywood continue d'ignorer cette histoire? Mon opinion est que, avec six degrés de séparation, Hollywood (et même l'Amérique) est finalement dirigé par les descendants spirituels de ces meurtriers.

Ainsi, nous subissons un lavage de cerveau afin d'ignorer le génocide qui ne rentre pas dans le paradigme Nazi-Juif. Les films sont essentiels à cette programmation. Ils font partie d'une guerre psychologique qui se poursuit sur la majorité Chrétienne Européenne. Nous sommes forcés de nous identifier avec les minorités. Si nous nous y opposons, nous sommes considérés comme des Nazis.

Andrzej Wajda, 82 ans, le metteur en scène le plus célèbre de Pologne, a perdu son père à Katyn. En 2008, Wajda a fait un film sur ce massacre et son effet sur les familles des victimes. Financé par la télévision polonaise, le film, «Katyn», a été un grand succès artistique et commercial en Pologne. Il a été nominé pour un Oscar du meilleur film étranger en 2008, mais n'a pas trouvé une large diffusion hors de Pologne.

Il n'a pas gagné l'Oscar. Le prix a été décerné à un film sur l'holocauste juif, «Les Contrefacteurs», une «histoire vraie» de l'Allemagne. Il décrit le dilemme moral auquel fait face un maître-faussaire juif contraint de contrefaire des devises Britanniques et Américaines. («Dois-je saboter ce processus?») J'ai vu ce film. C'est un agréable morceau de propagande qui contribue à ce que le public s'identifie avec les Juifs. Dans la vraie vie, je doute que le héros ait eu le moindre scrupule moral. Même dans le film, il se rempli les poches.

## KATYN

Je n'ai pas vu le film mais je suis tombé sur l'information qui illustre qu'il a l'étoffe dont seraient faites les épopées si les Illuminati ne contrôlaient pas la culture.

Tout d'abord, quelques informations figurant sur *Wikipédia* : «Comme le système de conscription de la Pologne recrutait chaque diplômé de l'université non exonérés pour devenir un officier de réserve, les Soviétiques furent en mesure d'identifier une grande partie de l'intelligentsia polonaise. Parmi ceux qui sont morts à Katyn figurait un amiral, deux généraux, 24 colonels, 79 lieutenant-colonel, 258 majors, 654 capitaines, 17 capitaines de marine, 3 420 sous-officiers, sept aumôniers, trois propriétaires fonciers, un prince, 43 fonctionnaires, 85 soldats, et 131 réfugiés. Aussi parmi les morts étaient 20 professeurs d'université, 300 médecins, plusieurs centaines d'avocats, ingénieurs, et enseignants et plus de 100 écrivains et les journalistes ainsi que près de 200 pilotes. En tout, le NKVD exécuta près de la moitié du corps des officiers polonais.»

En 1945, Maurice Shainberg était l'adjoint du colonel Grigori Zaitsev du KGB qui était le commandant du principal camp de travail de Katyn. Dans son livre, «*Rompre avec le KGB*» (1986) Shainberg, un Juif polonais, raconte comment il découvrit le journal de Katyn Zaitsev dans un coffre-fort. Shainberg avait des doutes sur le Communisme et s'identifiait avec ses collègues Polonais. Il a pris de grands risques personnels pour copier des sections du journal. Le journal de Zaitsev était de la dynamite parce que les Soviétiques avaient toujours prétendu que les Nazis étaient responsables de ce crime de guerre.

Le journal semble authentique, sauf pour une contradiction importante. Zaitsev prétend que le massacre était nécessaire à cause du manque de transport pour enlever les prisonniers face à l'imminence de l'attaque Nazie de Juin 1941. En fait, Staline et Beria avaient donné l'ordre d'assassiner les Polonais au début de Mars et les exécutions ont eu lieu en avril et en mai 1940. Seuls 4 250 furent tués dans la forêt de Katyn. Le reste fut exécuté ailleurs dans les prisons. Beaucoup furent emmené sur les berges de la mer Blanche et furent noyés.

Sinon, le journal décrit comment les Soviétiques tentèrent d'endoctriner et d'intimider les Polonais pour trahir leur culture et leur pays (comme l'élite Occidentale le fait de nos jours), en formant une classe de marionnettes dans une future Pologne dominée par les Soviétiques. Les Polonais refusèrent et c'est la raison pour laquelle ils furent massacrés.

## LE JOURNAL DE ZAITZEV

Lorsque Zaitsev a obtenu son affectation, il fut averti que les Polonais étaient tous des «fanatiques religieux» toujours enclin à chanter des chants patriotiques et des hymnes avec leur aumônier. Zaitsev était persuadé qu'il pouvait leur apprendre à «prier pour un nouveau Dieu.»

Les prisonniers travaillaient la coupe d'arbres de 6 h à 18 heures Dans la soirée, ils boycottaient les séances d'endoctrinement. Ils n'avaient aucun désir d'aider à construire la future Pologne Soviétique.

Un officier a expliqué : «En tant que Polonais, je connais mon pays. Aucun d'entre nous n'a le désir d'imposer quoi que ce soit à d'autres personnes, et nous ne voulons pas que d'autres personnes nous imposent quoi que ce soit. Nous ne sommes ni une nation Fasciste ou Communiste, mais un pays dévotement Catholique.»

Une fois lors d'un discours, l'aumônier polonais de l'Armée Jozwiak leva le crucifix qu'il portait et commença à chanter une prière. Les prisonniers lui emboîtèrent le pas. Cette nuit-là, Jozwiak fut emmené à la Chambre d'interrogatoire.

«L'utilisation de courants électriques sur les yeux et le corps du Père Jozwiak n'y fit rien. Pas plus que la méthode chinoise, où le prisonnier fut dénudé puis forcé de s'asseoir sur une cage ouverte de rats affamés. Nous ne pouvions pas permettre au prêtre de revenir vers les autres prisonniers dans l'état où il était, alors nous avons dû l'achever.» (Shainberg, p. 165)

Le NKVD pensait que l'exemple du prêtre aurait un effet modérateur sur les prisonniers de guerre mais cela provoqua plutôt une réduction de leur travail. Le NKVD riposta en réduisant les rations ce qui eut pour effet de rendre les prisonniers trop faibles pour travailler. Lorsque le NKVD commença à tirer sur les prisonniers qui ne travaillaient pas, les autres se ruèrent sur les gardes avec leurs haches et 192 Polonais furent tués.

Maintenant, les Polonais étaient plus intraitable que jamais. Lorsqu'un collaborateur venait pour les endoctriner, ils commençaient à chanter une prière : «Nous soldats polonais, et prisonniers des Soviétiques avons été conduit en pays étrangers pour y mourir. Nous vous supplions, Mère de Dieu, de prendre soin de notre nation... Sauvez-nous des prisons allemandes et soviétiques. Nous nous offrons en sacrifice pour l'indépendance de notre patrie...»

Bien sûr, c'est le genre de sacrifice de soi et de patriotisme que nos maîtres ne veulent pas que voyons.

«Notre tâche était impossible» écrit Zaitsev. «Les gens qui n'ont jamais rencontré ces Polonais ne peuvent pas comprendre combien il était difficile de changer leur attitude envers nous. Aucun coup, aucune forme d'abus ne pouvaient les faire cesser leur chant. Ils sont un peuple dur et fier. Chaque jour, ils devenaient physiquement plus faibles, mais leur colère et leur haine augmentaient.»

L'historien polonais Krzysztof Siwek m'a dit que la Pologne avait déclaré le 13 avril comme journée nationale de commémoration des martyrs de Katyn. «Une commission conjointe russo-polonaise a été formée pour élaborer une position officielle des deux côtés. La plupart des controverses demeurent non résolues. Les Russes craignent que la pleine admission de crime contre l'humanité permettrait aux familles des victimes d'exiger des compensations et des sanctions comme dans le cas de l'Allemagne.»

## LES FILMS COMME PROPAGANDE

Les banquiers Illuminati ont créé l'URSS comme un précurseur du Nouvel Ordre Mondial. L'exécution de l'élite polonaise était nécessaire pour le plan à long terme. Les Nazis, également une création juive Illuminati, traitèrent les Polonais et les autres élites nationales de la même façon.

La culture dépend de l'argent et les Illuminati contrôlent le crédit. Ainsi notre culture entretient une conspiration du silence au sujet de la subversion progressive de la Civilisation Occidentale par sa propre élite traîtresse.

Nous allons porter atteinte à toute force collective, sauf la nôtre, disent les *Protocoles des Sages de Sion*. Ils minent les normes hétérosexuelles Chrétiennes Européennes au nom de «la diversité».

Ainsi, les nominés aux Oscars 2009 inclus le «Gran Torino» de Clint Eastwood sur un plouc qui apprend à aimer les enfants asiatiques immigrés. Le lauréat d'un Oscar «Slumdog Millionaire» traite des enfants des rues de Bombay. «Milk» de Sean Penn traite d'un ardent défenseur des «droits des homosexuels». Dans «The Reader», un jeune allemand a une aventure avec une femme de deux fois son âge, qui s'avèrent avoir été une gardienne de camp de concentration. La liaison ruine sa vie mais elle est présentée en termes positifs. La démonstration s'appuie sur le mièvre argument qu'il lui envoie des cassettes audio en prison de ce qu'il lui lisait pendant leur aventure.

«Revolutionary Road» offre une vue négative du mariage et de la famille dans les années 1950. «Doute» traite de l'homosexualité dans l'Église Catholique. Le nominé pour le meilleur film de langue française «La classe» traite des jeunes immigrants et à quel point ils sont adorables. Et cela continue, tous les films sont de la propagande pour l'ordre du jour des Illuminati.

Lorsque le film est au sujet des Américains blancs, comme dans «Benjamin Button,» il n'y pas d'identité collective pouvant être défendue, aucune valeur universelle de révélée. La vie doit être littéralement retourné, dans ce cas inversée de la vieillesse à la jeunesse, pour qu'elle présente le moindre intérêt aux yeux du scénariste, Eric Roth. Ce film divertissant mais en fin de compte vide de sens est un triomphe d'artifice Il n'a rien d'important à dire aux Américains à ce moment critique.

Donc, il ne faut pas s'étonner qu'un film sur les martyrs et les patriotes Chrétiens provenant d'un anachronisme, comme une nation Chrétienne fière, soit tranquillement mis sous le tapis par Hollywood.

A Dieu ne plaise que les moutons comprennent que le même sort peut les attendre.

### Post-scriptum :

Le massacre de Katyn a été répété le 10 Avril 2010, lorsqu'environ 95 hauts fonctionnaires polonais, y compris le président de la Pologne, et le chef de la sécurité publique et de la Banque nationale, ont été soi-disant tués dans un accident d'avion en allant commémorer le 70ème anniversaire de Katyn. Un vidéographe polonais amateur, qui fut plus tard assassiné, a réussi à filmer la scène de l'accident et révèlent qu'il n'y avait pas de corps et aucun bagage. L'avion avait atteint le niveau des arbres de sorte qu'il est hautement improbable qu'il n'y ait pas de survivants. Cependant, les Russes ont fait montre d'une grande clairvoyance en n'envoyant pas d'ambulances.

Voici ce qui a pu se produire : un brouillard artificiel a enveloppé l'aéroport de Smolensk et l'avion a été détourné vers un autre aéroport où les passagers furent enlevés et assassinés. Puis un avion fictif conçu pour ressembler à l'avion présidentiel fut utilisé pour la mise en scène du crash. La vidéo, qui est en ligne, suggère que les pilotes ont été achevés. Des coups de feu et les mots «changement de plans» sont entendus. Plus tard, les corps des passagers furent brûlés et retournés en Pologne.

Les héritiers des assassins de Katyn sont probablement encore en charge de la Russie. Ils sont des satanistes prêts à effectuer n'importe quelle abomination pour éliminer l'opposition patriotique à la tyrannie mondiale Luciférienne.

# Le lavage de cerveau traumatisant - Hiroshima et la Guerre Froide

En 1945, un demi-million de civils japonais furent massacrés ou mutilés lorsque les États-Unis larguèrent deux bombes atomiques sur le Japon. Ces crimes de guerre furent commis pour menacer l'Occident de l'anéantissement et ainsi justifier les dépenses inutiles de milliers de milliards de dollars dans la Guerre Froide.

Il doit toujours y avoir un ennemi extérieur afin que les peuples ne se rendent pas compte qu'ils sont floués par les banquiers qui nomment les dirigeants, contrôlent les médias et créent l'argent.

Avec la Seconde Guerre mondiale tirant à sa fin, les banquiers avaient besoin d'un «Guerre Froide». En mai 1945, le Secrétaire d'État Edward Stettinius Junior organisa un colloque à San Francisco. Les Japonais demandaient déjà secrètement la paix. La bombe atomique ne serait pas prête avant plusieurs mois.

«Nous avons déjà manqué l'Allemagne», déclara Stettinius, un ancien élève *Skull and Bones* de Yale. «Si le Japon tire sa révérence, nous n'aurons pas de population vivante sur laquelle tester la bombe. Notre programme de l'après-guerre repose sur le fait de terrifier le monde avec la bombe atomique.»

«Pour atteindre cet objectif», a déclaré John Foster Dulles, «vous aurez besoin d'un très bon nombre. Je dirais un million.» «Oui», répondit Stettinius, «nous espérons un million au Japon. Mais s'ils se rendent, nous n'aurons pas grand-chose.»

«Ensuite, vous devez les garder dans la guerre jusqu'à ce que la bombe soit prête», a déclaré John Foster Dulles. «Ce n'est pas un problème. Reddition inconditionnelle.»

«Ils ne seront pas d'accord avec cela», a déclaré Stettinius. «Ils ont juré de protéger l'empereur.»

«Exactement», a déclaré John Foster Dulles. «Gardez le Japon dans la guerre encore trois mois, et nous pourrons utiliser la bombe sur leurs villes, nous allons mettre fin

à cette guerre en créant une peur bleue chez tous les peuples du monde, ce qui les fera ensuite s'incliner devant notre volonté.»

Ma source est ici l'excellent essai en ligne d'Eustache Mullins, «L'histoire secrète de la Bombe Atomique.» Mullins, décédé en 2010, était l'un des seuls historiens courageux que les banquiers ne possèdent pas.

Selon Mullins, le président Truman, dont le seul véritable travail avant qu'il ne devienne Sénateur avait été celui d'organisateur maçonnique dans le Missouri, n'a pas pris la décision fatale tout seul. Un comité dirigé par James F. Byrnes, la marionnette de Bernard Baruch, lui en donna l'instruction. Baruch était le principal agent de Rothschild aux États-Unis et un «conseiller» présidentiel couvrant la période de Woodrow Wilson à JFK.

Baruch, qui était le Président de la Commission de l'Énergie Atomique, fut le fer de lance du «Projet Manhattan». Il choisit le Communiste de toujours Robert Oppenheimer pour être directeur de la recherche. Il s'agissait vraiment de la bombe des banquiers.

Le 6 août 1945, une bombe d'uranium 3-235, de 20 kilotonnes, explosa à 1850 pieds dans les airs au-dessus d'Hiroshima pour un effet maximum. Elle dévasta quatre miles carrés, et tua 140 000 des 255 000 habitants.

Mullins cite un médecin japonais : «Mes yeux étaient prêts à déborder de larmes. Je me suis parlé à moi-même et me suis mordu la lèvre afin de ne pas pleurer. Si j'avais pleuré, j'aurais perdu le courage de me tenir debout et de travailler au traitement des victimes mourantes d'Hiroshima.»

Lorsque l'Air Force largua la bombe atomique sur Nagasaki, la cible principale était une église catholique : «Le toit et la maçonnerie de la cathédrale Catholique tombèrent sur les pratiquants à genoux. Tous moururent.»

De retour aux États-Unis, les nouvelles du bombardement d'Hiroshima furent accueillies avec un mélange de soulagement, de fierté, de joie, de choc et de tristesse.

Les collègues d'Oppenheimer se souviennent des cris de joie : «Hiroshima a été détruite! Beaucoup de mes amis se précipitaient sur le téléphone pour réserver des tables à l'hôtel La Fonda à Santa Fe afin de célébrer. Oppenheimer se promenait comme un boxeur, joignant les mains au-dessus de sa tête comme s'il était sur un podium.»

Les banquiers servent une puissance diabolique dont le but est de contrecarrer et d'asservir l'humanité. La Guerre Froide a servi à brutaliser toute une génération.

Mullins écrit : «Aux États-Unis, les écoles procédaient à des exercices d'alerte à la bombe tous les jour, avec les enfants se cachant sous leurs bureaux. Personne ne leur disait que des milliers d'enfants des écoles à Hiroshima avaient été incinérés dans leurs salles de classe ; les bureaux n'offrant aucune protection contre les armes nucléaires. L'effet moral sur les enfants fut dévastateur. S'ils devaient être vaporisé dans les dix prochaines secondes, il semblait y avoir peu de raisons d'étudier, de se marier et d'avoir des enfants, ou de se préparer à occuper un emploi stable. Cette démoralisation par le biais du programme d'armes nucléaires est la raison inconnue du déclin de la moralité publique.»

Nous entendons beaucoup parler du déni de l'Holocauste, mais les bombardements gratuits des civils du Japon et de l'Allemagne ont atteint l'échelle de l'holocauste à la fois dans la brutalité et la méchanceté. Les Japonais furent interdit de commémorer les bombardements atomiques. Comparé à Auschwitz, on en entend très peu sur Hambourg, Dresde, Hiroshima et Nagasaki.

# Des agents «Soviétiques» ont conçu le FMI, la Banque Mondiale & les Nations Unies

Nous pensons généralement au Nouvel Ordre Mondial comme quelque chose devant survenir dans le futur. En fait, une dictature voilée des banquiers juifs maçonniques a existé depuis un certain temps.

Il s'agit de la conquête du monde accomplie par la tromperie, l'infiltration et la subversion. Ils ont pris en main les leviers du pouvoir tout en conservant la façade de la démocratie et de la liberté. Ils ont fait cela en dupant les Juifs et les Francs-maçons, et la population en général avec le Libéralisme, le Socialisme, le Sionisme et le Communisme.

(«Autrefois dans les temps anciens nous fûmes les premiers à crier parmi les masses du peuple, les mots «Liberté, Égalité, Fraternité», mots depuis répétés à plusieurs reprises depuis ces jours-là par des perroquets stupides qui, de tous les côtés, se précipitèrent sur ces appâts emportant avec eux le bien-être du monde… » *Protocoles des Sages de Sion 1-25*)

Les Illuminati officialisent leur tyrannie en utilisant par exemple, l'hypocrite «guerre contre le terrorisme» comme prétexte pour suspendre les libertés civiles et construire un État policier. Remarquez, personne n'a demandé à Barack Obama de retirer le «Patriot Act». La véritable cible est le peuple américain.

## LA TYRANNIE DE FACTO

Récemment, je me suis souvenu de cette tyrannie de facto lorsque j'ai lu que les grandes institutions du monde de l'après-guerre avaient été créées par des «Espions Soviétiques», les hommes qui travaillaient directement pour les banquiers juifs Illuminati (maçonniques). Le plus important fut Harry Dexter White, l'un des fondateurs (et directeur) du FMI, ainsi que de la Banque Mondiale.

En tant qu'adjoint au Secrétaire du Trésor, Henry Morgenthau, était également un agent soviétique, White (à l'origine «Weit») donna aux Soviétiques des plaques d'impression pour la monnaie d'occupation américaine en Allemagne, ce qui coûte aux États-Unis 50 milliards de dollars. L'administration de FDR était remplie d'espions soviétiques, des Juifs pour la plupart, protégés par FDR lui-même. Y compris des espions pour le projet Manhattan qui livrèrent les plans de la bombe atomique à la Russie.

Il n'y avait rien de «russe» à propos de l'URSS. Il s'agissait d'un État juif Illuminati (maçonnique). L'Angleterre, les États-Unis et la plupart de l'Europe l'étaient également.

Si White contribua à fonder le FMI et la Banque Mondiale, Alger Hiss, un colonel du GPU Soviétique, a aidé à concevoir l'Organisation des Nations Unies et a servi comme premier Secrétaire Général par intérim. Une sorte de Société des Nations renouvelée, l'ONU est le principal mécanisme d'un gouvernement mondial Juif maçonnique.

J'utilise le terme «juif maçonnique», car la plupart des Juifs ne sont pas Francs-maçons et la plupart des Francs-maçons ne sont pas Juifs. Mais la Franc-maçonnerie est une société secrète basée sur le Judaïsme. L'essence d'une société secrète, c'est que les membres y sont manipulés pour répondre à un programme caché, dans ce cas la domination du monde.

White et Hiss auraient pu n'être que des dupes, croyant «changer le monde.» Mais réfléchissez-y. Les architectes du FMI, de la Banque Mondiale et des Nations Unies étaient tous deux des agents «Soviétiques», des traîtres, la preuve que la prise de contrôle secrète Illuminati était complète dans les années 1930 ou même plus tôt.

(Ma source pour l'espionnage de White et Hiss est l'interrogatoire de la CIA du chef de la Gestapo Heinrich Muller, qui a intercepté les câbles soviétiques de Washington à Moscou. «Chef de la Gestapo», vol III édité par Gregory Douglas pp 162-173. Cela fut plus tard confirmé par le témoignage de la transfuge soviétique Elizabeth Bentley et la libération des matériaux VENONA par les services de renseignements américains.)

## LES SABBATÉENS

Bien qu'Hiss n'était pas Juif, il était un protégé de Felix Frankfurter, juge à la Cour suprême et Juif Sabbatéen. Les Sabbatéens étaient une hérésie juive du 17ème siècle, une secte satanique ayant donné naissance aux Illuminati.

Comptant plus d'un million de membres, ils comprenaient de puissants banquiers comme les Rothschild. Lorsque leur chef Sabbataï Tsevi fit semblant de se convertir à l'Islam (sous la contrainte du Sultan), les Sabbatéens l'imitèrent en infiltrant les autres nationalités et religions. Telle est l'origine de l'assimilation juive (la «Haskala»), d'autant plus efficace parce que la plupart des Juifs étaient sincères. Ainsi, les Rothschild instituèrent le Nazisme pour les récupérer comme leurs pions.

Les Sabbatéens étaient des kabbalistes déterminés à être leur propre Dieu/Messie et à forcer le monde à les adorer. Ils ont fait avancer ce programme par le recrutement, sous la rubrique de la Franc-maçonnerie, des élites non-juives prêtes à trahir leur pays. Le Communisme et le Sionisme sont deux mouvements maçonniques et des instruments Illuminati.

Frankfurter était un «conseiller» à la fois de Woodrow Wilson et de FDR. Les «conseillers» ou «les hommes de confiance» étaient les gestionnaires, les intermédiaires entre les banquiers Illuminati et les politiciens - qui ne sont que des hommes de façade. Un autre agent juif «Soviétique» était le gestionnaire de Lyndon B. Johnson, Abe Fortas, un juge de la Cour suprême, qui dut démissionner à cause d'un scandale de corruption.

Financé par le cartel des banques centrales, l'Ordre des Illuminati contrôle la plupart des organisations et des sociétés d'importance. Mais il opère à bout de bras. FDR et Staline voulaient tous deux du Vice-président Henry Wallace, un autre agent Soviétique, comme successeur à la présidence.

Mais Truman fut installé à la place, probablement parce que les Illuminati voulaient une Guerre Froide. Comme toutes les guerres, la Guerre Froide était un canular conçu pour mieux concentrer le pouvoir et le profit entre les mains des banquiers Illuminati. Les Illuminati ont toujours besoin d'un ennemi extérieur pour détourner l'attention d'eux-mêmes, l'ennemi de l'intérieur.

## LE MODÈLE DE SOCIÉTÉ SECRÈTE

Le monde entier est désormais structuré comme une société secrète kabbalistique. La grande majorité des gens sont dupés en leur faisant croire qu'ils sont libres et poursuivent des objectifs louables. Seuls les «adeptes» comprennent que le véritable but de toutes les tendances sociales, des mouvements et des événements mondiaux est de conditionner les masses pour servir la tyrannie mondiale des banquiers maçonnique.

Dans une déclaration célèbre lors de la Conférence Bilderberg de juin 1991, David Rockefeller a remercié les médias d'avoir permis de faire avancer la souveraineté «supranationale d'une élite intellectuelle et de banquiers mondiaux, qui est certainement préférable à l'autodétermination nationale des siècles passés.»

Bien sûr, «l'élite intellectuelle» n'est vraiment qu'une feuille de vigne pour couvrir la tyrannie des banquiers. Plus précisément des «Prostitués intellectuelles» ils enduisent de sucre le programme du gouvernement mondial dans des platitudes fallacieuses. Comme je l'ai dit, les banquiers veulent traduire leur monopole économique dans un monopole total politique, culturel, spirituel et mental. Les lois contre «la haine» appliquent ce monopole sur la pensée elle-même.

Nous vivons dans une société totalitaire colonisée, déguisée en société libre. Cela devrait être évident par la manière dont ils ont assassiné des Américains en toute impunité. Ils ont assassiné JFK, tués les marins sur l'USS Liberty, et plus tard des milliers d'Américains le 11/09.

Nous vivons dans une société totalitaire essayant d'enlever son masque d'une manière qui fasse paraitre la tyrannie comme normale, naturelle et nécessaire, de sorte que les masses accepteront passivement encore plus de dégradation et de servitude.

# L'Affaire Profumo révèle le contrôle maçonnique

En tant que fan du film Scandale de 1989, j'ai récemment acheté les mémoires de Christine Keeler «*The Truth At Last*» (2001) dans un magasin de livres d'occasion.

Les mémoires de Keeler révèlent le scandale qui a contribué à renverser le gouvernement de Harold Macmillan en 1963 dans le cadre de la conspiration des Illuminati.

Stephen Ward, le mentor de Keeler, était un agent russe, qui faisait partie d'un réseau qui comprenait le conservateur d'art royal Sir Anthony Blunt et Sir Roger Hollis, le Chef du MI-5 (1956-1965). En sa présence, ils ont conspiré pour transmettre des secrets de la défense britanniques à l'URSS. Elle l'avoua à la police et à Lord Denning, mais l'information fut supprimée.

Ceci est une confirmation que le Communisme était une création de la Franc-Maçonnerie Britannique, qui est à son tour un instrument de l'empire bancaire de Rothschild.

L'establishment britannique est pourri par des traîtres si ce mot a encore un sens lorsque la traitrise est la norme. Notre vision du monde des États-nations se faisant la guerre ne reflète pas la réalité.

Les événements historiques et actuels ne sont que du théâtre. Un culte sexuel satanique très soudé contrôle subtilement tous les États et les oppose les uns aux autres au cours d'un jeu rentable et en détournant l'attention par du spectacle. L'objectif proche de s'accomplir : un gouvernement mondial tyrannique.

Les distinctions Gauche-Droite n'ont aucun sens. Keeler a assisté aux rencontres entre le «Communiste» Stephen Ward et le dirigeant «Fasciste» Oswald Mosley. (99)

La seule distinction réelle est entre les hommes qui servent Dieu et ceux qui servent le Diable, et entre les dupes et les damnés.

## STEPHEN WARD

Stephen Ward fut poursuivi pour proxénétisme et Keeler pour prostitution, mais cela ne reflète pas la réalité. Ward (un ostéopathe qui «s'est suicidé» pendant le procès) était un maître espion qui a utilisé l'innocent Keeler pour obtenir des informations à partir d'hommes importants.

John Profumo, 48 ans, marié et père, était le ministre de la guerre, et pressenti pour devenir premier ministre. Pourtant, il a trahi cette grande responsabilité publique et privée en ayant une liaison d'écolier avec une fille de dix-neuf ans. Keeler le décrit comme tout simplement incapable de contrôler sa libido.

Ward fit en sorte que son subordonné Soviétique l'attaché naval Ivanov séduise Keeler afin de compromettre Profumo. Le travail de Stephen Ward était de saper le gouvernement conservateur pour faire place au Parti travailliste d'Harold Wilson. «L'affaire Profumo» a très probablement été mise en scène.

Cela ne me surprendrait pas si le suicide de Ward avait été truqué et s'il avait été transporté dans une datcha russe, pour rejoindre ses collègues Kim Philby et Donald MacLean. Ou bien, il a été assassiné.

En octobre 1962, Keeler entendu Ward dire à Eugene Ivanov, son contact Soviétique : «un homme comme John Kennedy ne sera pas autorisé à rester dans une telle position importante de pouvoir dans le monde, je peux vous l'assurer.» (146)

## LA FÊTARDE

Christine Keeler était une belle adolescente qui se donnait à tout le monde en échange d'une promotion rapide. Elle a couché avec tout le monde de Ringo Starr à George Peppard en passant par le capitaine et les officiers du paquebot *New Amsterdam*. «J'ai eu des relations sexuelles avec le capitaine et les officiers, parce que je le pouvais, parce que j'avais le pouvoir de leur donner envie de moi.» (137)

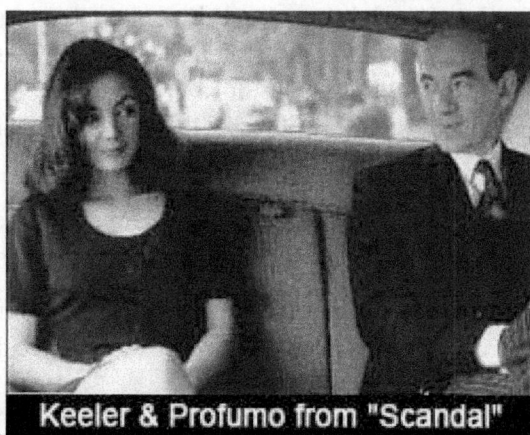

Keeler & Profumo from "Scandal"

Elle est devenue un symbole de la «libération» sexuelle (ou de la dépravation) au début des années 1960, une sirène comme Marilyn Monroe. Mais ce qui fut présenté au public comme un assouplissement de la répression sexuelle n'était tout simplement que la première étape vers quelque chose de plus obscur.

L'élite maçonnique s'adonne à toutes les formes de dépravation sexuelle et a intronisé la société entière à ce qui n'est en fait qu'un culte sexuel païen. C'est une chose de ne pas être prude, c'en est une autre d'avoir du sexe jeté à la figure en permanence.

Au Cercle Cliveden, le siège de la famille Astor et un des centres de la puissance Britannique, Keeler raconte avoir trouvé dans le bois «un cercle de sorcière, la chose véritable, mesurant une dizaine de pieds de diamètre.» (30)

Keeler décrit des orgies :

«Stephen connaissait toutes les poignées de main maçonniques et il a dit que lors de quelques-unes de ces fêtes, les filles ne portaient rien d'autre que des tabliers maçonniques. Elles ne sont vêtues que d'un sporran, riait-il. Certaines de ces femmes ... étaient fortement impliquées dans le sexe sadique et il y avait des séquences de «magie noire» qui étaient vraiment juste une excuse pour participer à des sessions de sexe de groupe. Il y avait des totems phalliques autour de laquelle toutes ces femmes faisaient des courbettes.» (39-40)

La «crème» de l'élite politique Britannique, des milieux d'affaires, de la culture et du milieu judiciaire participaient à ces récréations. Le duc d'Edimbourg (le mari de la reine Elizabeth) est connu pour avoir eu des liaisons et au moins un enfant illégitime. (41)

«Certaines de ces personnes semblait insatiable» a déclaré Keeler. «Ils pouvaient s'y adonner pendant longtemps et y revenir encore et encore. Et après tout cela, ils passaient à une discussion désinvolte au sujet de la politique du gouvernement sur tel ou tel sujet. Voilà la civilisation. Je suppose que ça a commencé avec les Romains.» (43)

«Il y avait toujours une foule chic arrivant dans des Bentley ou des Rolls Royce avec chauffeur. Il me semblait que le fait d'avoir de l'argent vous garantissait la pratique du sexe de groupe aussi souvent que vous le souhaitiez.» (45)

Peut-être la dépendance au sexe et un manque de ce que Matthew Arnold a appelé «une gravité élevée», sont les prérequis de nos dirigeants politiques. Après tout, ils doivent représenter les intérêts du cartel des banques centrales maçonnique, et au cas où ils l'oublieraient, doivent être facilement soumis au chantage.

L'humanité demeurera en difficulté tant que nous serons secrètement gouverné par ces satanistes et leurs sbires.

# Che! L'étreinte fatale de l'Occident et du Communisme

Les Américains ne peuvent pas s'attendre à éviter la destruction tant qu'ils embrasseront le Communisme sous tous ses déguisements multiples.

Une nouvelle biographie filmée d'une durée de quatre heures 17 minutes sur l'agent du Kominterm Soviétique et terroriste Che Guevara, est symptomatique du problème.

Benicio Del Toro in Steven Soderbergh's "Che"

Plutôt que de faire des films sur des héros américains authentiques, Hollywood célèbre les personnes se consacrant à la disparition de la Civilisation Occidentale.

Le critique de cinéma Mick LaSalle du *San Francisco Chronicle* ne comprend pas pourquoi le réalisateur Steven Soderbergh a fait le film :

«Si Soderbergh faisait une épopée d'idole vénérées comme George Washington ou Abraham Lincoln – des héros véritables ayant produit des retombées positives et tangibles - les gens se rirait du traitement naïf. Au lieu de présenter Guevara comme un héros, Soderbergh suppose simplement que nous soyons tous d'accord. Le film est la version sous forme de guérilla Communiste du calvaire de la Croix, dans laquelle on voit Guevara à divers stades, endurant des difficultés diverses. L'invitation est de ne pas penser, mais d'admirer, et peut-être d'adorer.»

Ce n'est pas la première fois qu'Hollywood présente ce tueur impitoyable comme un saint. En 1969, Omar Sharif a joué «le rebelle le plus controversé de notre époque» avec Jack Palance dans le rôle de Castro. Puis, il y eut «The Motorcycle Diaries» en 2004 et au moins une demi-douzaine de films de télévision.

Les Communistes dépeignent toujours leur désir dément de domination du monde sous la forme d'un service rendu aux pauvres. Étonnamment, beaucoup d'imbéciles mordent à l'hameçon. Mais, pourquoi ces dupes comprennent-elles l'establishment médiatique des États-Unis?

## PORUQUOI LES MÉDIAS (ET LE SYSTÈME ÉDUCATIF) TRAITE LE COMMUNISME AVEC DOUCEUR

Les médias de masse des États-Unis (et la plupart des entreprises) sont contrôlés par le cartel des banques centrales, à savoir les Rothschild, Warburg, Rockefeller, etc. Ce sont les mêmes personnes qui ont parrainé le Communisme.

Le principe de base derrière tous les événements mondiaux est leur plan pour traduire leur monopole sur le crédit du gouvernement en un monopole du pouvoir, sur les affaires, la culture et la religion, soit le Communisme. Ces banquiers utilisent la dialectique hégélienne pour atteindre leur fin. Ils ont créé à la fois le Capitalisme et le Communisme comme thèse et antithèse. Leur objectif est une synthèse, en combinant la tyrannie politique et culturelle du Communisme avec l'apparence du libre marché capitaliste. La Chine pourrait être le modèle final du Nouvel Ordre Mondial.

En 1953, le Président de la Fondation Ford, H. Rowan Gaither déclara au chercheur du Congrès Norman Dodd que ses instructions étaient d'utiliser «notre prise de pouvoir subventionnée afin de modifier la vie aux États-Unis afin qu'ils puissent être confortablement fusionnés avec l'Union Soviétique.»

C'est pourquoi le terme «politiquement correct» issu du Parti Communiste fait désormais partie de notre vocabulaire. C'est pourquoi les médias de l'élite et les fondations promeuvent le féminisme, l'homosexualité, la pornographie et la promiscuité afin de déstabiliser la société.

C'est pourquoi ils parrainent la «diversité» afin de saper l'identité américaine. C'est pourquoi le système d'éducation est consacré à l'endoctrinement gauchiste, et les conservateurs en ont été chassés. C'est pourquoi les industries culturelles sont dédiés au sexe, à la violence, à l'aliénation, à la déviance et à l'occulte. Nous ne saurons jamais ce que nous avons manquée comme œuvres culturelles stimulant notre sens de qui nous sommes et où nous devrions aller.

Eustace Mullins a raconté cette histoire : Au début de sa carrière, un éditeur de New York (qui sont tous contrôlés par les banquiers) a dit à son agent qu'il est dommage que Mullins ait décidé d'aller à leur encontre. Regardez le succès qu'ils ont ménagé pour ces talents de «lycée» comme Hemingway, Steinbeck et Faulkner. Malheureusement, Mullins restera consigné dans le désert.

Rupert Murdoch, dont les opérations médias sont subventionnées par les Rothschild, a déclaré au début de 2009, «Nous sommes au milieu d'une phase de l'histoire au cours de laquelle les nations seront redéfinies et leur avenir fondamentalement modifié.»

De telles anecdotes confirment que nous sommes dépossédés et préparés pour la servitude. Notre culture et la plupart de nos hypothèses sur le monde, sont contrôlées par les banquiers centraux.

## GUEVARA, CASTRO ET LA RÉVOLUTION CUBAINE

Fidel Castro est arrivé au pouvoir à Cuba avec l'aide secrète de préposés du Nouvel Ordre Mondial du département d'État américain et des médias. Ils ont coupé les ventes d'armes à Batista tout en permettant en même temps d'en fournir à Castro, en partie par des sous-marins russes. Ceci indiqua à l'armée cubaine de quel côté le vent soufflait et ils firent doucement défection.

Telle est la conclusion de Nataniel Weyl dans son ouvrage *Red Star Over Cuba* (1962, p.152) Weyl était un Communiste dans les années 1930 qui connaissait les plus hauts dirigeants du Parti Communiste cubain. En fait, il a travaillé pour les banquiers centraux à un moment donné, en tant que chef de la recherche Latino-Américaine pour le Système de Réserve fédéral. Il est l'un des nombreux juifs qui ont désigné le Communisme comme une ruse dangereuse et a consacré sa vie à dénoncer la subversion du Kominterm en Amérique Latine.

Ernesto Guevara et Fidel Castro ont tous deux été formés comme agents Soviétiques pendant leur adolescence. Guevara, un Argentin, faisait la liaison entre le réseau d'espionnage Soviétique et les forces de Castro qui se déguisaient comme une force autochtone. En fait, ils étaient largement financés et fournis par l'Union Soviétique.

«L'arme secrète de Fidel était l'argent – d'incroyables millions de dollars, avec lesquels il achetait les «victoires». Il a acheté des régiments entiers d'officiers de Batista et, à une occasion, acheta pour 650 000 $ en espèce un train entier blindé, avec des chars, des fusils, des munitions, des jeeps et 500 hommes.» (p.141)

«Les forces [Castro] cubaines n'ont jamais remportées une victoire militaire elles-mêmes» a déclaré plus tard l'ambassadeur américain Earl Smith. La raison fondamentale de la défaite de l'armée de Batista, c'est que l'intervention américaine secrète leur avait brisé le moral. (152)

La Franc-maçonnerie dominée par Rothschild fut aussi un facteur. Le Communisme est un ordre maçonnique, et Castro et Guevara étaient tous deux Francs-maçons. (Parmi les autres francs-maçons figuraient Staline, Trotski, Lénine et la plupart des présidents US y compris Barack Obama). La Franc-maçonnerie est importante à Cuba : elle y a un bâtiment de 15 étages pour son quartier général de la Grande Loge de Cuba à La Havane.

## GUEVARA LE MEURTRIER DE MASSE

Selon Humberto Fantova auteur de «*Che! Le Tyran préféré d'Hollywood*» Guevara a été complice dans l'exécution de 10 000 Cubains après la révolution : il était «un bourreau assoiffé de sang, un gaffeur militaire, un lâche, et un hypocrite... il n'est pas exagéré d'affirmer que le Che... était le parrain du terrorisme moderne. Et pourtant les adeptes du Che avalent naïvement le révisionnisme historique de Castro. Ils sont les «idiots utiles» classiques le nom que Staline donnait aux Occidentaux insensés qui répétaient ses mensonges comme des perroquets... »

Nat Hentoff a rencontré le Che à l'Organisation des Nations Unies et a demandé à cet «idéaliste» - «Pouvez-vous concevoir – ne serait-ce que dans un lointain futur - un temps où il y aura des élections libres à Cuba ?»

«Sans attendre l'intervention de son interprète, Guevara éclata de rire à ma question naïvement ignorante. Il précisa que je ne comprenais pas la véritable révolution d'un peuple, fermement guidé par le grand Chef Castro.»

Si les communistes cubains ont été parrainés par les banquiers centraux, comment pouvons-nous analyser le débarquement secret de la baie des Cochons de la CIA? Cet échec a probablement été conçu pour rehausser l'image de Castro et renforcer la dialectique hégélienne. Si les États-Unis ont pu aller au Vietnam «pour sauver la démocratie», ils auraient pu ouvertement envahir Cuba. La débâcle a ouvert la voie à la crise des missiles et à l'assassinat de Kennedy, tout cela étant alors à l'ordre du jour.

Comment pouvons-nous analyser le meurtre de Guevara par la CIA? Il avait joué son rôle et valait plus mort que vif. Son image est placardée partout à Cuba.

## CONCLUSION

Les Rothschild et Rockefeller doivent rire sous cape devant les jeunes rebelles qui traitent Che Guevara comme un symbole de la justice sociale et de l'égalité. En fait, le Communisme est l'image miroir de l'Impérialisme Occidental, tous deux profitant aux mêmes personnes.

Le Communisme est dédié à la concentration de toutes les richesses entre les mains des banquiers centraux. En théorie, la richesse est «publique», mais en fait, les banquiers et leurs sbires possèdent et contrôlent l'État.

Guevara a aidé à établir un régime Communiste qui est peut être un signe avant-coureur de l'Amérique d'Obama. Oui, les gens sont tous égaux – mais vivent dans une pauvreté abjecte. Oui, ils ont la gratuité des soins de santé et l'éducation, mais l'éducation n'est que de l'endoctrinement et les gens ne peuvent pas peiner pour rien s'ils sont malades. Leurs médecins sont payés 20$ par mois. Les gens reçoivent des platitudes pour tout salaire.

Essentiellement, vous avez une île prospère (huile, sucre, nickel, tabac, café) avec une importante main-d'œuvre qui travaille pour un salaire de misère. Toute la richesse semble couler vers la nomenclature Communiste et leurs commanditaires. La police secrète est partout et personne ne peut dire un mot contre le régime.

Herberto Padilla, un poète qui a été torturé pour «déviationnisme», a déclaré après son évasion : «J'ai vécu dans des laboratoires d'expérimentation sociale effrayants, des espaces aux parois en forme de tubes à essai, où la même expérience se terminait toujours par le même résultat : la tyrannie. J'ai appris la valeur de la liberté.» («*And the Russian Stayed*», Carbonell, p. 295)

C'est vers là que nous nous dirigeons lorsque nous tolérons un gouvernement plein de menteurs (Communistes) au service du Nouvel Ordre Mondial et les médias de masse vénérant leurs agents sans scrupules.

Replacés un contexte historique plus large, la richesse et les privilèges dont jouissent les masses en Occident ont été l'exception et non la règle. Nous pourrions progressivement être ramené à la norme.

# Les Talibans travaillent-ils toujours pour la CIA?

Alors que le président Obama a décidé d'envoyer plus de troupes en Afghanistan, il existe des preuves croissantes que les Talibans sont soutenus par la CIA. Si cela est correct, la guerre en Afghanistan est une mascarade au service d'un ordre du jour caché.

Tout d'abord, nous disposons de nombreux rapports précisant que des hélicoptères banalisés transportent les Talibans à des endroits ciblés et les abandonnent une fois acculés. (Voir sur Google : IWPR «Les rumeurs concernant les hélicoptères ne s'atténuent pas.»)

«Juste au moment où la police et l'armée avaient réussi à entourer les Talibans dans un village du district de Qala-e-Zaal, nous avons vu des hélicoptères atterrir avec des équipes de soutien» raconte un soldat Afghan. «Ils ont réussi à sauver leurs amis de notre encerclement, et même à infliger une défaite à l'armée nationale afghane.»

Cette histoire, sous une forme ou une autre, se répète dans tout le nord de l'Afghanistan. Des dizaines de personnes affirment avoir vu des combattants Talibans débarquer d'hélicoptères étrangers dans plusieurs provinces.

«J'ai vu les hélicoptères de mes propres yeux», a déclaré Sayed Rafiq de Baghlan-e-Markazi.

«Ils ont atterri à proximité des contreforts et des dizaines de Talibans avec des turbans ont débarqué, enveloppés dans des Patus» (un type de couverture en forme de châle.)

«Notre combat contre les talibans est une absurdité», a déclaré le premier soldat. Nos «amis» étrangers sont encore plus amis avec nos opposants.»

## LES BASES AÉRIENNES DE LA CIA AU PAKISTAN

En février dernier, il y avait des rapports faisant état de bases aériennes de la CIA au Pakistan utilisées pour les drones. Si cela est vrai, les Pakistanais sont attaqués par des drones basés dans leur propre pays. De toute évidence, les hélicoptères des Talibans pourraient également provenir de ces bases de la CIA.

En mai, le président pakistanais Asif Ali Zardari, a déclaré à NBC News que la CIA et les services de renseignement pakistanais ISI (financés par les États-Unis) ont créé les Talibans.» Zardari a dit que la CIA et l'ISI soutiennent encore les Talibans.

Le 29 octobre 2009, Hillary Clinton a rendu furieux les responsables pakistanais en disant qu'elle trouvait «difficile à croire» que l'ISI ne savait pas où Al-Qaïda se cachait.

Son rôle est de maintenir la fiction selon laquelle Al-Qaïda et les Talibans ne sont pas des créations de la CIA. (CBS News.com)

Juste la veille, (le 18 octobre) quatre citoyens américains avaient été capturés en train de photographier des bâtiments sensibles à Islamabad. Tous les quatre étaient habillés dans des tenues afghanes traditionnelles et ont été trouvés en possession d'armes illégales et d'explosifs.

Leurs véhicules contenaient 2 fusils M-16A1, 2 armes de poing et 2 grenades à main. La police a tenu les citoyens américains en garde à vue pendant une heure avant que le ministère de l'Intérieur intervienne et les fasse libérer sans inculpation alors même que l'enquête préliminaire avait été effectuée.

La CIA pourrait être impliqué dans les récentes attaques des «Talibans» contre les institutions pakistanaises. Qui sait? Dans certains cas, les «Talibans» Afghans pourraient s'avérer n'être que des mercenaires de la CIA.

En février 2008, les Britanniques furent pris en train de planifier un camp d'entraînement pour les Talibans dans le sud de l'Afghanistan soi-disant pour les faire «changer de camp». Karzaï a expulsé deux importants diplomates britanniques. (Independent. co.uk)

## LE PROGRAMME CACHÉ

Toutes les guerres sont des mascarades. Cela est vrai des deux guerres mondiales, de la Guerre Froide, de la Corée, du Vietnam, du 11/09 et de la guerre actuelle contre le terrorisme. La race humaine est prise dans un hologramme contrôlé par les banquiers centraux Illuminati Rothschild.

Je ne suis pas un expert de la politique du sous-continent asiatique. Mais il semble que la guerre en Afghanistan doive être considérée dans un contexte régional plus vaste. Zbigniew Brzezinski s'est fait l'avocat d'une «zone globale de violence», comprenant l'Asie centrale, la Turquie, la Russie méridionale, et les frontières occidentales de la Chine. Il a également inclus l'ensemble du Moyen-Orient, le golfe Persique (Iran), l'Afghanistan et le Pakistan.

Le plan visant à déstabiliser cette vaste région a été décrit dans le livre de Brzezinski, «*Le Grand Échiquier*» (1997). Apparemment, le but était d'empêcher la Russie de redevenir une puissance impériale. Mais cela n'a pas de sens.

Qu'est-ce que ces pays ont en commun? Ils sont musulmans. L'Islam est le dernier bastion de la foi en Dieu. Les Illuminati sont des Satanistes. Additionnez deux plus deux...

La guerre en Afghanistan présente des «avantages» immédiats aux yeux des banquiers : la guerre perpétuelle, les dépenses d'armement, la drogue, les pipelines, etc. Mais elle fait partie d'une plus grand «guerre des civilisations» destinée à dresser les Chrétiens contre les Musulmans, ainsi qu'à dégrader et détruire l'Islam. Attendez-vous à ce qu'elle se développe et dure éternellement.

-----

Dernières nouvelles! «Les talibans utilisent des munitions en provenance des Etats-Unis» http://www.presstv.com/detail.aspx?id=110932&ionid=351020403

L'armée américaine finance la sécurité des Talibans http://www.guardian.co.uk/world/2009/nov/13/us-trucks-security-taliban

Dans un article en rapport, citant d'anciens et actuels responsables américains, le *New York Times* a rapporté le 28 octobre 2009 que le frère du Président Afghan Hamid Karzaï recevait des paiements réguliers de la Central Intelligence Agency.

«Ahmed Wali Karzaï est un acteur présumé dans le commerce d'opium en Afghanistan et a été payé par la CIA au cours des huit dernières années pour des services qui inclus l'aide au recrutement d'une force Afghane paramilitaire qui opère sous la direction de la CIA dans et autour de la ville méridionale de Kandahar» a rapporté le journal.

-----

Et ne l'oublions pas - venant du *The New Yorker*, (21/1/02)

14 au 25 novembre 2001 : Les États-Unis autorisent secrètement le transport aérien des combattants pakistanais et des Talibans

À la demande du gouvernement pakistanais, les États-Unis autorisent secrètement des vols de sauvetage depuis le siège par les Talibans de Kunduz, dans le nord de l'Afghanistan, pour sauver les Pakistanais qui luttent pour les Talibans (et contre les forces américaines) afin de les ramener au Pakistan.

# LIVRE CINQUIÈME

# Le Féminisme, l'Homosexualité et Comment Fonctionne L'Hétérosexualité

# Le Féminisme et «La Fabrication d'un Esclave»

Lorsqu'un lecteur m'a suggérer de me pencher sur un discours prononcé par un propriétaire d'esclaves en 1712, intitulé «La Fabrication d'un Esclave» j'ai décidé de comparer le passé et le présent et ai découvert que les méthodes d'asservissement passées ressemblent à l'ingénierie sociale féministe moderne.

Willie Lynch, le propriétaire Britannique d'une plantation d'esclaves, avait été invité dans la colonie de Virginie en 1712 pour enseigner ses méthodes aux propriétaires d'esclaves de là-bas.

Il conseilla aux propriétaires d'esclaves de favoriser la division, «la peur, l'envie et la méfiance, tout cela afin de mieux contrôler.» De monter les jeunes contre les vieux, les peaux claires contre les peaux foncées et plus important encore, les hommes contre les femmes.

Dans une section intitulée «Le processus pour briser la femme africaine» il plaidait pour le déplacement de sa dépendance envers l'homme africain vers celle à l'égard du propriétaire d'esclave. Cet objectif est atteint en frappant et en humiliant l'homme devant la femme. Puis, en battant la femme si elle ne reçoit pas le message. Cela instille une sorte de frigidité.

«Nous avons inversé la nature en brûlant et en tirant sur un nègre civilisée, et en le fouettant à mort, tout cela en sa présence. En la laissant seule, sans protection, ayant détruit l'image masculine, l'épreuve la force à passer de son état de dépendance psychologique à un état glacial d'indépendance. Dans cet état psychologique glacé de l'indépendance, elle élèvera sa progéniture homme et femme dans des rôles inversés.»

«Par peur pour la vie du jeune homme, elle le formera psychologiquement pour être mentalement faible et dépendant, mais fort physiquement. Comme elle est devenue psychologiquement indépendante, elle formera ses filles à être psychologiquement indépendantes. Qu'est-ce qui en résulte? Vous avez la femme nègre mise en avant et l'homme nègre en arrière et effrayé. C'est une situation économiquement saine.»

Elle apprendra à ses filles à «être comme elle, indépendante et flexible (... nous utiliserons sa flexibilité à volonté). Elle élèvera «ses fils pour être mentalement dépendant et faible, mais fort physiquement, en d'autres termes le corps surpassant l'esprit.»

«Nous les ferons s'accoupler et se reproduire entre eux et continuer le cycle. C'est la bonne planification à long terme.»

Cela vous semble familier? Nous reconnaissons ces modèles dans la communauté noire des États-Unis, et, grâce à l'agenda caché du féminisme, de plus en plus chez les blancs.

Le mâle est humilié et émasculé, et la femme devient dépendante du propriétaire d'esclave, soit le banquier dominant le gouvernement et les entreprises.

## ÉVITER TOUTE PRISE DE CONSCIENCE

«Willie Lynch» commence à parler comme l'auteur kabbaliste des«*Protocoles des Sages de Sion*.»

«En inversant les positions des sauvages hommes et femmes, nous avons créé un cycle qui tourne en orbite autour de son axe pour toujours...» Mais «nos experts» nous ont averti du danger que l'esprit peut se corriger «s'il parvient à se connecter à certaine base historiques substantielle.»

Ils nous ont conseillé de «raser l'histoire mentale de la brute et de créer une multiplicité de phénomènes d'illusions, de sorte que chaque illusion tournoie dans sa propre orbite, parfois semblable à des boules flottant dans le vide.»

Je n'ai jamais entendu notre société mieux décrite. Notre identité collective (race, religion, nation et famille) est systématiquement effacée et remplacée par des fantasmes hollywoodiens.

G. Brock Chisholm, psychiatre et co-fondateur de la Fédération Mondiale de la Santé Mentale, a écrit :

«Pour atteindre un gouvernement mondial, il est nécessaire de retirer de l'esprit des hommes leur individualisme, la loyauté envers les traditions familiales, le patriotisme national et les dogmes religieux... »

Lynch poursuit en faisant la promotion du métissage de sorte que les esclaves acquièrent les différentes nuances de couleurs qui conviennent à différents niveaux de travail» et «différentes valeurs d'illusion à chaque niveau connecté du travail.»

«Métisser les nègres signifie de prendre une certaine quantité de bon sang blanc et de la répartir chez autant de femmes nègres que possible, en variant les doses dans les tons différents que vous souhaitez, puis de les laisser se reproduire les uns avec les autres jusqu'à ce qu'un autre cycle de couleur apparaisse comme vous le souhaitez.» (Diviser pour mieux régner)

Sur un mode Orwellien, Lynch conclut en soulignant l'importance de créer un nouveau langage qui sied aux esclaves. «Nous devons complètement anéantir la langue maternelle du nouveau nègre...»

Ressemblant à nouveau à un kabbaliste, il déclare «la langue est une institution particulière. Elle remonte au cœur d'un peuple. Plus un étranger connaît la langue d'un pays, plus il est capable de se déplacer dans tous les niveaux de cette société. Par conséquent, si l'étranger est un ennemi, le pays est vulnérable à une attaque ou à l'invasion d'une culture étrangère.»

Par exemple, l'esclave devait apprendre le terme signifiant «plume de porc», mais jamais le mot «maison».

# CONCLUSION

Certaines personnes pensent que ce discours est apocryphe. La langue a évidemment été modernisée. Est-ce que le terme «nègre» était utilisé en 1712? Toutefois, les Noirs semblent penser que le discours est authentique. Il est présent sur de nombreux sites internet pour les Noirs.

Le fait est que nous sommes socialement conçu pour être des esclaves en grande partie de la même manière que les Noirs, et probablement par les mêmes personnes.

La femme moderne a été «gelé psychologiquement» et dépend maintenant du propriétaire d'esclave (le gouvernement, les entreprises) pour sa sécurité. Le mâle moderne est émasculé, fort dans son corps, mais faible dans son esprit, heureux d'être autorisé à servir un maître, dont l'agent est souvent une femme.

------

## COMMENTAIRES D'UN LECTEUR :

GARETH EN AFRIQUE DU SUD : Je suis un homme «de couleur» d'Afrique du Sud et mes ancêtres proviennent aussi de l'histoire de l'esclavage et du colonialisme. Nôtre condition est le meilleur exemple de cette stratégie de division en nous dressant les uns contre les autres sous le prétexte de la couleur de peau, ou du sexe.

Je suis votre site depuis quelques mois et je reconnais qu'«ils» essayent essentiellement de faire avec les Blancs ce qui a été fait pour nous à travers l'esclavage. Je vois beaucoup d'hommes blancs déçus par les femmes blanches à cause des effets du féminisme, se joindre à des femmes de couleur. Peut-être parce qu'ils ont l'impression de trouver un vieux modèle de femme traditionnelle. Ce qu'ils ne savent pas, c'est qu'ils obtiennent le même type de femme «psychologiquement glaciale» et «indépendante et flexible». La femme de couleur opte pour les hommes blancs, à cause de sa dépendance psychologique envers le «propriétaire d'esclaves» et l'inefficacité des hommes de couleur.

D'après ce que j'ai lu, la même chose se passe en Amérique avec les femmes américaines africaines et les hommes blancs. Je crois que l'objectif dans la création de cette union interraciale est de détruire la langue et la culture parce que la progéniture de la femme de couleur adoptera la culture et les coutumes du mâle blanc et oubliera la sienne. C'est de cette manière que nombre de cultures autochtones (y compris la mienne) ont été dilués dans le monde entier, par le viol/mariage des hommes coloniaux avec des femmes autochtones après que leurs propres hommes autochtones aient été rendus inoffensifs.

Juste pour vous donner un aperçu de notre situation de gens «de couleur» ici en Afrique du Sud. Nous sommes essentiellement le résultat d'un mélange entre les hommes coloniaux et les femmes autochtones ainsi que les esclaves importées d'Asie et d'autres parties de l'Afrique.

Ces méthodes «de Lynch» ont été très employées sur nous. Le résultat de tout cela est que nous sommes une «nation» sans identité culturelle (en raison de notre vaste mélange), sans aucun point d'appui socio-économique ou politique. Nous sommes comme une pute politique qui passe de mains en mains, plaçant notre confiance en tout le monde, sauf en nous-mêmes.

Je soupçonne que c'est ce que les Illuminati ont en réserve pour tout le monde. La destruction de la culture, de la race et de la religion comme vous l'avez souligné dans vos articles. Mais nôtre situation est un exemple classique si vous voulez l'étudier et en avoir une vision privilégiée. De grands progrès sont réalisés et nous sommes même positifs quant à notre avenir. Nombreux sont ceux qui redécouvrent leur ancienne identité culturelle.

# Les hommes sont mis plus bas que terre

La famille de Brian était la dernière que je m'attendais à voir se briser. Lui et sa femme ont six enfants âgés de 7 à 18 ans et sont militants dans le mouvement pro-vie. Ils avaient été mariés 24 ans.

Brian, 46 ans, beau et échevelé, était charpentier. Il avait quitté les études supérieures en planification urbaine parce qu'il ne pouvait pas supporter les politiques ministérielles.

Brian est une personne très rare. Il est authentique. En avril, il a arrêté un homme en train de battre sauvagement une femme sur une route du centre-ville. Des centaines de passants s'étaient attroupés en riant.

Récemment, je suis tombé sur Brian, et j'ai appris pourquoi lui et Nancy s'était éloigné. Il semble que Brian ait eu une sorte de crise de la quarantaine. Il était tombé dans une dépression et ne pouvait pas travailler. Peut-être le stress de l'exploitation d'une petite entreprise pendant 20 ans l'avait rattrapé.

«Plusieurs fois, c'était, si vous n'avez pas de job, vous ne mangez pas» a-t-il dit. Après cinq mois de dépression, Nancy a secrètement obtenu une ordonnance d'interdiction et un mois plus tard, elle lui a ordonné de quitter la maison.

Elle lui a avoué qu'elle ne pouvait plus supporter sa dépression. Elle a déclaré à la police qu'elle avait «peur de son caractère.»

Alors qu'il attendait dans la voiture de police menottes aux poignets comme un vulgaire voleur, un flic lui a dit qu'il devrait être reconnaissant. Elle aurait pu faussement l'accuser de voies de fait et le faire mettre en prison.

En 24 ans de mariage, Brian n'a jamais frappé Nancy. Bien sûr, il faisait preuve de tempérament et élevait parfois la voix. Elle aussi. Cela fait partie de la vie familiale. Nancy était «son meilleur ami.»

Brian a pardonné à Nancy et lui trouve des excuses. Les causes ont dû être multiples. Par exemple, ils avaient reçu des menaces de mort pour son mépris d'une bande de motards locaux.

Mais le facteur le plus important était une voisine qui venait de se séparer, et avait rempli la tête de Nancy avec le dogme féministe. Nancy lui a dit : «Je parie que tu n'avais jamais pensé que la petite Nancy puisse devenir une femme forte et indépendante.»

Brian avait toujours consulté Nancy, mais elle n'a jamais fait montre de beaucoup d'intérêt dans la prise de décision. Maintenant, elle fait semblant d'apprécier «de porter le pantalon». Il s'aperçoit qu'elle est devenue amère et aigrie.

Au tribunal, les criminels sont mieux traités que Brian ne l'a été pour «faire preuve de tempérament.» Comme mari et père, il a été considéré comme un ennemi de la société. Il a perdu les fruits des efforts de toute une vie : ses enfants et sa maison.

«C'était déjà joué» a dit Brian. «Les avocats et le juge n'en avaient rien à foutre. Mon avocat m'a dit que la justice n'était juste qu'un mot.»

On lui laissa quelques outils, des vêtements et des livres. Les larmes vinrent aux yeux de Brian lorsqu'il déclara au juge : «Tout ce que je voulais, c'était d'être un chevalier en armure étincelante. Au lieu de cela, je suis considéré comme Satan lui-même.»

De retour dans son appartement, il pleura sur la perte de ses enfants : «Les vannes vraiment ouvertes». Pendant l'année scolaire, Brian s'occupait des enfants plus que Nancy, qui était une institutrice.

«Réveiller mes enfants le matin me manque, même quand ils sont de mauvaise humeur», m'a-t-il dit.

La trahison de Nancy a fait sortir Brian de sa dépression. Il voit toujours ses enfants, qui semblent gérer la crise. Il a trouvé du travail, fait des rencontres amoureuses et tente de reprendre sa vie en main.

La nouveauté d'être une «femme indépendante» commence à s'estomper pour Nancy. Elle est débordée par son travail et ses responsabilités parentales, et les enfants disent qu'elle est toujours en train de crier.

# La «Journée de la Femme» – Le vieux truc de propagande Soviétique

La Journée Internationale des Femmes (mardi, 9 mars) est un gadget éculé de propagande Communiste. Que faut-il dire comprendre lorsqu'un jour férié Soviétique est inscrit dans notre culture dominante? De toute évidence, le communisme n'est pas mort, il s'est juste transformé en d'autres formes comme celle-ci.

Cela vient confirmer la célèbre revendication de Norman Dodd selon laquelle le Président de la Fondation Ford Rowan Gaither lui avait dit, en 1954, que l'ordre du jour était de «transformer socialement » la vie des États-Unis afin qu'«ils puissent être confortablement fusionnés avec l'Union Soviétique» dans le cadre d'un gouvernement mondial contrôlé par les banquiers.

### CÉLÉBRER LES FEMMES

La «Journée de la Femme» fait semblant de célébrer les femmes, mais une affiche près de chez moi à Winnipeg en 2008 montrait une musaraigne vilaine et hargneuse brandissant un marteau. Elle avait l'air possédée par le démon. La légende dit : «Si seulement j'avais un marteau...»

Elle ferait quoi? Frapper les hommes sur la tête? Abattre la société? Écraser les femmes qui veulent un mari et des enfants?

Ce n'est pas très loin. Sous l'avis de danse, l'affiche disait effectivement : «Venez écraser le patriarcat à minuit!»

Les femmes qui participent à la marche sont invitées à apporter «vos casques, ceintures à outils, gilets de sécurité et des idées pour le changement.» Typiquement les Communistes célèbrent les femmes en les redéfinissant hors de leur existence, à savoir comme des menuisiers.

Grâce à son substitut féministe, les Communistes ont dépouillé les femmes d'une identité sûre et socialement honorée en tant qu'épouses et mères, et en ont fait des travailleuses et des marchandises sexuelles, otages de l'économie et des ravages de l'âge.

Évidemment cet événement ne se propose pas de reconnaître les femmes pour leur grâce, la beauté, le charme et l'intelligence. Il s'agit de cultiver un faux sentiment de rancune et de droits à acquérir afin de mieux les manipuler.

Ils ont utilisé la même tactique avec les Juifs, les Noirs et les Ouvriers et exploité ces groupes pour servir leurs fins. Le but ultime est de concentrer toute la richesse et la puissance entre les mains du cartel bancaire central Illuminati (maçonnique) qui colo-

## LES «IDIOTES UTILES»

La Journée Internationale de la Femme est de la haine contre les femmes et la société perpétrée par l'establishment des banquiers coloniaux traîtres, qui comprennent la plupart des «féministes» des politiciens, des éducateurs et des médias. Les femmes qui y participent sont des dupes et des «idiotes utiles».

Il s'agit d'un vestige du mouvement Communiste du «front populaire» d'abord organisé dans les années 1930 pour prendre au piège les gens naïf en se servant de platitudes idéalistes comme «l'égalité», la «paix» et les «droits humains». Ces ploucs ne savaient pas que ces mouvements étaient financés et gérés par Moscou. L'objectif était d'aliéner l'Intelligentsia de leur propre société et de les soumettre à l'ordre du jour Communiste, avec pour finalité le «gouvernement mondial». Cela semble avoir largement réussi. (Voir l'ouvrage de 1993 «*Doubles Vies*» de Stephen Koch)

1932 Soviet Poster which reads: 8th of March is the day of the rebellion of the working women against the kitchen slavery. " Say NO to the oppression and Babbittry of the household work!"
Source: plakaty.ru

La méthode Communiste est de diviser pour mieux régner. La Journée Internationale des Femmes a été inaugurée en 1910 à Copenhague par «L'Internationale Socialiste» (c'est à dire les Communistes) pour promouvoir «les droits des femmes.»

Voici un Manifeste pour la Journée Internationale de la Femme publié en allemand «Die Kommunistin» 2 mars 1921 :

«A toutes les femmes qui travaillent! Vous qui formulez des demandes et dont les luttes se comptent en millions... Dans tous les pays où la flambée des déshérités va de l'avant sous le signe du Communisme contre le pouvoir exploitant et asservissant du capitalisme. Lors de la Journée Internationale de la Femme, les mères pleines de douleur, les femmes au foyer penchées avec inquiétude, les femmes épuisées qui travaillent, les travailleuses de bureau, les enseignantes et les petites propriétaires se joignent toutes ensembles.» («*Weimar Republic Sourcebook*», 1995)

## «PROPAGANDE D'AGITATION»

La Journée de la Femme est conçue pour que les femmes se sentent opprimées. Par exemple, une page de «faits rattachés au genre sexuel» leur explique que «les femmes font 2/3 du travail dans le monde, mais n'obtiennent seulement que 10% des revenus.» Ainsi, les femmes occidentales, la génération la plus favorisée de l'histoire, sont insidieusement présentées comme des victimes.

Les femmes subissent un lavage de cerveau les conduisant à penser que leurs intérêts sont séparés de ceux de leurs propres pères, maris, frères et fils.

Des milliers de manifestations sont prévues à travers le monde. Par exemple, à l'Église Unitarienne de Londres en Ontario. Une organisation pour les femmes et les filles d'Afghanistan «honorera et célébrera nos femmes de la région avec de la musique, des chants, de la danse, et des rafraîchissements. Toutes les femmes et les filles sont les bienvenues. Événement gratuit!» Ça ressemble à du rabattage lesbien à mes yeux.

À San Francisco, il y aura un cocktail et un film pour mettre en évidence le sort des femmes de la bande de Gaza. Qu'en est-il des hommes et des garçons d'Afghanistan et de Gaza? Ne comptent-ils pas? Au nom de l'égalité, ces dupes Communistes pratiquent l'inégalité. En brisant des familles, ils laisseront les femmes musulmanes et les filles plus vulnérables que jamais.

## CONCLUSION

Le fait que la propagande d'agitation d'inspiration Communiste fasse partie de la culture dominante est un exemple de la façon dont la société a été pervertie. La plupart des gens ne sont pas socialistes, et encore moins Communistes.

Tant que la clique secrète des Illuminati (les Communistes, les Sionistes, les Francs-maçons) est autorisée à contrôler le crédit du gouvernement, à subvertir les nations et à comploter pour former un gouvernement mondial, la société est complice de sa propre destruction. Nous n'avons personne d'autre à blâmer que nous-mêmes.

# Le fusil sur la tempe? La libération sexuelle et le Satanisme

Le coup est parti dans un pop et un flash. Il y eut un moment de silence avant que Bruce Lavalee-Davidson, 50 ans, déclare : «Je pense que je l'ai tué.»

«Lui» était Fred Wilson, 50 ans, sa tête éclatée en morceaux.

Bruce Lavalee-Davidson s'adressait à James Pombriant, 65 ans, qui montait Fred Wilson par derrière. Ils étaient engagés dans orgie de sexe gay de 12 heures dans le sous-sol du donjon sexuel de la maison coloniale de Wilson à Portland, dans le Maine.

Ça n'est pas le Secret de Brokeback Mountain par ici. C'est le vrai visage de l'amour du mariage homosexuel et, et non pas la façade à l'eau de rose dont nous abreuvent les ingénieurs sociaux libéraux.

Lavallee-Davidson jouait à la roulette russe avec un pistolet chargé pour accroître l'excitation sexuelle de Wilson. Parce que beaucoup de gays ont neutralisés leurs capacités sexuelles par une utilisation excessive, ils doivent recourir à des méthodes extrêmes pour être excités. Ces «hommes» utilisaient des jouets sexuels, fumaient de la marijuana, consommaient de la drogue de fête GBL, et inhalaient des aérosols.

Le 13 janvier 2010, Lavalee-Davidson a été reconnu coupable d'homicide involontaire et faisait face à un minimum de quatre ans et un maximum de 30 ans de prison.

Lavallee-Davidson est un ardent défenseur des droits du même sexe. Récemment, il a témoigné en faveur du maintien de la loi du Maine ayant maintenant annulé le mariage homosexuel lors d'une audience publique. Il a affirmé qu'il était dans une «relation engagée.» L'audience a eu lieu quatre jours après la découverte du corps de Wilson et quelques semaines avant qu'il ne soit inculpé.

Telle est la vision du mariage qui va remplacer le mariage traditionnel, si les libéraux et les militants homosexuels obtiennent gain de cause.

## LA LIBÉRATION SEXUELLE

Notre société a un grave cancer qu'elle refuse de reconnaître. Pour utiliser une autre analogie, nous sommes comme une famille où le père ou la mère molestent les enfants la nuit, mais personne n'ose le reconnaître.

Nous avons été renversés par des Satanistes (imposteurs) qui occupent des postes clefs dans tous les domaines. Beaucoup de ces gens ont été dupés et ne se rendent pas compte de qui ils servent.

Une société soucieuse de sa propre santé ferait la promotion du mariage traditionnel et de la famille comme la meilleure base pour élever la nouvelle génération. Un homme et une femme doivent consacrer leur amour et leur sexualité l'un envers l'autre pour cette tâche.

La libération sexuelle est conçue pour miner le mariage et la famille. «Fais ce que tu veux.» Cherche la titillation sexuelle. Peu importe que l'éducation des enfants nécessite l'engagement d'un homme et d'une femme mariés.

Le mariage homosexuel est promu pour redéfinir le mariage et encourager les hétérosexuels à s'engager dans la promiscuité sexuelle. Le sexe est le plus petit dénominateur commun, la réduction des gens à l'état d'animaux. Les gens deviennent des corps prêts à être exploités. Cet état d'esprit satanique a envahi la société.

Selon l'Église de Satan, «l'homme n'est tout simplement qu'un autre type d'animal» dont l'intelligence le rend «le plus vicieux de tous.» L'Église de Satan se vante d'avoir mené le mouvement de libération sexuelle dans les années 1960 et plus tard. En 1969, Anton Lavey a introduit «une nouvelle ère Satanique.» Son manoir de San Francisco fonctionnait comme un bordel.

«Maintenant, le site de débauches... est devenu l'épicentre de nouvelles perspectives explosives... A une époque où des millions étaient soudainement à la recherche de l'illumination sexuelle, l'Église de Satan attiraient de nombreux adeptes par son audace.»

Les mœurs sexuelles modernes ont été formées et promues par les Satanistes Illuminati, et ceci est typique de ce qui se passe dans la société en général. La laïcité était censée être «neutre» mais en fait il s'agit d'un masque pour le satanisme. Nous sommes tous intronisé à un culte satanique, nourris avec un régime constant de sexe, de violence, de peur, de discorde et de dysfonctionnement.

## NOTRE AVENIR SATANIQUE

Comme nous sommes inconsciemment intronisés à leur culte, nous pouvons regarder l'Église de Satan pour avoir un aperçu de l'avenir. Pourrions-nous nous retrouver dans une orgie au sein d'un donjon en train d'avoir des relations sexuelles avec une arme à feu sur la tempe?

Le Révérend Satanique Steven Johnson Leyba, est franc au sujet de sa quête charnelle.

«Mes pratiques sexuelles personnelles ont tendance à être très fortement masochistes, y compris la soumission, les pertes de sang, l'urine, la sodomie, les excréments, des outils de fétichisation, des armes telles que fusils et des couteaux, et surtout les petites culottes sales de préférence blanche ou mauve en dentelle et celles comportant un motif de marguerite», explique le Révérend Leyba.

On a parlé des robots sexuels dans les journaux ces derniers temps. Devinez quoi? L'Église de Satan a parlé avec enthousiasme de cette possibilité depuis très longtemps :

«Les possibilités cathartiques sont illimitées», s'enthousiasme le sataniste Jim Mitchell. «Beaucoup de tabou et éventuellement des zones illégales de la sexualité [peuvent] être explorées avec l'un de ces androïdes sans crainte d'être exposé. Supposons qu'un homme ait un compagnon qui est par ailleurs idéal pour lui, mais ne peut absolument pas s'engager dans le SM ou les douches dorées ou le sexe anal. Peut-être qu'il veut faire l'expérience de la splendeur de délivrer un «jeton de monnaie» sur le visage ou bien assouvir des fantasmes sombres de nature nécrophile. La poupée réelle offre un moyen légal et sans danger de se livrer à des fantasmes personnels qui pourraient être impossibles à atteindre avec de véritables partenaires.»

# Il est correct de dire
# «c'est tellement gay!»

Des millions de jeunes disent : «C'est tellement gay» pour désigner quelque chose d'étranger, de bizarre ou d'insalubre.

Pour moi, c'est un signe d'espoir. Cependant pour les ingénieurs sociaux Rockefeller-Rothschild, c'est un cauchemar.

Ces jeunes ont résisté à la propagande que les gay et les hétéros sont les mêmes, à savoir « une

Wanda Sykes "Re-educates" Youths

préférence en matière de style de vie» comme d'être connecté au câble ou par satellite.

Ainsi, les banquiers kabbalistes ont lancé une campagne coûteuse sur la télévision du «service public» pour enseigner aux enfants que l'obéissance à leurs sains instincts est «homophobe».

Ils recrutent des célébrités comme les humoristes lesbiennes Wanda Sykes et Hillary Duff écoutant les adolescents, les interrompant et les foutant dehors. «Aimeriez-vous que votre identité soit utilisée pour signifier imbécile ou stupide?»

## ANTHROPOLOGIE

Chaque étudiant en anthropologie de première année apprend que la cohésion du groupe est maintenue par un collage de-comportement-en-groupe et hors groupe. Si un groupe ne peut pas se définir en ces termes, il disparaît. (Par exemple, les homosexuels utilisent le terme péjoratif de «reproducteurs» en se référant à nous.)

Vous n'êtes pas homophobe. Cette campagne s'inscrit dans le cadre d'une guerre sur votre identité sexuelle. La Gay Pride est apparemment OK, mais les hétérosexuels ne peuvent pas confirmer leur identité. Je suis ici pour vous dire : «ne vous penchez pas. Ils sont là pour vous fourrer.»

Jusqu'en 1973, l'homosexualité était considérée comme un trouble du développement. Les thérapeutes la considéraient comme une névrose majeure, une perversion sexuelle et même une maladie physique. Ensuite, les Rockefeller mirent la main sur l'American Psychological Association et comme par magie, d'un jour à l'autre, ce qui pendant des siècles avait été un trouble, fut tout à coup considéré comme normal.

Cela fait partie d'une plus grande attaque sur les genres sexuels et le mariage conçue pour diminuer la population et saper la famille. Dans le Nouvel Ordre Mondial des banquiers, les enfants naissent de mères célibataires ou dans des laboratoires et sont éduqués par l'État pour servir les banquiers.

Pensez-vous vraiment que les Rockefeller, qui ont financé l'eugénisme depuis un siècle, y compris les expériences atroces de Mengele à Auschwitz, tiennent compte des sentiments homosexuels? Non, ils essaient de vous transformer en homosexuels. Ils veulent que vous souffriez de ce trouble. C'est pourquoi votre école vous enseigne à expérimenter l'l'homosexualité. C'est pourquoi ils utilisent la guerre psychologique (la culpabilité) pour abaisser vos défenses hétérosexuelles.

Il ne s'agit pas d'égalité et de droits de l'homme. Il s'agit d'ingénierie sociale et de contrôle mental, de dépeuplement et de dictature.

## LES GAYS DOIVENT ÊTRE PLUS ÉGAUX QUE LES AUTRES

En 2002, une fille Mormone a été moquée par ses nouveaux camarades de classe. «As-tu dix mamans?» Ce à quoi elle a répondu, «C'est si gay.»

Ces trois mots la mirent en grande difficulté. A quel point cela est sélectif? Un sentiment chrétien peut être blessé, mais pas ceux d'une personne homosexuelle? De quoi s'agit-il?

Ils ne font pas la promotion de la tolérance. Ils ne font pas non plus la promotion du Christianisme. Ils promeuvent l'homosexualité.

L'organisation derrière les annonces, le GLSEN, le Gay, Lesbian and Straight Education Network, dispose de 40 employés à temps plein! Ils parrainent la propagande pro-gay dans des milliers d'écoles, sous le prétexte que les jeunes homosexuels sont persécutés. La Fondation Rockefeller paye. Ils organisent des événements de propagande Communiste du style de la «Journée du silence» lorsque leurs partisans protestent contre le fait qu'ils sont réduits au silence!

Réveillez-vous les hétérosexuels! Les agresseurs ont toujours la prétention d'être victimes d'une agression.

En réalité, l'hétérosexualité est la cible d'attaques. Vous êtes persécutés. Vous êtes contraint d'adopter un comportement malsain qui vous empêchera de vous marier et de procréer.

Pour sûr, les jeunes homosexuels devraient être traités avec bienveillance et considération. Ce n'est pas leur faute, ils sont gays. Ils ne sont pas conscients de la façon dont l'homosexualité est utilisée. Mais nous allons tracer une ligne. Ils ne sont pas les mêmes que nous et nous avons le droit de le dire. Nous nous lions pour la vie, dans le but de procréer.

## NOUS SOMMES CASTRÉS

Au lieu de penser à l'homosexualité en terme d'attraction de même sexe, pensez qu'i s'agit d'une confusion des rôles entre les sexes résultant de «l'échec de se lier de manière permanente (c'est à dire de se marier) avec un membre du sexe opposé.» Cet échec entraine un développement arrêté. Les homosexuels en général compensent par la promiscuité sexuelle.

Pouvez-vous voir comment, en ces termes, les hétérosexuels sont devenus comme les homosexuels? La cour faite par les hommes aux femmes a presque complètement disparue. Le sexe anonyme («hooking up») est majoritaire. Les taux de nuptialité et de naissance sont en baisse de 33% à 50% par rapport à il y a 50 ans. Quarante pour cent des enfants naissent hors mariage.

L'hétérosexualité n'est pas une «préférence de style de vie.» L'hétérosexualité fait partie du cycle naturel de la vie et est essentielle à l'épanouissement personnel, au bonheur et à la survie de l'espèce humaine. Un pays qui se soucie de sa survie favoriserait la séduction, le mariage et la famille. Les enfants ont besoin de la sécurité, de l'amour et de l'exemple de parents hétérosexuels au sein d'un mariage solide.

Un pays qui a été renversé par une puissance occulte financière étrangère sape ses jeunes hommes et femmes. Nos politiciens, les médias et les éducateurs sont au service de cette puissance étrangère financière.

Voici ce que dit une infirmière sur les perversions et les maladies liées au «mode de vie gay.»

«J'ai longtemps été préoccupé par les conséquences médicales graves qui résultent de l'attitude pro-gay qui prédomine dans la région de la baie de San Francisco. Par exemple, je connaissais personnellement un éminent dermatologue, un chirurgien-dentiste, un ingénieur, et un coiffeur qui sont tous morts au milieu de la quarantaine de maladies infectieuses liées à leurs comportements homosexuels. Je sais que beaucoup d'autres sont morts jeunes en menant un style de vie gay.»

(Http://www.leaderu.com/orgs/narth/medconsequences.html)

Les banquiers entretiennent l'illusion que les gays sont comme nous, intéressés par le mariage. Ils ne le sont pas. En Hollande, en Suède et au Canada, où les gays sont autorisés à avoir des unions civiles, moins de 3% le font. Les banquiers veulent que vous vous comportiez comme des homosexuels. Ils veulent que vous ayez des relations sexuelles, mais pas de famille. Ils vous apprennent à vous engager dans des pratiques qui ruineront votre vie et peuvent s'avérer fatale.

# Peu de gays choisissent de se marier

Moins d'un homosexuel sur 20 a profité de la décision du Canada de légaliser le mariage en Juin 2005, d'après un sondage effectué un an plus tard.

Les gays ne représentent que 0,1% de tous les couples mariés, une proportion qui est cohérente avec d'autres pays qui autorisent le mariage homosexuel.

En d'autres termes, la définition de l'institution hétérosexuelle la plus importante a été modifiée pour satisfaire un couple sur mille.

Cette information est cruciale pour l'Amérique où seul le Massachusetts autorise le mariage homosexuel, mais où pas moins de onze autres États envisagent de le faire.

En termes de chiffres, les statistiques du Canada ont établi qu'environ un pour cent de la population canadienne est gay ou bisexuel, bien en dessous des estimations que nous entendons normalement. (Stats Can Daily «Community Health Survey», 15 juin 2004, p. 9) Ce montant correspond à 316 900 personnes. Le recensement de 2006 a trouvé 7 465 couples mariés de même sexe, moins de 15 000 hommes et femmes.

Environ un quart des homosexuels canadiens (75 000) préfèrent des relations libres. Il n'existe aucun moyen de mesurer la permanence ou l'exclusivité de leurs couples.

La grande majorité des homosexuels ne veulent pas du mariage gay. Il est imposé sur eux et sur la société par l'élite des ingénieurs sociaux pour éradiquer le mariage et la famille. Le but est de rendre la société plus vulnérable à la dictature du gouvernement mondial des banquiers centraux.

## LES GAYS NE VEULENT PAS DU MARIAGE

La majorité des gays considèrent le mariage homosexuel comme une diversion de questions plus importantes.

Ce point de vue est exprimé par Gareth Kirby dans un éditorial paru dans *Capital Xtra*, un journal gay d'Ottawa, le 18 octobre 2007.

«Rappelez-vous les gros titres... qui prétendaient que nous affluions vers l'hôtel de ville et les églises pour enregistrer l'acte à mesure que les tribunaux légalisaient le mariage homosexuel province après province?... C'était un mensonge. Très peu d'entre nous sont impatients de profiter du droit au mariage...

«Ne venons-nous pas tout simplement de passer une dizaine d'années et dépenser selon certaines estimations 2 millions de dollars pour mener ce combat? N'avons-nous pas tout simplement mis tous nos autres problèmes majeurs pratiquement de côté parce que certains couples, quelques avocats, et quelques groupes de pression ont décidé que le mariage homosexuel était la seule chose qui comptait vraiment...

«Le mariage est une institution hétérosexuelle conçu par l'Église, appuyée par l'État, avec l'intention de contrôler la sexualité des femmes et, par extension, leur mari...

«Je ne m'attends pas à ce que le taux de mariage augmente. Nous avons quelque chose de mieux dans nos relations, quelque chose qui permet une variété d'amitiés, de partenaires sexuels, des amants, des sœurs et des ex. Nous ne mettons pas toutes la pression sur une seule personne...

«Nous n'avons pas besoin des limites du mariage. Donc, nous prenons un laissez-passer. Mais cette lutte de dix ans fut un gaspillage de temps et d'argent ainsi qu'un détournement tragique des sujets essentiels.»

Comme Kirby le suggère, être gay consiste à ne pas se marier ni être monogame. C'est une farce tragique que la société hétérosexuelle doive être sacrifiée sur l'autel du mariage gay. Les gays tournés vers le mariage devraient bénéficier d'un statut distinct avec les mêmes avantages et responsabilités.

## LES MÉDIAS ADORENT LE MARIAGE GAY

Les médias canadiens ont ignoré la tiède réponse des gays au mariage et ont à la place essayé de créer l'impression que le mariage traditionnel est en bout de course. Les médias de masse chantent en suivant une partition différente.

Dans un article paru dans *The Hill Times* (24 septembre 2007) Tom Korski écrit :

[Les médias] «dépeignent les canadiens gays comme faisant un accueil enthousiaste aux rôles traditionnels au moment exact où le reste de la société sombre dans le dysfonctionnement familial.»

«Dieu merci, pour le mariage gay», a écrit la chroniqueuse du *Globe and Mail*, Margaret Wente. «Sans lui, la plus ancienne de nos institutions sociales seraient dans un état de déclin encore pire qu'elle ne l'est déjà.»

D'autres journalistes ont conseillé aux lecteurs que «la famille nucléaire était en train de disparaître», *(Edmonton Sun)* et que «les couples de même sexe sont pris les rênes» (CTV.ca), ou se moquèrent du mythe de la «famille parfaite», *(Vancouver Sun)* et sont allé jusqu'à se lamenter «une chose telle que la famille traditionnelle n'existe plus.» *(Moose Jaw Times Herald)*

Dans une phrase comique inélégante le présentateur de CTV National Lloyd Robertson a déclaré aux téléspectateurs : «Si vous faites partie d'une famille dite traditionnelle où les enfants sont élevés par une mère et un père qui sont mariés, vous ressemblez à une espèce en voie d'extinction.»

Pendant ce temps le lobby gay derrière la légalisation du mariage homosexuel présente des statistiques qui exagèrent le nombre des mariages homosexuels d'environ 65 pour cent. Ce lobby est appelé «Égale» et il est financé par IBM et un certain nombre d'autres sociétés anonymes, ainsi que par le gouvernement fédéral.

## CONCLUSION

La famille nucléaire est la pierre angulaire de la société. D'elle, nous tirons notre identité, notre signification, nos valeurs et notre sécurité. Le mariage hétérosexuel est la base pour élever la nouvelle génération à être des citoyens responsables et productifs. Elle est une étape essentielle dans notre développement et épanouissement personnel.

La promotion du mariage homosexuel n'a rien à voir avec le bien-être des homosexuels. Comme avec le féminisme, il est conçu pour augmenter la confusion des rôles sexuels, le divorce, et la dépopulation. En amalgamant les hétéros et le mariage homosexuel, les hétéros sont encouragés à imiter les homosexuels, qui ne sont généralement pas monogame et n'ont pas d'enfants.

Avions-nous besoin de légaliser le mariage homosexuel pour accommoder un couple sur mille? Non. Les banquiers centraux l'ont légalisé pour arrêter notre développement personnel, et veiller à ce que nous restions sous leur contrôle perpétuel.

----

Note : Je suis redevable au numéro de décembre 2007 de *Reality*. Cette publication est sponsorisée par les Real Women of Canada : www.realwomenca.com

# Un homosexuel en quête de connaissance de soi

*(Ceci a été écrit pour henrymakow.com par Tony)*

Je suis âgé de 51 ans. Je ne crois pas que le fait d'attribuer une étiquette soit une bonne chose, mais je pense que la plupart des gens me considèrent comme un homosexuel. Sachant cela, voici une brève narration de mon histoire et de mon sens de l'homosexualité masculine.

Un homme d'âge moyen, il ne s'agit pas de Tony

J'ai toujours aimé les filles. En fait, c'est encore le cas! Et autant que je sache, je n'ai pas la capacité d'éprouver des sentiments amoureux à l'égard des hommes. Il s'agit juste d'un fort sentiment libidineux. Sauf une fois, je n'ai pas été avec un homme depuis l'âge de 15 ans, mais je suis accro à des fantasmes homosexuels - absolument accro. Je résiste souvent, mais je ne peux pas résister pour de bon. Après un certain temps, la passion est chauffée à blanc et implacable. Cela me rend fou.

Jusqu'à ce que j'atteigne l'âge de 40 ans, je ne connaissais que deux raisons pour lesquelles j'éprouvais de tels désirs. Premièrement, j'ai été initié à la masturbation mutuelle par mon meilleur ami. J'avais 12 ans et n'étais pas prêt à avoir des relations sexuelles. Je ne savais même pas ce que gay signifiait. Je dormais chez lui et il me suppliait de faire des choses avec lui. Après de nombreux refus, j'ai finalement dit oui.

Je ne pouvais pas croire à quel point c'était bon. Cela a duré pendant 3 ans.

Peut-être 6 mois après mon expérience initiale, j'avais toujours peur du fait que j'étais gay ; les choses se firent plus incertaines, et j'ai souffert d'un traumatisme sexuel à 19 ans. J'ai été invité à être avec une femme et je sentais que je devais le tenter ou bien je finirai par renoncer à ma sexualité. Alors j'ai dit oui. Ma première grande expérience hétérosexuelle a été un échec total.

A partir de ce moment-là, mes désirs homosexuels sont devenus incertains.

Ma prochaine révélation fut providentielle. Je parlais à ma mère et elle parlait mal de mon père qui l'avait assez récemment quitté. Je lui ai dit quelque chose qui n'était pas du tout prémédité. Je lui ai dit :

- Papa ne représente pratiquement rien pour moi, si ce n'est la peur.

Nous étions tous deux choqués. Juste une semaine après cela, je me rendais à une bibliothèque publique et par hasard tombait sur des livres traitant de l'homosexualité. Je suis tombé sur un livre écrit par Charles Socarides qui a écrit :

Personne n'ayant entretenu une relation saine avec son père ne développe de trouble homosexuel.

Ces deux événements (ce que j'ai dit à ma mère et cette citation) furent une révélation d'en haut.

J'en suis également venu à découvrir que :

Bébé, je pleurais toutes les deux heures et ma mère, exaspérée, m'avait conduit chez le médecin. Il m'avait prescrit des barbituriques. En conséquence, je n'ai pas pu développer un sens suffisant d'être. Mon sentiment d'être est incomplet. C'est pourquoi, lorsque je fantasme à propos d'un homme, l'homme est tout à fait comme moi. À cet égard, mon désir homosexuel est une tentative sexualisée de récupérer mon sens de l'être.

## MES PARENTS

Mon père était un alcoolique absent très violent verbalement. Il ne m'a jamais touché. Il s'adressait rarement à moi. Il ne m'a pas appris comment être un garçon, puis un homme. En conséquence, je souffre d'une insuffisance en ce qui concerne ma masculinité. Mon père est associé à un traumatisme.

Ma mère me terrorisait quand j'étais petit. J'en suis venu à croire que maman ne m'aimait pas, et que je n'étais pas assez bien pour elle. Il y avait beaucoup de traumatisme autour d'elle et elle m'a laissé une crainte ambivalente à l'égard du sexe opposé. Je n'avais jamais peur du sexe gay, mais j'ai souvent souffert d'anxiété de performance avec des femmes. J'ai peur des femmes. Je ne suis pas assez bien pour les femmes, et les femmes ne m'aiment pas.

Maman et moi nous entendons bien à présent, mais elle-même m'a confié avoir été particulièrement dure envers moi. Elle avait ses favoris, et j'étais le dernier de la liste, je le savais et cela me blessait.

Je n'ai pas de souvenir tangible d'avoir été aimé en tant qu'enfant. Je ne dis pas que je n'étais pas aimé, c'est juste que je ne peux pas me rappeler de quoi que ce soit.

À mon insu, j'étais affamé d'amour, me tordant de douleur pour combler des besoins non satisfaits, et brisé en raison du traumatisme qui y était associé.

## COMBLER LE VIDE

Je remplissais le vide avec une contrefaçon sexuelle, une contrefaçon homosexuelle. Je comblais le manque d'amour par des moyens artificiels, l'alcool, les drogues, le perfectionnisme, quoi que ce soit. Le mien était rempli d'homosexualité. C'est ce qui apaisait ma douleur.

L'intensité de mes désirs homosexuels est une combinaison de besoins sains non satisfaits, de douleurs émotionnelles (traumatismes), et de mensonges avalés sans distinction - et tout cela est relié à une sexualité masculine latente. Il s'agit d'une concoction puissante.

J'ai en quelque sorte besoin de combler mes besoins sains non satisfaits. J'ai besoin de connaître l'amour d'une mère et d'un père. J'ai besoin de savoir ce que ressent un nouveau-né quand il forme ses premiers liens. J'ai besoin de guérir le traumatisme.

Le dilemme auquel je fais face, est que toute ma vie je me suis détaché de moi et je dois aujourd'hui trouver un moyen de me connecter avec moi-même. L'homosexualité est un trouble du détachement.

L'homosexualité est la conséquence d'une âme brisée. Je ne suis ici pour juger personne, je suis juste ici pour dire la vérité. Si quelqu'un a besoin de béquilles, je peux avoir de la compassion pour son sort. Je peux l'aimer, mais je ne peux pas honnêtement déclarer qu'il va aussi bien qu'une personne n'ayant pas besoin de béquilles.

Je ne peux pas qualifier le mal-être de bien-être.

Mon homosexualité est une conséquence d'un mal-être de l'âme. Je ne suis pas bien, mais en partie grâce à mon Sauveur Jésus-Christ, je continue à essayer de trouver un moyen. Être béni avec les idées que j'ai acquises et protégée contre les ravages de la vie gay, m'indiquent que ce qu'Il a commencé, Il le terminera.

-----

Commentaire de Makow : Ils veulent nous faire croire que l'homosexualité est un phénomène normal, un «choix de vie»? Pouvez-vous voir à quel point nos laveurs de cerveau Illuminati sont malades?

# L'hystérie autour de la violence domestique est politique

Imaginez si chaque fois qu'il y avait un cas d'intoxication alimentaire chez McDonald, il faisait les nouvelles du soir. Mais que l'intoxication alimentaire chez Burger King n'obtenait jamais aucune mention. Que concluriez-vous?

La même chose s'applique à la violence domestique. Même si les femmes amorcent la violence envers les hommes dans des proportions presque égales, la plupart de la publicité est consacrée aux femmes en tant que victimes.

C'est parce que les militantes féministes, financées par la Fondation Rockefeller et les ingénieurs sociaux habilités, veulent stigmatiser les hommes et le mariage aux yeux des jeunes femmes. Ils veulent que les jeunes femmes mange chez Jill la lesbienne ou chez Jane la célibataire, mais pas chez Joe. C'est de cette façon que fonctionne la modification du comportement.

## LA MANIPULATION DE MASSE

Tout comme les banksters firent jouer leur propagande sur les ouvriers, les Noirs et les Juifs pour s'assurer de leur soumission, ils ont utilisé le féminisme afin de donner du pouvoir politique aux femmes qui ne parvenaient même pas à obtenir un rendez-vous le samedi soir.

Les banksters leur ont donné des positions de pouvoir au sein du gouvernement et des médias. Donc, nous avons périodiquement une dose de propagande sur la façon dont la violence conjugale affecte les femmes mariées.

Je ne cautionne aucune forme de violence domestique. Mais je n'apprécie pas que ce problème soit exploité pour servir un objectif politique maléfique : détruire le mariage et la famille et nous rendre plus vulnérables à un contrôle totalitaire.

Au Canada par exemple, 646 000 hommes (6%) ont déclaré avoir été victime de violence conjugale au moins une fois au cours des cinq années précédentes (par rapport à 654 000 femmes, soit 7%), et pourtant absolument rien n'est fait pour eux. Il y a 300 refuges pour les femmes et pas un seul pour les hommes. Quand un homme est victime de violence, où peut-il aller?

Les chercheurs qui documentent la violence faite aux hommes sont ignorés, censurés, calomniés et menacés par les militantes féministes financées par le gouvernement qui utilisent la violence domestique comme un symbole de l'oppression masculine. La violence perpétrée par les femmes viendrait brouiller ce message politiquement et sexuellement chargé.

## LA VIOLENCE CONJUGALE GAY

La violence domestique des gays et des lesbiennes viendraient également brouiller ce message. Nous n'avons jamais entendu dire que «la violence conjugale était deux fois plus fréquente chez les couples homosexuels par rapport aux couples hétérosexuels. Quinze pour cent des relations gays et lesbiennes sont victimes de violence.» (Statistique Canada, octobre 2006)

C'est parce qu'ils veulent que le «style de vie alternatif» homosexuel apparaisse aussi attrayant que possible. L'homosexualité est l'incapacité de former une liaison permanente avec un membre du sexe opposé en raison de la confusion sur le genre sexuel. Ce désordre est la cause d'un développement arrêté.

En outre, les ingénieurs sociaux veulent que les homosexuels revêtent l'apparence glamour de «victimes» de la violence hétérosexuelle.

Dans son excellent ouvrage «Transformer les enfants en bisexuel gays» (p. 291) Judith Reisman cite les auteurs gays David Island et Patrick Latellier qui estiment que 650 000 hommes gays sont battus par un partenaire chaque année. Ils estiment que les violences des gays à l'égard des gays sont trois fois supérieures à celles exercées par les hétéros sur les gays sous forme d'intimidation ou d'agression. Ils estiment que 20% des relations homosexuelles sont empoisonnés par la violence domestique.» («*Les hommes qui battent les hommes qui les aiment*»)

## CONCLUSION

Les femmes qui se sont réfugiées dans les institutions censées les protéger vous diront comment elles sont traitées sans pitié par les sorcières desséchées qui y sont employés. Les femmes en difficulté sont incitées à mettre fin à leur mariage, et reçoivent de l'aide et des ressources pour le faire. Les féministes ne sont pas intéressées par le bien-être des femmes. Elles s'appuient sur la violence domestique pour garder leurs planques et émasculer les hommes (en les dépeignant comme des agresseurs.)

La publicité donnée à la violence domestique masculine, par opposition à d'autres types égales ou plus fréquentes, montre comment l'élite des ingénieurs sociaux sélectionne les informations destinées à façonner la perception et modifie ainsi le comportement en fonction de l'ordre du jour du Nouvel Ordre Mondial.

# L'adoption homosexuelle équivaut à de la maltraitance enfantine

Si j'étais avocat, je me ferais une spécialité de poursuivre les neuf provinces canadiennes et les 15 États qui permettent l'adoption par les couples de même sexe. Mes clients seraient les jeunes adultes dont les vies ont été détruites parce que ces juridictions ont ignoré leur hétérosexualité innée. Je parierais que ce mépris arrogant de la nature coûtera des centaines de millions en compensation.

Chercher «sortir du placard» sur Google et comparez les ressources disponibles pour un jeune homosexuel avec l'indifférence totale envers les enfants hétérosexuels innocents qui ne disposent pas de modèles essentiels à la maison et ne savent pas ce qui ne va pas.

L'exemple le plus scandaleux de ce déni bolchévique des différences entre les sexes est l'histoire de David Reimer, de Winnipeg, qui a été élevée comme une fille parce que ses organes génitaux étaient déformés à cause d'une circoncision ratée. (Voir le livre, «*Comme la nature l'a fait : Le garçon qui fut élevé comme une fille*» 2000, par John Colapinto)

Cette guerre furtive sur les hétérosexuels (déguisé en droits des femmes et des homosexuels) est conçue pour déstabiliser la société et faire avancer le Nouvel Ordre Mondial. La destruction de la famille nucléaire a longtemps été l'objectif des Illuminati Communistes. Ils veulent faire d'un trouble du développement (l'homosexualité) la nouvelle norme.

Le lesbianisme est l'objectif caché du féminisme. Le mariage et la famille sont essentiels à notre développement naturel. Mais, en dépit de la propagande mensongère, la plupart des homosexuels masculins ne veulent pas de mariage ou des enfants. Ils veulent du sexe.

Parce que la promotion de l'homosexualité correspond au plan de l'élite, les recherches de parents de même sexe sont fortement politisées. Ainsi, nous avons de nombreuses affirmations absurdes telles que l'homoparentalité est aussi bonne pour l'enfant ou même mieux qu'un mariage hétérosexuel stable. Il s'agit d'une étude qui prétend en effet que plus de la moitié des hommes gays veulent avoir des enfants! Elle déclare qu'en 2007, environ deux millions de personnes membres du GLB était intéressés par l'adoption. Ces chiffres sont ridicules.

Je ne dis pas que les gays n'ont pas de mérite en tant que parents. Je dis qu'il est faux de placer les enfants hétérosexuels avec des parents homosexuels.

## PARLER VRAI

Peut-être qu'il est encore trop tôt pour entendre les victimes de conjoints de même sexe. Mais une jeune femme, Dawn Stefanowicz, dont le père était un homosexuel, a publié un livre, «*Sortir de l'ombre, l'impact de la parentalité homosexuelle.*» Je ne l'ai pas lu, mais un examen par «Real Women of Canada» indique que son père, qui est mort du sida en 1991, a agi comme on pouvait le craindre :

[Son père] «a complètement échoué dans son rôle protecteur ainsi que dans son affirmation en tant que personne, et comme femme. Au lieu de cela son père, qui était lui-même le produit d'un père alcoolique violent et qui a été abusé sexuellement et physiquement à plusieurs reprises dans l'enfance, a passé lui-même toute sa vie à la recherche d'une figure paternelle qui l'aimerait, l'affirmerait et s'occuperait de lui. C'est à dire qu'il rêvait et cherchait à obtenir une camaraderie masculine et de l'amour à travers son style de vie gay afin de répondre à ses propres besoins émotionnels. Ce faisant, il a omis de fournir l'attention et l'affection à sa femme et ses enfants qui durent se débrouiller tout seul. Malheureusement, la mère de Dawn était une personne inefficace et soumise submergée par sa propre indigence, et fit peu de chose pour aider ses enfants dans leur agonie.

Le père de Dawn ramenait une succession d'amants à la maison où des actes sexuels prenaient place dont Dawn était parfois témoin... Dawn a été également forcée par son père à regarder des programmes télé sexuellement pervers et violents [vidéos]...

La leçon tirée de l'ouvrage est que la demande homosexuelle pour le «droit» d'adopter des enfants ou les conduire à avoir des relations de même sexe par le biais de la technologie médicale sur la base qu'ils sont censés être des parents aussi bons que les hétérosexuels, est un mensonge. Les enfants vulnérables ont besoin à la fois d'un père et d'une mère pour les aimer et les protéger. Ils ne doivent pas être utilisés comme instruments d'expérimentation sociale par des personnes narcissiques dans le besoin qui cherchent leur satisfaction sexuelle et leur identité en dehors de la famille traditionnelle.» («*Reality*», janvier-février 2009, p 10)

Bien qu'elle soit canadienne, les médias canadiens ont enterré son livre. (En revanche, des magazines conservateurs aux États-Unis et en Australie l'ont interviewée.) Le réseau CBC qui est financé par le contribuable crache sa propagande pour les parents de même sexe et on ne s'attend pas à ce qu'il soit «équitable». Mais il fut dit à Stefanowicz de raconter «l'autre côté de l'histoire.» C'est un cas typique de : ma conviction est de la liberté d'expression et la vôtre est de la «haine». La vérité est qu'il n'y a «d'équité», que lorsque les deux côtés sont autorisés à être entendus.

## L'ADOPTION LESBIENNE

Le type le plus commun de l'homoparentalité est l'adoption par deux lesbiennes. Le Dr Dean Byrd, un psychiatre a témoigné que les recherche «ont clairement démontré que les mères lesbiennes ont un effet féminisant sur leurs fils et un effet masculinisant sur leurs filles. Les garçons élevés par des mères lesbiennes se comportent d'une manière moins traditionnellement masculine, et les filles, en particulier les adolescentes et les jeunes élevées par des mères lesbiennes, semblent être sexuellement plus aventureuses et moins chastes.»

Une image vaut mieux qu'un long discours. Regardez Zack (en haut) un garçon élevé par deux mamans.

Le Dr Byrd affirme également : «les enfants apprennent les différences entre hommes et femmes par le biais de leur modèle parental. La relation père-mère offre aux enfants un modèle du mariage - le plus significatif, comme relation durable que la grande majorité des individus auront au cours de leur vie.» (Voir le lien sur mon site)

Les filles ont besoin de l'approbation de leur père pour affirmer leur féminité et, à terme, de nouer des liens avec un homme. Les garçons ont également besoin de l'exemple de leur père pour devenir des hommes indépendants capables de diriger une famille. Tout cela, les mondialistes bolchéviques maçonniques veulent le saboter.

La société est en proie à une conspiration satanique à long terme se faisant passer pour «progressiste» qui tente de concentrer toutes les richesses entre les mains des banquiers centraux et de leurs alliés. Ils pratiquent une reprogrammation de la race humaine pour les servir dans un ordre mondial néo féodal.

Telle est la véritable «haine» et nous ne serons pas dupes ou contraint.

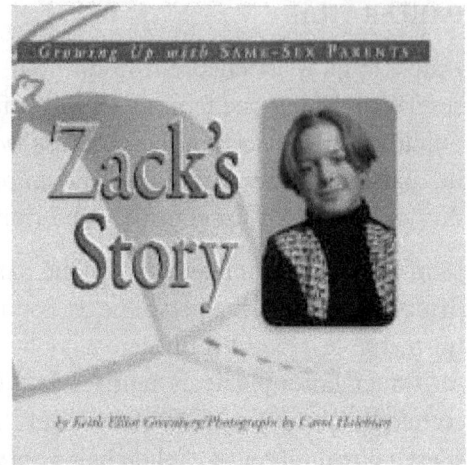

# LIVRE SIX

# Dans une Veine plus Légère

# Un fils sensible

Ce soir, au souper, j'ai essayé d'impressionner mon fils de 19 ans avec la lourde responsabilité d'être mon seul héritier.

Genus teenager (male)

- «Un jour, tu hériteras de mon site» lui ai-je dit. «Peut-être pourrais-tu t'entrainer en y écrivant un article.»

- J'ai déjà un sujet.

- J'en suis ravi. Qu'est-ce que c'est?

- Je vais écrire un sujet sur la façon dont certaines personnes ne peuvent pas aller de l'avant dans la vie et prétendent que quelque grande conspiration en est responsable et blâme la société pour tous leurs problèmes.

- Ce n'est pas ce à quoi je pensais.

- Je ne parle pas de toi, papa. Je veux parler de tes lecteurs.

- Oh non, tu m'inclus aussi dans le lot.

- Eh bien... Je crois que oui, a-t-il fini par concéder.

C'est douloureux. Un prophète n'est jamais reconnu dans sa propre maison. Cela n'aide en rien que je sois divorcé de sa mère, une féministe. Il ne vit pas avec moi. Son groupe d'amis est sa seule référence. Il admet que ce que ses amis trouvent «cool» n'est vraiment juste que de la conformité.

## MA PROPOSITION

- Fils, imagine si j'avais une grande université, que je la remplissais de filles magnifiques et de professeurs qui donnent des cours sur les Illuminati, *les Protocoles des Sages de Sion*, les banquiers centraux, le Bilderberg, le CFR, la Franc-maçonnerie, les épandages chimiques et le 11/09. Et puis imagine que je possède des entreprises où mes diplômés puissent tous obtenir des emplois bien rémunérés leur permettant de soutenir leurs épouses en menant grand train et d'envoyer leurs enfants dans des écoles privées. Voudrais-tu y participer?

- Eh bien papa, vu comme ça...

- Exactement. La seule différence entre moi et les gens qui gèrent la société, c'est qu'ils ont dérobés notre carte de crédit nationale et pas moi.

- Si jamais ça change, tiens-moi au courant, m'a-t-il répondu.

Ainsi, comme beaucoup de parents je regarde impuissant la manière dont mon fils est acheté et instruit que (comme il l'explique), nous ne pouvons jamais connaitre la vérité, seulement le point de vue d'une personne. Et le point de vue de son père ne vaut pas mieux que des dizaines d'autres qu'il apprend.

## CONCLUSION

Il ne suffit pas d'avoir des enfants. Si nous voulons qu'ils maintiennent notre héritage, nous devons le leur enseigner dès le plus jeune âge. Nous devons contrer «le système éducatif» et les médias de masse.

Cependant je suis optimiste, à mesure qu'il grandit, et que les événements se déroulent comme je le prévois, mon fils commencera à prendre son vieux plus au sérieux. Après tout, quel est l'adolescent qui écoute son père?

# Mauvais Chien – Une fantaisie paranoïaque?

Cette session du dix-septième district du Tribunal des Droits de l'Homme du Canada Féministe Soviétique est prête à commencer. Mme Rutherford-Armstrong est le Procureur. Le juge est Madame Chegundi-Tsunami, une femme de couleur. L'accusé est Henry Makow de Winnipeg, homme de race blanche.

Rutherford-Armstrong : «M. Makow, à 10h25, le 22 mai 2009 à l'angle de Maple and Higgins, vous avez été surpris en train de prononcer les mots : «mauvais chien» à votre animal de compagnie. Comment plaidez-vous?

Makow : «Coupable avec une explication, madame.»

Rutherford : «Et quelle est votre explication?»

Makow : «J'essaie d'apprendre à Raffi de ne pas chasser les chats. Il m'a fait tomber de mon vélo plus d'une fois et a brisé de nombreuses laisses rétractables.»

Rutherford : «Le témoin, une Mme mégère, a rapporté qu'il y avait un soupçon d'impatience dans la voix. Cela a été confirmé par les bandes d'une caméra de surveillance à proximité. Est-ce vrai?»

Makow : «Oui, c'est possible.»

Rutherford : «Savez-vous à quel point cela est dommageable pour l'estime de soi d'un chien? De le diaboliser en le traitant de «mauvais»? En lui retirant de l'affection?»

Makow : «J'essayais juste de le dresser. Je n'étais pas en colère. Je l'aimais toujours.»

Rutherford : «M. Makow, avez-vous des titres prouvant vos compétences professionnelles dans le domaine du dressage de chien? Avez-vous lu les théoriciens féministes?»

Makow : «Non.»

Rutherford : «Alors, vous ne savez pas comment dresser un chien, n'est-ce pas?»

Makow : «Eh bien, je pense que je peux me débrouiller. Je le récompense lorsqu'il m'obéit.»

Rutherford : (secouant la tête avec dégoût) «Votre Honneur, s'il vous plaît notez l'arrogance de Makow, typique de quelqu'un qui a profité des dépouilles du patriarcat toute sa vie. M. Makow, qu'est-ce qui vous fait penser que le chien doive vous obéir?»

Makow : «Eh bien, il m'appartient.»

Rutherford : «Comment pouvez-vous «posséder» un autre être vivant? N'êtes-vous pas possessif? N'a-t-il pas droit à l'épanouissement de lui-même selon ses propres critères?»

Makow : (sans voix) «Il dépend de moi pour sa survie.»

Rutherford : «Votre Honneur, nous avons obtenu des rapports mentionnant que Makow laisse son chien à l'extérieur d'un supermarché. Le chien saute sur lui quand il sort, mais Makow le lui reproche. Cela provoque le stress et le doute chez l'animal.»

Makow : «Raffi a des griffes acérées. Je l'ai repoussé le plus doucement possible.»

Rutherford : «Mais vous le rejetiez, néanmoins?»

Makow : «Les hommes n'ont-ils pas des droits? Lorsqu'un homme blanc se coupe, ne saigne-t-il pas?»

Juge Chegundi-Tsunami : «Ne soyez pas facétieux. Je ne vous avertirai plus. Je vous ignorerai.»

Rutherford : «Votre Honneur, Makow fait montre de la brutalité caractéristique de tous les hommes blancs. Le paradigme inégal du chien de l'homme blanc est le modèle de tous les abus à travers l'histoire. Il est responsable de l'impérialisme et de l'esclavage. En faisant de Makow un exemple, nous pouvons mettre fin au deux à la fois.»

Juge Chegundi Tsunami : «Je suis entièrement d'accord. Makow interfère avec les instincts naturels du chien. La tendance condamnable des hommes blancs d'exploiter la nature a causé la guerre et le réchauffement climatique, ainsi que l'oppression des Juifs, des femmes, des enfants, des homosexuels, des personnes de couleur, et des animaux.»

«M. Makow, vous aurez le temps de méditer sur les insuffisances du Patriarcat en prison. Heureusement, le patriarcat est mort et vous n'êtes juste qu'un anachronisme recouvert de cendre qui sera bientôt éteint. Alors l'humanité pourra entrer dans une très longue période de paix et d'harmonie.»

«Je vous condamne à 30 jours de prison et à une amende de 500$ pour maltraitance envers un animal. En outre, vous devrez prendre un cours de gestion de la colère pendant six mois. J'espère que vous allez réfléchir à deux fois avant de dire «mauvais chien» à nouveau. En tant que pupille de l'Etat, Raffi sera élevé par des professionnels. M. Makow, avez-vous quelque chose à dire?»

Makow : «Il ne s'agit pas de protéger les chiens, n'est-ce pas ? Il s'agit de dresser les hommes blancs.»

Tsunami Chegundi : «Faites attention à ce que vous dites, M. Makow. Je vous préviens! Mauvais homme! Mauvais homme!»

# Notre histoire d'amour avec Dieu

Je faisais une sauce pour les spaghettis et j'écoutais une compilation de vieux succès de Paul Anka.

En écoutant les paroles, ceci m'a frappé : si vous imaginez que l'objet de tout cet amour est Dieu, au lieu d'une fille à la silhouette agréable mais à la tête vide, il y a peu de différence entre les chansons d'amour populaires et les chants religieux, les prières et les homélies.

Nous sommes tous des pèlerins et Dieu (l'amour) est notre Mecque.

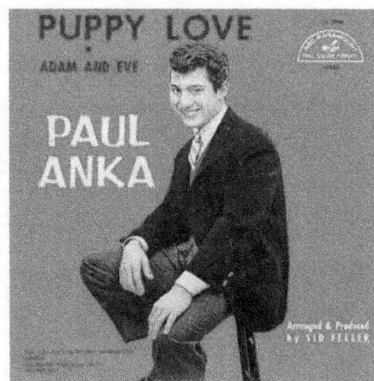

Je ne vous apprendrai pas que 97 pour cent des chansons populaires sont des chansons d'amour. Un visiteur d'une autre planète en conclurait que notre religion est l'amour romantique. Mais au lieu de reconnaître le véritable objet de notre désir, nous faisons une fixation sur le sexe opposé, que nous mystifions et idéalisons pour mieux refléter notre véritable désir sublimé.

Je ne suis pas jungien, mais je suis d'accord avec la déclaration de Carl Jung : «Si vous enlevez Dieu, l'homme inventera des milliers de faux dieux.» Ils ont enlevé Dieu. Vous ne pouvez pas mentionner le mot en bonne compagnie. Comme si le concept d'un Créateur et d'un Dessein était tellement bizarre, étant donné la complexité incroyable de tout ce qui se produit dans le monde naturel.

Les gens qui veulent remplacer Dieu (par eux-mêmes) sont responsables de notre incapacité à parler ou à imaginer Dieu alors que c'est si simple.

Dieu est synonyme de nos idéaux et de nos aspirations spirituelles : la vérité, la beauté, l'amour, la paix, le bonheur, la justice et l'harmonie. Donc, ne blâmons pas Dieu de laisser les mauvaises choses se produire, alors que ce sont les mauvaises personnes qui en sont responsables, en général des gens ayant aboli Dieu.

Nous sommes des agents de Dieu. Si nous ne bâtissons pas son Royaume, il ne se fera pas tout seul. Au final, nous allons tous disparaître.

### POUR REVENIR AUX CHANSONS D'AMOUR

La prochaine fois que vous entendrez une chanson d'amour, imaginez qu'elle est à propos de Dieu. Vous serez surpris de la manière dont cela correspond.

«Je t›aime de tout mon cœur, nous ne serons jamais séparés, s›il te plaît reste avec moi... Dieu.»

«Je suis si seul. Tout ce que je veux, c›est quelqu›un à aimer... Dieu.»

«Montre-moi que tu m›aimes aussi... Dieu.»

«Je suis si seul, je suis si triste, maintenant que tu es parti... Dieu»

Ces paroles me rappellent les mystiques chrétiens, musulmans et hindous implorant la grâce divine.

Tout comme eux, nous sommes des fanatiques religieux. Tout ce qui nous manque, ce sont les robes blanches. Même si nous ne prions pas cinq fois par jour, nous écoutons ces prières 50 à 100 fois par jour.

Mais nous faisons fausse route. Au lieu de reconnaître le véritable objet de notre désir, nous faisons une fixation sur le sexe opposé. Nous sommes à la recherche d'une personne pour jouer le rôle de Dieu.

Reconnaissons-le, nous avons été mal orientés. (Réfléchissez à qui dirige l'industrie de la musique et du cinéma.) Et, bien sûr, la luxure est un facteur de complication...

## CONCLUSION

Si seulement nous pouvions commencer par la connaissance du fait que Dieu nous aime, alors nous n'aurions pas ce besoin erroné désespéré «d'amour» qui s'exprime dans les chansons d'amour.

Nous ne sommes jamais seuls. Dieu est en nous. Il est notre compagnon constant, le feu incandescent au centre de notre être. Notre principale relation amoureuse est avec lui.

* 9 7 8 0 9 9 1 8 2 1 1 1 2 *